제3자를 위한 생명보험계약상의

제3자 보호에 관한 법리

제3자를 위한 생명보험계약상의 제3자 보호에 관한 법리

정진옥 著

한국학술정보㈜

서 문

오늘날 우리나라에서는 보험제도의 양적 성장과 함께 다양한 형태의 보험계약이 체결되고 있다. 이에 관한 분쟁이나 논의가 다양해지고 있다. 그러나 많은 분쟁은 고지의무, 약관설명의무와 같은 총론적 논의의 범주를 크게 벗어나지 못하고 있다. 최근 각론적으로 자동차보험법에 대한 이론적 관심의 범위가 확대되어 가고 있는 정도이다. 그러나 생명보험법 분야는 수입보험료기준으로 선진 보험국으로 성장해 있는 우리나라에서 아직 그 연구는 일천하다는 점을 부인할 수 없다.

필자는 손해보험계약에 대한 실무적 경험을 바탕으로 손해보험을 중심으로 공부를 해 왔다. 그러나 다양한 생명보험의 기능에 따른 다양한 생명보험계약이 존재하는데 이 경우에 보험계약자의 의사를 충분히 반영할 수 있는 입법적, 제도적 장치가 부족하다는 것을 알고 이에 관한 연구의 필요성을 느꼈다. 이러한 필요성에 따라 가장 일반적인 제3자를 위한 생명보험계약에 관심을 가지게 되었다. 그 결과 보험계약에서 보험계약자의 의사가 중요한데 이 보험계약자의 의사가 충실히 반영되지 못하고 있다는 점을 알게 되었다. 이러한 문제를 해결하고자 한 것이 이 연구의 출발점이다. 이 연구는 생명보험계약에서 가장 일반적인 제3자를 위한 사망보험계약을 전제하고 보험계약자의 의사가 제3자(보험수익자)보호에 있을 때에는 이를 보호해 주는 이론 구성을 도모하고자 하였다. 이를 연구하는 과정에서 선진제국에서는 이러한 보호가 입법적으로든, 학설·판례상으로든 이루어지고 있다는 점에 놀라지 않을 수 없었다. 다만 이를 보호하는 방법론과 보호의 정도에 차이만 달리하고 있었다.

그런데 우리나라에서는 입법상으로 그 규정이 충분치 못하고 이를 뒷받침할 만한 학설적 지원도 충실하지 못하다. 특히 통설적 입장은 보험계약상의 권리는 보험금청구권을 제외한 기타 계약상의 권리에 관하여는 당연히 보험계약자의 권리라고 보았고 구체적인 관심도 적었다. 그러나 최근에는 생명보험시장의 양적 팽창과 기능의 다양화, 활성화로 인하여 보험계약상의 권리에 관한 관심과 분쟁이 증가하고 있다. 금융감독원 분쟁사례에서 보더라도 보험계약상의 권리에 관한 다양한 형태의 새로운 분쟁이 야기되고 있다. 특히 보험계약자와 제3자, 그리고 그의 채권자등과 관련된 분쟁이 새롭게 등장되고 있다. 그러나 이를 해결할 만한 구체적 연구가 많이 부족하다. 이러한 점에서 이 연구서가 부족하지만 논의의 출발점이 되기를 희망해 본다.

이 책에는 특히 이해관계를 맺고 있는 다수의 관계자의 이해를 어떻게 균형있게 조정할 것이냐에 초점을 두고, 이러한 이해조정의 문제 즉 보험계약 내에서 보험계약자와 보험수익자, 그리고 양도된 경우나 계약상의 권리가 압류된 경우에 각 채권자와의 관계 등에서 이해조정문제를 그 중심으로 고찰하고 있다. 다만 상속인과의 관계, 세법상의 문제 등 연구를 하면서 알게 된 많은 논점에 대하여는 논의의 범위와 능력의 한계 등으로 인하여 다음의 과제를 넘긴 것을 아쉽게 생각한다.

그리고 이 책에서 밝히고 있는 필자의 주장도 전혀 새로운 것이 아니라 독일, 스위스, 프랑스, 미국 등 선진제국에서의 입법과 논의를 바탕으로 하고 있음을 밝혀둔다. 그리고 생명보험법 연구에 대한 의욕만 앞설 뿐 노력이나 연구경험이 깊지 못한 필자로서 아직 부족한 부분이 많음을 알고 있다. 그리고 본인이 설명하려는 방법이나 표현이 보다 더 간결하고 독자들이 보다 쉽게 이해할 수 있도록 쉽게 서술하지 못한 것도 필자의 능력의 한계임을 자인한다. 그리고 이러한 책을 출간하기 까지 많은 훌륭하신 선배 상법학자들의 업적이 그 바탕이 되었기에 재삼 고개를 숙이지 않을 수 없다. 그리고 이 책이 제3자를 위한 생명보험계약에 관한 망라적인 연구서가 되지 못하는 점도 자인한다. 그러나 이 주제에 관한 연구가 그다지 활발하지 못하고 제 외국의 경우와 입법적 접근이 달라 현실적인 다양한 이해충돌의 경우에 충실히 대응하지 못하는 점은 인정하여야 할 것이다. 이러한 문제점을 해결하는데 조금의 도움이 될 수 있기를 희망하며 또한 관심있는 분들에게 어느 정도 문제해결의 실마리나마 제시하여 주지 않을까 자못 기대하는 마음을 숨길 수 없다. 독자 여러분의 끊임없는 비판과 성원이 있으시길 빌어마지 않는다.

끝으로 이 자리를 빌어 필자를 학문의 길로 인도하여 항상 따뜻하고 엄격한 가르침을 주신 제남 강위두 선생님께 깊이 감사드린다. 그리고 상업성이 크지 않은 전문연구서의 출간을 적극적으로 지원하고 있는 한국학술정보주식회사와 출간작업을 정성껏 해 주신 출판사 관계자 여러분께도 감사드린다.

2006. 2. 엄광산 기슭에서

저자 드림

略語目錄(Abkürzungsverzeichnis)

1. 法 令

AnfG	Gesetz betreffend die Anfechtung von Recht- shandlungen eines Schuldners außerhalb des Konkursverfahrens(파산절차에 의하지 않는 채무자의 법률행위의 부인에 관한 법률)
VVG	Versicherungsvertragsgesetz(보험계약법)
VAG	Versicherungsaufsichtsgesetz(보험감독법)
BGB	Bürgerliches Gesetzbuch(독일 민법)
ZPO	Zivilprozeßordnung(독일 민사소송법)
KO	Konkurordnung(파산법)
LCA	Loi du 13 juillet 1930, relative au contrat d'assurance (프랑스 보험계약법)
ZGB	Schweizerisches Zivilgesetzbuch(스위스 민법)

2. 雜 誌

AcP	Archiv für civilistische Praxis
BB	Der Betriebsberater
D.P.	Dalloz, Recueil périodique et critique de jurisprudence, de législation et de doctrine
FamRZ	Zeitschrift für das gesamte Familienrecht
GB	Geschäftsbericht des Bundesaufsichtsamtes für das Versicherungswesen
HansRGZ	Hanseatische Rechts- und Gerichtszeitschrift
Harv. L. Rev.	Harvard Law Reviw

JhJb	Jherings Jahrbücher für die Dogmatic des bürgerlichen Rechts
JRPV	Juristische Rundschau für Privatversicherung
JuS	Juristische Schulung
JW	Juristische Wochenschrift
JZ	Juristenzeitung
LZ	Leipziger Zeitschrift für Deutsches Recht
MDR	Monatsschrift für Deutsches Recht
NBL	New Business Law
NJW	Neue Juristische Wochenschrift
R.G.A.T.	Revue générale des assurances terrestres
SGb	Die Sozialgerichtsbarkeit
VA	Veröffentlichungen des Reichsaufsichtamter für Privatversicherung
VersR	Versicherungsrecht
VersRdsch	Versicherungsrundschau(Österreich)
Virgnia L. Rev.	Virgnia Law Reviw
Yale L. J.	Yale Law Jounal
WM	Wertpapiermitteilumg
WRP	Wettbewerb in Recht und Paraxis
Yale L. J.	Yale Law Jounal
ZfV	Zeitschrift für Versicherungswessen
ZSR	Zeitschrift für Schweizerisches Recht
ZVersWiss	Zeitschrift für die gesamte Versicherungswissenschaft

3. 其 他

a.a.O.	am angegebenen Ort
anm.	Anmerkung

aufl.	Auflage
Bd.	Band
n°	nombre
Nr	Nummer
ff.	folgende Seiten
op. cit.	opere citato
p.	page
S.	Seite
RG	Reichsgericht(제국법원)
RGZ	Entscheidungen des Reichssgerichtes in Zivilsachen, Amtliche Entscheidungssammlung(Band, Seit)(RG 판례집)
BGH	Bundesgerichtshof(독일 연방대법원)
BGHZ	Entscheidungen des Bundesgerichtshofes in Zivilsachen, Amtliche Entscheidungssammlung(Band, Seit)(BGH 판례집)
BG	(Schweizerisches) Bundesgericht(스위스 연방대법원)
BGE	Entscheidungen des Schweizerischen Bundesgerichtes, Amtliche Sammlung(BG 판례집)
Cass. civ.	Cour de cassation, chambre civile(破毀院 민사부)
Cass. com.	Cour de cassation, chambre commerciale(破毀院 상사부)
Cass. req.	Cour de cassation, chambre de requétes(破毀院 심리부)
LG	Landgericht(지방법원)
OLG	Oberlandgericht(주상급법원)
OLGE	Entscheidungen der Oberlandgerichte in Zivilsachen (OLG 판례집)
民集	日本 最高裁判所 民事判例集
ALB a.F.	Allgemeine Versicherungsbedingungen der Kapital-

versicherung auf den Todesfall(舊 표준보험약관)

ALB n.F.   Musterbedingungen für die Großlebensversicherung(新 표준보험약관)

목 차

第1章 序　論 ·······································17

　Ⅰ. 研究의 目的 ·································17

　　1. 生命保險의 機能의 多樣化와 利害衝突 ·······17

　　2. 保險受益者保護의 必要性 ···············20

　Ⅱ. 研究의 範圍와 方法 ·······················23

　　1. 研究의 範圍 ·························23

　　2. 研究의 方法 및 構成 ·················24

第2章 他人을 위한 生命保險契約에 관한 理論的 基礎 ·······27

　Ⅰ. 他人을 위한 生命保險契約의 基本概念의 定立 ·······27

　　1. 他人을 위한 生命保險契約의 概念 ·········27

　　2. 他人을 위한 生命保險契約의 構造 ·········30

　Ⅱ. 他人을 위한 生命保險契約에 관한 立法例 ·······35

　　1. 第3者를 위한 契約 ···················36

　　2. 他人을 위한 生命保險契約 ···············39

　　3. 保險受益者의 權利取得의 性質 ···········44

第3章 保險契約上의 權利分配와 保險受益者의 地位 ·······51

　Ⅰ. 保險契約上의 權利 ·······················52

　　1. 請求權 ·····························53

　　2. 形成權 ·····························59

　Ⅱ. 保險契約者에 의한 保險受益者指定 ···········64

　　1. 保險受益者의 指定 및 變更 ···············64

　　2. 保險受益者指定에 관한 具體的인 解釋 ·······71

3. 保險受益者의 概念 및 範圍에 관한 檢討 ································ 76

Ⅲ. 保險受益者指定과 保險契約上의 權利歸屬 ························ 82

1. 獨逸法上의 權利分配 ··· 84

2. 스위스法上의 權利分配 ·· 93

3. 프랑스法上의 權利分配 ·· 100

4. 比較 및 檢討 ·· 106

Ⅳ. 우리 商法上의 權利歸屬關係에 관한 解釋論 ···················· 108

1. 現行 解釋論의 限界 ·· 108

2. 受益者指定類型別 區分可能性 檢討 ······························ 110

3. 우리 商法上 類型別 權利歸屬關係 ······························· 114

第4章 保險契約上의 權利의 讓渡와 保險受益者의 地位 ·················123

Ⅰ. 保險契約上의 權利의 讓渡制度의 沿革 및 類型 ················ 125

1. 保險契約上의 權利의 讓渡制度의 沿革 ························· 125

2. 保險契約上의 權利讓渡의 類型 ································· 128

Ⅱ. 讓渡의 要件 ··· 131

1. 美國法上의 要件 ·· 131

2. 獨逸法上의 要件 ·· 135

Ⅲ. 保險契約의 讓渡後 保險受益者의 地位 ···························· 139

1. 美國法上의 地位 ·· 139

2. 獨逸法上의 地位 ·· 144

Ⅳ. 우리나라法上의 解釋論 ··· 153

1. 保險契約上의 權利의 讓渡性 ···································· 153

2. 保險契約上의 權利의 讓渡의 要件 ····························· 163

3. 讓渡後 保險受益者의 地位 ·· 168

第5章 保險契約者의 債權者로부터의 保險受益者 保護 ·············173

  Ⅰ. 保險契約上의 權利에 대한 執行方法 ················· 174

    1. 獨逸法上의 執行方法 ························· 174

    2. 스위스法上의 執行方法 ························· 181

    3. 프랑스法上의 執行方法 ························· 186

  Ⅱ. 保險事故發生 以前의 利害關係調整 ················· 188

    1. 독일法上의 調整 ························· 188

    2. 스위스法上의 調整 ························· 200

    3. 프랑스法上의 調整 ························· 210

  Ⅲ. 保險事故發生 以後의 利害關係調整 ················· 217

    1. 獨逸法上의 調整 ························· 217

    2. 스위스法上의 調整 ························· 227

    3. 프랑스法上의 調整 ························· 236

  Ⅳ. 利害調整을 위한 現行法의 解釋論과 立法論 ················· 246

    1. 各國法의 比較 및 檢討 ························· 246

    2. 우리나라法上의 解釋論 ························· 256

    3. 利害調整을 위한 立法論 ························· 266

第6章 結 論 ·······································275

參考文獻 ·······································281

색 인 ·······································301

第1章 序 論

I. 研究의 目的

1. 生命保險의 機能의 多樣化와 利害衝突

1) 생명보험의 사회정책적 목적 내지 원래의 임무는 일정한 친족관계에 있는 자 특히 가족에 대한 생활보장에 있다. 생명보험은 다른 법제도와는 달리 보편적인 위험사상과 기타 개개인의 의사가 결합되기 때문에 미리 일정자금(보험금)을 준비함으로써 보험계약자가 자신이 사망할 때에 유족에 대하여 충분한 생활기반을 마련해 주고자 하는 수요를 충족시킬 수 있을 뿐만 아니라 오늘날 일반적으로 이용되고 있는 생사혼합보험에서는 보험계약자가 보험계약상 미리 약정한 시기(예컨대 65세에 달한 경우)에 생존해 있는 경우에 보험계약자에게 노후보장을 위한 기금을 보장해 주기도 한다 (가족 및 노후보장적 기능).

이외에도 생명보험은 보험계약자의 생존 시에 발생하는 경제적 수요도 충족시키기도 한다. 즉, 생명보험계약은 보험사고발생 이전이라도 현재적 가치를 지니고 있기 때문에 생명보험계약에서 보험계약자는 보험사고발생 이전에는 언제든지 보험계약을 해지함으로써 생존 시 발생하는 경제적 수요에 대응할 수 있다. 이 현재적 가치는 소위 보험료적립금에 대하여 청구권을 행사함으로써 나타나고 보험계약자는 여러 가지로 이용할 수 있는 것이다. 즉, 보험계약자는 보험계약을 해지하여 해지환급금청구권을 행사함으로써 보험료를 적립한 기간가치를 실현시킬 수도 있고, 보험계약이 계속 유지되는 경우에는 보험증권대부권을 행사함으로써 보험자로부터 일정금액

즉, 보험료적립금의 상당부분을 지급받을 수도 있다(저축적 기능). 또한 보험계약자는 재산적 가치를 지니는 보험금청구권을 양도하거나 입질함으로써 제3자로부터 신용을 받을 수 있다(채권담보적 기능). 특히 오늘날 생명보험은 자금을 형성하는 재산적 특성 때문에 현대 경제생활에서 중요한 저축 내지 신용제도로 자리 잡아 가고 있다.

2) 또한 생명보험에는 다양한 이해관계인이 존재하고, 이들 이해관계인의 이해의 관심은 다르고 많은 경우에 충돌하게 된다. 이와 같은 이해관계인 상호간의 이해충돌을 어떻게 조정할 것인지는 생명보험과 관련된 중요한 문제 중의 하나이다. 특히 타인을 위한 생명보험계약의 경우에는 제3자인 수익자의 존재로 이해의 대립이 복잡하게 된다. 이러한 이해의 대립은 생명보험계약의 기능의 다양화와 함께 더욱 복잡하게 되어 있고, 이는 결국 생명보험계약의 목적 내지 기능에 따라 구속된다고 할 것이다.

먼저 보험수익자의 입장에서 이해의 관심은 보험사고 발생 시에 보험금을 받는 데 있다. 이러한 목적을 달성하기 위하여서는 보험계약자의 처분권을 제한하고 제3자 특히 보험계약자의 채권자와 상속인 기타 상속관계인의 개입가능성을 제한함으로써 보험수익자에게 가능한 한 불가침의 법적 지위를 인정할 것이 요구될 것이다(보험수익자의 보장적 이익).

그리고 보험계약자는 유족의 보장을 확실히 하고자 하는 동시에 자신의 경제적 이익도 충족시키고자 할 것이다. 보험계약자는 계약상의 형성권을 언제든지 행사할 수 있고 금전적 가치가 있는 보험금청구권을 자유로이 처분할 수 있을 때에만 생명보험의 저축적 기능 내지 채권담보적 기능은 발휘될 수 있는 것이다. 따라서 보험계약자의 이해는 보험계약상의 권리의 양도성이 보험수익자의 지정으로 침해되지 아니하여야 한다는 점에 있다. 그러나 생사혼합보험에서 보험계약자가 추구하는 자신의 노후보장이익과 보험수익자의 보장이익 간에 이해충돌은 원칙적으로 존재하지 아니한다. 즉, 보험계약자가 보험수익자의 수익권을 사망사고로 제한하고 있는 경우에는 보험계약자가 약정된 일정 연령에 도달하면 보험금은 보험계약자에게 귀속되고 다만 피보험자가 사망하면 보험금은 보험수익자에게 귀속되기 때문에, 이러한 양 목적은 상호 침해 없이도 달성될 수 있는 것이다.

또한 전술한 보험계약자 자신의 노후보장이익은 보험사고 이전이나 피보험자가 약정한 시기에 생존해 있더라도 보험금청구권에 대한 강제집행이 배제되어 질 때만 보장될 수 있기 때문에 자신의 채권자의 채권만족에 대한 이해관계와도 충돌하게 된다.

그리고 보험계약자의 채권자로서는 보험계약자가 무자력인 경우에, 특히 보험금청구권이 채무자의 유일하고 중요한 재산인 경우에는 생명보험금청구권에 대하여 강제집행을 할 수 있는지 여부에 이해관계를 가진다. 이와 관련하여 채권자의 입장에서는 불법행위에 기한 채권자나 부양권리자의 경우를 제외하고 일반적인 경우에는 자신의 급부로 인하여 보험계약자가 간접적으로 보험료를 납입할 수 있었다는 점은 고려되어야 할 것이다. 결과적으로 채권자의 이해의 관심은 보험계약자가 일정한 시기에 생존해 있든 사망하였든 간에 보험수익자나 보험계약자를 위한 사회정책적 배려에서 보험금청구권이 압류의 대상에서 제외되지 않도록 하는 점에 있다고 볼 수 있다.

이외에도 보험계약자의 상속인도 이해관계인이 될 수 있다. 왜냐하면 보험계약자의 재산은 보험수익자에 대한 보험금청구권의 무상증여로 감소하게 되는데, 이러한 무상증여는 상속인의 상속분을 침해하게 되고, 수증자 또는 負擔付受遺贈者의 청구권도 침해할 수 있다. 따라서 상속관계인의 이해의 관심은 보험수익자에 대하여 보상청구권을 행사함으로써 자신의 법적 지위가 축소되는 것을 배제하는 데 있을 것이다. 또한 보험수익자와 유류분권자 간의 이해대립도 특별한 의미를 가진다.1)

---

1) 유류분제도는 보통 피부양자로 간주되는 친족에게 최소한의 상속재산을 보장하기 위하여 피상속인의 유언자유의 원칙을 제한하는 것이고, 이러한 유류분청구권은 피상속인의 증여라는 生前處分으로 제한하지 못하도록 하고 있기 때문이다.

2. 保險受益者保護의 必要性

오늘날 우리나라에서는 생명보험제도의 양적 성장과 함께 다양한 형태의 생명보험계약이 체결되고 있다.[2] 보험계약자는 자기뿐만 아니라 타인의 생명에 대하여도 보험계약을 체결할 수 있고, 보험수익자도 자신뿐만 아니라 제3자를 지정할 수 있고, 이때 생존사고와 사망사고에 대하여 다른 수익자를 지정할 수도 있다. 여기서 보험수익자를 제3자로 하는 생명보험계약을 타인을 위한 생명보험계약이라고 한다. 타인을 위한 생명보험계약은 생명보험계약의 가장 일반적인 형태이고, 오늘날 우리나라에서는 생명보험은 사망보험이든 생사혼합보험이든 간에 자신의 사망사고에 대하여 일정한 친족관계 등 특별한 관계가 있는 자를 보험수익자로 지정하여 보험수익자의 생활보장을 도모하려는 동기에서 체결되는 경우가 가장 일반적이다. 이는 법률적으로 무상의 유증과 유사한 성격을 지니는 경우이다. 특히 미국에서는 타인을 위한 생명보험계약이 비상속법적 유증대체적 수단(Will Substitute)의 하나로 널리 이용되고 있다.[3] 그러나 이러한 수익자 지정에 일정한 대가관계가 있는 경우, 즉 채권담보의 목적으로 채권자를 보험수익자를 지정하는 경우나 실질적으로 보험료납입에 보험수익자가 관여한 경우 등과 같은 경우도 물론 있을 수 있다. 특히 보험계약상의 권리의 재산적 가치가 널리 이용되고 있는 외국에서는 후자의 기능을 담당하는 경우가 많다.[4]

이와 같이 생명보험에 있어서 기능의 다양화는 전술한 타인을 위한 보

---

2) 국내 생명보험시장은 양적 측면에서는 1990년에 세계 7위의 수입보험료 보유국이 되어 선진보험국의 대열에 진입하기 시작했다(보험감독원, 2000年代의 保險産業展望, 1990, 63면).

3) Langbein, The Nonprobate Revolution and the Future of the Law of Succcession, 97 Hav. L. Rev.(1984), p.1108 이하 참조. 여기서는 유증대체적 수단으로 생명보험 외에도 연금, POD(사후제3자환급예금), 철회가능한 생전신탁 등을 들고 있다.

4) 일본에서도 은행이 보험수익자를 은행으로 하는 생명보험을 담보로 주택자금을 대출하는 상품을 판매하고 있다.

험계약에서 이해관계인 간의 이해충돌을 보다 복잡하게 하고 있다. 이러한 이해충돌은 다른 법 영역과의 상충도 야기하고 있다. 그러나 현재 우리나라에서는 이러한 이해충돌영역에 관한 논의도 거의 없고, 이에 대한 입법도 미비되어 이해조정책을 도모하는 데도 상당한 어려움이 있다.

그런데 이러한 이해조정책을 도모하는 데는 먼저 그 목표를 어디에 두느냐에 따라 다를 수 있다. 즉, 생명보험계약의 저축적 기능을 중시할 것인지 아니면 보장적 기능을 중시할 것인지 여부에 따라 다르다. 그러므로 이해조정에 있어서 보험계약자의 의사만을 존중할 것인지 보험수익자를 보호할 것인지 여부가 먼저 결정되어야 한다.

본 연구에서는 이해조정과정에서 보험계약자의 의사에 반하지 않는 한 가능하면 보험수익자를 보호하려는 데 그 목표를 두고자 한다. 왜냐하면 타인을 위한 생명보험계약은 어떠한 동기에서 체결되든 간에 기본적인 출발점은 보험수익자의 보장에 있고, 이러한 동기에서 보면 원칙적으로 보험수익자의 보호의 필요성이 있기 때문이다.

그리고 상법상으로는 보험계약자는 보험사고발생 이전에는 언제든지 보험계약을 해지할 수 있을 뿐만 아니라 보험수익자를 지정변경할 수 있기 때문에 보험계약에 대한 지배권은 보험계약자가 가지고 있다고 할 수 있다. 또한 우리나라의 통설에서는 보험수익자를 보험사고 발생 시에 보험금청구권을 가지는 자로만 보고, 이를 제외한 모든 보험계약상의 권리는 보험계약자에게 귀속되는 것으로 보고 있다. 이뿐만 아니라 우리나라의 채권법적 일반원칙에 따르면 보험수익자는 보험계약자의 채권자의 강제집행으로부터 거의 보호받지 못하고 있다. 이와 같이 타인을 위한 생명보험에서 보험수익자의 법적 지위는 상당히 불안정하다.

예컨대 보험계약자가 채권담보를 위하여 자신의 채권자를 보험수익자로 지정한 경우에 통설의 입장에 따르면 비록 보험계약자가 수익자 지정변경권을 포기하였다하더라도 언제든지 보험계약을 해지하여 해지환급금을 취득하면 보험수익자의 지위는 전혀 보장되지 않는다. 또한 보험계약자가 자신이 사망한 후에 보험수익자의 생활보장을 위하여 수익자 지정변경권을 포기한 경우에는, 자신의 채권자로부터도 보호하려는 취지라고 보았을 때 보험수익자의 보호의 필요성이 있고, 이는 보험계약자의 계약체결동기에도 부합되는 것이다.

따라서 보험계약자의 권리를 보호할 필요가 없는 경우나 채권자 등의 이해관계인으로부터 보험수익자를 보호할 필요가 있는 경우에는 보험계약자의 의사에 반하지 않는 범위 내에서 보험수익자를 보호하여야 할 것이다.

이와 같이 보험수익자의 보호의 필요성이 있는데도 불구하고 우리나라에서는 보험계약상의 권리분배관계와 보험계약상의 권리처분이나 보험계약자의 채권자에 의한 집행으로부터 보험수익자의 지위의 보호문제는 크게 문제시되지 않고 있다.

여기에서 본 연구는 타인을 위한 생명보험에서 보험수익자의 보호에 그 목적을 두고, 이를 위하여 두 가지 점, 즉 직접적으로는 수익자 지정형태에 따라 보험계약자의 철회권에 대하여 제한할 수도 있다는 점과 간접적으로는 보험수익자의 개념을 대한 재검토에서 출발하고자 한다.

왜냐하면 우리 상법 제639조 2항에서는 보험수익자는 보험계약상의 이익을 당연히 받는다고 규정할 뿐 보험계약상의 이익이 보험금청구권에 한한다는 규정은 없기 때문에 보험계약자가 보험수익자에게 확정적 지위를 부여하고자 하는 경우에는 보험금청구권 이외의 권리도 보험수익자에게 귀속시킬 수 있는 가능성이 있다. 여기서 보험계약상 보험수익자의 지정형태에 따라 보험계약상의 권리분배가 다를 수 있다고 하면 보험계약자의 보험계약상의 권리처분이나 보험계약자의 채권자의 강제집행으로부터도 일정한 부분에서는 보험수익자를 보호할 수 있을 것이다.

따라서 본 연구에서는 이상의 출발점을 토대로 타인을 위한 생명보험계약에서 보험수익자와 각 이해관계인 간의 이해충돌과정에서 이해조정을 위한 해석론을 모색함과 아울러 입법론의 기초를 제시하고자 한다.

II. 研究의 範圍와 方法

1. 研究의 範圍

타인을 위한 생명보험계약에서는 전술한 바와 같이 다양한 이해관계인 간의 이해충돌이 있으나, 본 연구에서는 그 범위를 보험계약관계에서의 보험수익자의 지위와 보험계약자가 보험계약상의 권리를 처분하거나 보험계약자의 채권자가 보험계약상의 권리에 대하여 강제 집행할 경우에 보험수익자와 이해관계인 간의 이해조정부분에 한정하고자 한다. 따라서 보험수익자와 보험계약자의 상속인 간의 이해충돌이나 세법상의 문제[5] 등은 별론으로 하고 크게 세 부분 즉, 보험계약상 보험계약자와 보험수익자 간의 관계, 보험계약상의 권리처분 시의 보험수익자의 지위, 보험계약자의 채권자로부터 보험수익자의 보호부분으로 나누어 고찰하고자 한다.

이러한 이해관계인 간의 이해충돌은 전술한 생명보험계약의 두 기능 즉, 저축적 기능과 보장적 기능에 입각하여 이해조정이 이루어져야 할 것이다. 특히 보험수익자의 지위보호를 위해서는 유족보장적 기능에 입각한 이해조정이 중심이 될 것이지만, 보험계약자의 계약상의 권리처분과 관련해서는 저축적 기능도 무시할 수 없을 것이다.

그리고 타인을 위한 생명보험계약은 몇 가지 유형으로 분류를 할 수 있는데, 그 하나가 피보험자가 보험계약자 자신인 자기의 생명보험계약이고 다른 하나는 피보험자가 보험계약자 이외의 자인 타인의 생명보험계약이다. 후자의 타인의 생명보험계약에는 피보험자와 보험수익자가 동일인인

---

5) 예컨대 현행 상속세법상으로는 타인을 위한 생명보험금은 일률적으로 적용하고 있으나, 보험계약자와 보험수익자 간의 대가관계가 무상의 증여인 경우, 채권담보관계 등 기타 유상의 대가관계가 있는 경우를 동일하게 취급하는 것은 문제이다(상속세법 제7조 참조). 이외에도 세법상의 취급과 관련되어 많은 문제가 일어날 수 있다.

경우와 피보험자와 보험수익자가 다른 경우가 있을 수 있다. 그러나 타인을 위한 생명보험계약은 보험계약자가 자신과 일정한 친족관계에 있는 자의 생활보장을 위하여 자신의 생명에 대하여 체결하는 경우가 일반적으로 이용되므로 본 연구에서는 특별한 언급이 없는 한 보험계약자와 피보험자는 동일인이고 제3자가 보험수익자인 경우를 상정하여 전개하고자 한다.

그리고 타인을 위한 생명보험계약은 생존보험뿐만 아니라 사망보험에도 가능하지만, 현실적으로 사망보험이 중요성을 가지므로 본 연구에서는 특별한 언급이 없는 한 생사혼합보험을 포함하여 사망보험을 전제로 하고, 사망보험이더라도 보험계약자가 자신을 피보험자로 한 일시금보험을 그 대상으로 한다.

2. 硏究의 方法 및 構成

아직 우리나라에서는 생명보험에서 보험수익자의 지위와 관련하여 실제적으로 문제되는 경우나 이와 관한 문헌이 적다. 따라서 본 연구에서는 제외국의 학설·판례상의 이론구성을 비교분석하고, 우리나라에서의 해석론 내지 입법론을 모색하고자 한다. 비교대상국은 대륙법계의 독일, 스위스, 프랑스를 중심으로 한다. 다만 보험계약상의 권리의 양도와 관련하여서는 미국에서 다른 나라에서와 다른 포괄적인 보험계약의 양도라는 제도가 이용되기 있기 때문에 미국과 독일의 양도제도를 중심으로 한다.

이 책은 이러한 방법에 따라 모두 제6장으로 구성되어 있다.

제1장 서론에서는 타인을 위한 생명보험이 지니는 기능을 전제로 이해관계인 간의 다양한 이해충돌영역을 찾고, 이러한 부분에서 이해조정의 필요성에 대하여 언급한다. 그리고 본 연구의 대상인 타인을 위한 생명보험에서 기본모델을 설정하고 논의의 범위와 접근방법 등에 관하여 개괄적으로 명시한다.

제2장에서는 보험수익자지위에 관한 이론적 기초로서 타인을 위한 생명보험계약의 일반론에 관하여 고찰하고 있다. 먼저 타인을 위한 생명보험의

개념 및 구조에 관하여 살펴보고, 비교대상국에서의 입법례를 살펴봄으로 써 향후 해석론과 입법론을 탐구하는 데 기본소재로 삼는다.

제3장에서는 보험계약관계에서 보험수익자의 지위를 논하는데, 먼저 이론전개의 전제로서 보험계약상의 권리에 대하여 검토하기로 한다. 그리고 보험계약상의 권리분배는 보험계약자가 보험수익자를 어떻게 지정하느냐에 따라 차이가 있기 때문에 보험계약자에 의한 보험수익자 지정행위에 관련된 법률문제를 고찰하고, 지정유형에 따라 보험수익자의 권리취득시기, 취득권리의 범위, 계약상의 권리의 처분가능성에 관하여 제국의 입장을 비교분석한 후에 우리나라에서의 해석론을 모색하고자 한다. 또한 수익자 지정과 관련하여 보험수익자의 개념에 대하여 재검토하고 이를 우리나라 해석론의 전제로 삼기로 한다.

제4장에서는 보험계약상의 권리는 재산적 가치를 지니고 있고, 이러한 권리가 널리 이용되어짐에 따라 이에 관한 법률문제를 고찰대상으로 한다. 이 장에서는 양도의 요건과 효과 특히 양도가 보험수익자의 지위에 미치는 영향에 대하여 제국의 입장을 비교분석한 후에 우리나라에서의 해석론을 모색하고자 한다. 이러한 분석의 전제로서 보험계약의 양도제도의 연혁과 유형에 대하여 먼저 고찰한다.

제5장에서는 생명보험계약자의 채권자와 보험수익자 간의 이해조정에 대하여 고찰한다. 여기서는 보험사고발생 이전과 보험사고발생 이후로 구분하여 보험계약자의 채권자의 권리와 이해충돌 속에서 보험수익자보호를 위한 조정책을 도모하고자 한다. 특히 이에 관한 문제에 있어서 각국의 규제는 서로 대립하고 있기 때문에 비교법적인 고찰을 통하여 이해관계충돌 영역에 관한 각국의 해결책 내지 조정책의 특징을 밝히고, 이에 대하여 종합적으로 분석하여 이해조정원리를 도출한다. 그리고 이러한 이해조정원리를 바탕으로 우리나라에서의 해석론 내지 입법론을 모색한다.

제6장에서는 각장에서의 논의를 토대로 생명보험계약의 기능에 비추어 종합하여 결론을 도출하고, 보험수익자의 지위와 관련된 향후과제 등을 제시하기로 한다.

第2章 他人을 위한 生命保險契約에 관한 理論的 基礎

I. 他人을 위한 生命保險契約의 基本概念의 定立

1. 他人을 위한 生命保險契約의 槪念

1) 意 義

타인을 위한 보험계약이란 보험계약자가 보험계약상 발생하는 이익을 타인에게 귀속시키기 위하여 자기명의로 체결되는 보험계약이다(상법 제639조). 생명보험의 경우에 보험계약자가 자신 이외의 자를 보험수익자로 하여 체결된 보험계약을 타인을 위한 생명보험계약(Lebensversicherung zugunsten Dritter)이라고 한다.[1] 타인을 위한 생명보험계약은 제3자를 위한 계약법제에 기인하고 있다. 왜냐하면 보험수익자는 보험계약에 관여도 없이(ohne irgendeine Mitwirkung) 보험계약상의 권리를 취득하기 때문이다. 그리고 제3자를 위한 계약이 본격적으로 논의되기 시작한 것도 19세기 중엽 이후에 타인을 위한 생명보험계약이 발달하면서부터이다.[2]

이러한 타인을 위한 생명보험계약은 원래 보험계약자가 자신이 사망사

---

[1] 양승규, 보험법, 삼지원, 1992, 436면; 최기원, 보험법, 박영사, 1993, 469면; 이기수, 보험법·해상법, 박영사, 1993, 305면; 손주찬, 상법(하), 박영사, 1993, 498면; 채이식, 상법강의(下), 1992, 632면.

[2] Coing, Europäisches Privatrecht 1800 bis 1914, Bd. II 19. Jahrhundert, 1989, S. 453(김형배, 제3자를 위한 계약, 현대민법의 과제와 전망(南松 한봉희교수화갑기념논문집), 도서출판 밀알, 1994, 1032면에서 再引用).

고에 대비하여 피부양자의 생활보장을 목적으로 체결되었으나, 오늘날에는 이외에도 채권담보를 목적으로 채권자를 위하여 체결되는 경우와 같이 기타 특별한 이해관계가 있는 자를 위하여 체결되는 경우도 많다.

타인을 위한 생명보험계약에서 보험수익자가 계약상의 권리를 취득하기 위하여서는 수익자가 직접 권리를 취득한다는 의사표시가 존재하여야 하고, 이 타인을 위한 의사표시는 묵시적이라노 무방하다. 제3사는 보험계약을 체결할 때 특정되어 있을 필요도 없고, 보험증권상에 보험수익자로 명기되어 있어야 하는 것도 아니고 구두로도 보험수익자는 지정될 수도 있다.

보험계약에서 보험수익자란에 지정이 없을지라도 다른 형태로 보험수익자가 지정되어 있을 경우에는 타인을 위한 보험이 된다. 그러나 문제는 누구를 위한 보험인지 불명확한 경우인데, 이에 관하여 상법에는 명문의 규정이 없으나, 자신을 위한 보험으로 보아야 할 것이다.[3]

2) 他人을 위한 保險契約의 法的 性質

타인을 위한 보험계약의 법적 성질을 어떻게 볼 것인지에 관하여서는 대리설,[4] 특수계약설, 제3자를 위한 계약설 등 많은 학설이 제기되었다. 현재 우리나라에서는 특수계약설과 제3자를 위한 계약설이 대립해 있다.

특수계약설[5]은 타인을 위한 생명보험계약의 경우에는 민법상의 제3자를 위한 계약과는 달리 보험계약자의 의사가 없는 경우에 보험수익자의 受益의 의사가 없는 경우에도 계약의 효력이 발생하기 때문에 상법상의 특수한 계약이라고 본다.

이에 대하여 제3자를 위한 계약설은 타인을 위한 생명보험계약을 민법의 제3자를 위한 계약의 일 형태로 보는 견해로서 통설과 판례의 입장이다.[6] 이 설에서는 보험수익자가 보험계약의 당사자가 아니고 보험계약에

---

3) 양승규, 타인을 위한 손해보험계약, 고려대법률행정논집 제10집, 1972, 143면.
4) 보험계약자와 보험수익자와의 관계를 대리관계로 이론구성하고 있다(OLG Hamburg Seuffert, 45, 482).
5) 손주찬, 앞의 책, 499면

기하여 보험수익자가 계약상의 권리를 취득하므로 민법상의 제3자를 위한 계약으로서 성질을 가진다고 한다.

그러나 여기서 문제는 민법상으로 제3자를 위한 계약에서는 제3자의 수익의 의사표시를 요하고 있다는 점과 보험수익자 지정행위는 보험계약에서의 법률행위와 독립된 행위로 이루어진다는 점이다.

먼저 민법상의 계약에서는 개성이 중시되나, 보험계약에서는 개성이 중시될 필요가 없을 뿐만 아니라 보험계약상 당연히 제3자가 권리를 취득한다고 하여도 보험계약자, 보험수익자 어느 누구에게도 불이익이 없다는 점에서 특칙으로 인정하고 있는 것이다. 다만, 보험자와의 관계에서는 이중지급의 위험이 있기 때문에 수익자 지정변경행위에 대하여 通知를 요하고 있는 것이다.

그리고 제3자가 계약체결에 관여하지 아니하고 권리를 취득하기 위하여서는 계약당사자 간에 권리설정행위와 이러한 권리를 제3자에게 出捐하는 행위가 필요한데, 제3자를 위한 계약으로 인하여 하나의 법률행위로 가능하게 되었다. 그러나 타인을 위한 보험계약에서 보험수익자 지정은 비록 보험계약체결 시에 이루어진다 하더라도 보험계약자는 보험자의 동의 없이도 보험수익자를 지정할 수 있기 때문에 보험계약자와 보험자 간의 합의로 이루어지는 것은 아니다. 이와 같이 타인을 위한 생명보험계약에서는 민법상 제3자를 위한 계약에서와 달리 생명보험계약과 제2의 법률행위인 보험수익자 지정행위로 이루어진다. 그러나 보험수익자 지정행위는 보험계약상에 유보되어 있는 出捐權限의 일방적 행사일 뿐이지 보험계약과 완전히 분리된 법률행위는 아니다.

특수계약설에서도 상법상 다른 규정이 없는 한 민법상의 제3자를 위한 계약의 법리가 준용되어야 한다[7]고 하고 있기 때문에 이 설은 이상에서

---

6) 대법원 1981.10.6. 선고, 80 다 2699 판결; 대법원 1982.1.12. 선고, 80 다 2967 판결; 최기원, 앞의 책, 125면; 채이식, 앞의 책, 511면, 이기수, 앞의 책, 101면; 정희철, 상법학원론(하), 박영사, 1990, 405면; 박길준·양승규, 개정상법요론, 삼영사, 1989, 400면.

설명한 차이점을 명확히 하였을 뿐 실제에서는 제3자를 위한 계약설과 차이가 없다.

따라서 제3자를 위한 계약의 핵심은 보험수익자는 보험계약에 관여도 없이 보험계약상의 권리를 취득한다는 점에 있다고 볼 때에 타인을 위한 생명보험계약을 제3자를 위한 계약의 일종이라고 보아야 할 것이다.[8]

2. 他人을 위한 生命保險契約의 構造

1) 第3者를 위한 契約의 構造

제3자를 위한 계약의 특징과 핵심은 제3자의 권리취득에 있다고 할 수 있다. 이러한 제3자가 계약체결에 관여하지 아니하고 권리를 취득하기 위하여서는 원칙적으로 두 가지 법률행위가 요구된다. 그 하나는 양 계약당사자 간의 법률행위이고 다른 하나는 이 계약당사자가 제3자에게 권리를 출연하는 법률행위이다.

제3자를 위한 계약에서는 諾約者로부터 要約者에게, 그 다음에 요약자로부터 수익자에게 이중의 재화이전이 있어야 하는 것이 생략되어 낙약자로부터 제3자에게 직접 재화의 이전인 出捐이 이루어진다. 여기서 제3자를 위한 계약은 이러한 법률행위를 통하여 제3자의 관여 없이도 그 효력이 발생하게 된다. 즉, 낙약자(채무자)는 요약자(채권자)에 대하여 계약상의 급부를 제3자(수익자)에게 지급할 채무를 부담하고, 제3자는 그 계약의 효과로서 급부에 대한 고유의 권리를 취득하게 된다. 따라서 제3자를 위한 계약은 간접적으로 권리를 출연시킬 수 있는 것이다. 여기서 3자 간의 관계는 이 출연형식에서 구별된다.[9]

먼저 요약자와 낙약자 간의 관계를 보상관계(Deckungverhältnis)라고 하

---

7) 손주찬, 앞의 책, 499면.
8) 특히 제3자를 위한 계약이론은 19세기 말 타인을 위한 생명보험의 발달과 더불어 정립되었다는 점을 유의할 필요가 있다.
9) 자세한 내용은 김형배, 앞의 논문, 1030면 이하 참조.

는데, 이 보상관계는 원칙적으로 낙약자가 제3자에 대하여 급부하여야 한다는 특약으로 보충되어진 채권법적 채무부담계약이다. 그리고 요약자와 제3자의 관계를 대가관계(Valutaverhältnis)라고 하는데, 대가관계는 완전히 제3자를 위한 계약의 외부에 있으며, 보상관계에 기한 제3자의 추상적인 권리취득의 원인관계(causa)가 된다. 대가관계는 그 내용이 채무변제, 소비대차, 증여, 부양의무의 이행 등 다양할 수 있다.

이 대가관계에 대하여서는 독일 민법, 스위스 채무법 및 우리나라 민법에서는 사적자치의 원칙과 함께 특히 제한하지 않고 있다. 그러나 프랑스 민법에서는 제3자를 위한 계약을 원칙적으로 금지하지만 예외로서 요약자 자신을 위하여 하는 경우 또는 타인에게 증여를 행하기 위한 경우에 한하여 제3자를 위한 계약을 체결할 수 있다고 규정하고 있다.[10] 그러나 학설·판례는 실제 필요상 이를 확대하여 연대감, 가족적 이익, 보은의 감정 등 요약자의 정신적 이익을 포함하는 것으로 하고 요약자 자신이 이익을 가지고 있으면 되고 이는 단순한 정신적 이익이라도 무방하다고 하여 제3자를 위한 계약을 널리 유효한 것으로 보고 있다.[11]

그리고 이해관계가 있는 생명보험청구권을 무상으로 출연한 경우에 특히 보험수익자가 보험계약자의 사망 시에 보험금청구권을 가진다면 이러한 원인관계의 성질을 법률적으로 어떻게 규정할 것인지 의문스럽다. 독일, 스위스에서는 증여 또는 증여와 유사한 특수한 법률행위로 보고, 프랑스에서는 간접적인 증여(libéralité indirecte[12])로 본다. 그러나 出捐을 받는 자가 보험계약자와 일정한 친족관계에 있을 때는 도덕적 의무의 이행이지 법률적으로 증여는 존재하지 않는다고 보는 것이 독일과 스위스의 통설이다.[13]

---

10) 프랑스 민법 제1121조에서는 "요약자는 자기 자신을 위한 요약이 조건이거나 타인에 대한 증여가 조건인 경우에는 제3자의 이익을 위하여 요약할 수 있다. 요약자는 제3자가 수익의 의사표시를 한 경우에 이를 철회할 수 없다"고 규정하고 있다.

11) Cass. civ., 16.1.1888, D.p.1888.1, 77; Cass. civ., 7.9.1888, D.p.1889.1, 118.

12) 프랑스에서는 보험계약법의 규정에 배치되지 않는 한 일반적으로 증여에 관한 규정이 적용된다는 것이 원칙이다.

마지막으로 낙약자와 제3자와의 관계인데, 이는 출연된 채권(청구권)이 이행되는 소위 급부실현관계(Leistungsverhältnis)이다.

우리나라[14]와 독일,[15] 스위스[16]에서는 보상관계와 대가관계가 엄격히 분리되기 때문에 대가관계에 흠결이 있다고 하더라도 보상관계에는 직접적인 영향이 없다. 예컨대 대가관계가 무효라면 보상관계에서 이미 발생한 권리취득은 부당이득반환법리에 따라 반환되어야 한다. 이와 반대로 원칙적으로 추상적인 출연행위와 원인관계상의 취득원인을 구별하지 아니하는 프랑스法에서는 이러한 보상관계와 대가관계의 엄격한 분리는 관철되지 아니한다. 예컨대 이론적 기초를 일반적으로 증여로 보기 때문에 제3자가 이미 확정적으로 취득한 권리라도 철회될 수 있다고 본다.

2) 他人을 위한 保險契約關係에서 原因關係

가) 原因關係上의 特性

보험수익자가 지정되어 있는 타인을 위한 보험계약에 관하여서는 학설은 보험계약자와 보험자 간의 보험계약에서 그 보험계약의 내용의 하나로서 보험수익자를 지정함으로써 보험수익자의 권리가 직접 발생하기 때문에, 민법상의 제3자를 위한 계약의 일종으로서 구조를 가지고 있다고 한

---

13) Hasse, Interessenkonflikte bei der Lebensversicherung zugunsten Dritter, Hamburg Reihe A, Karlsruhe, 1981, S. 6.

14) 곽윤직, 채권각론, 박영사, 1993, 114면; 김형배, 앞의 논문, 1045-146면.

15) Palandt, Bürgerliches Gesetzbuch, 36.Aufl., München, 1977, S. 357; Finger, Der Vertrag zugunsten Dritter auf den Todesfall, Dissertation Frankfurt, 1968, S. 38-46.

16) v. Tuhr-Escher, Allgemeiner Teil des Schweizerischen Obligationenrechts, Band Ⅱ, 3.Aufl., Zürich, 1974, S. 251-253; Bossard, Die Rechtsnatur der Begünstigungsklausel nach schweizerischem Versicherungsvertragsrecht, Bern, 1940, S. 96-98; Roelli-Jaeger, Kommentar zum Schweizerischen Bundesgesetze über den Versicherungsvertragsgesetz von 2. April 1908, Band Ⅲ, Bern, 1933, S. 107-108.

다.17) 제3자를 위한 계약은 계약당사자 일방(낙약자)이 제3자(수익자)에 대하여 직접 채무를 부담하기로 상대방에게 약정한 계약이므로(민법 제539 조), 수익자에게 낙약자에 대한 채권을 직접 취득시킨다는 취지는 당해 계약내용의 일부를 이루는 것이기 때문에 이 부분을 제3자약관 또는 수익자 조항이라고 하고 있다. 타인을 위한 생명보험에서 보험수익자 지정부분이 이에 해당한다. 그런데 제3자를 위한 계약에 있어서는 지정수익자의 변경은 그 계약내용의 변경으로서 보험자의 동의를 필요로 한다. 그러나 타인을 위한 보험계약에서는 실제상 불편할 뿐만 아니라 또 보험자는 이중 지급의 위험만 배제되는 한 보험수익자의 결정에 관하여 실질적 이해를 가지지 않기 때문에, 보험계약자에게는 보험자의 동의 없이도 보험수익자를 지정변경할 수 있도록 하고 있다.

위와 같이 타인을 위한 보험계약에서는 보험계약자의 일방적 의사표시에 의해 수익자 지정변경의 효력이 발생하는 점에서 수익자의 지정변경은 타인을 위한 보험계약에서 계약내용의 구성부분이지만, 계약당사자의 상대방의 동의 없이 일방적으로 행사할 수 있다는 의미에서 원인관계인 보험계약에서 유보되어 있는 출연권한의 일방적인 행사라고 볼 수 있다.

나) 保險受益者의 指定變更과 對價關係와 補償關係

타인을 위한 보험계약에서도 보험자가 보험수익자에 대하여 보험금지급 채무를 부담하는 것은 실제적으로 두 가지 원인관계에 기초를 두고 있다. 그 한 가지는 보험계약자와 보험자와 사이에 보상관계 즉 보험계약의 체결 또는 보험료의 지급이고 다른 한 가지는 보험계약자와 보험수익자 간의 대가관계이다.

원래 제3자를 위한 계약에서는 낙약자로부터 요약자에게, 그 다음에 요약자로부터 수익자에게 이중의 재화이전이 있어야 하는 것이 생략되어 낙약자로부터 제3자에게 직접 재화의 이전인 출연이 이루어진다. 이 재화의

---

17) 최기원, 앞의 책, 125면; 채이식, 앞의 책, 511면; 이기수, 앞의 책, 101면;
　　정희철, 앞의 책, 405면.

이전의 법률상 원인은 요약자와 제3자 간의 대가관계와 요약자와 낙약자 간의 보상관계이며 요약자로부터 제3자에게의 사실상의 출연은 존재하지 아니하는 것이다. 이는 타인을 위한 보험계약에서도 마찬가지이다.

위의 두 원인관계 중 보상관계는 타인을 위한 보험계약의 내용이지만, 대가관계는 보험계약내용이 아니다. 비록 대가관계는 타인을 위한 생명보험계약의 내용을 이루지 않지만, 보험계약체결의 직접적 원인을 이룬다. 이 대가관계에 관하여서는 보험계약자와 보험수익자 간에 다른 약정을 하는 경우 예컨대 각서형식을 취하는 경우도 있지만, 실제적으로는 많은 경우 위와 같은 약정은 없다. 또 보험수익자의 지정 또는 변경의 의사표시의 동기도 다양할 수 있다. 예컨대 일방적 생전증여의 의사인 경우도 있고, 또 사인증여의 의사가 있는 경우도 있다. 이 보험계약자와 보험수익자 간의 대가관계는 보험수익자의 지정·변경의 의사표시와는 밀접하고 불가결한 원인관계를 이룬다. 대가관계는 타인을 위한 생명보험계약의 내용으로 되지 아니하기 때문에 이를 결하더라도 계약의 효력에는 영향을 미치지 아니하지만 보험수익자의 지정 또는 변경의 의사표시 자체의 내용 또는 효력에 관하여서는 원인관계인 사실관계와 불가결하기 때문에 이를 합리적이고 객관적으로 해석할 필요는 있다.

또한 보험계약자와 보험수익자 간의 대가관계는 다른 의미에서 논의될 수 있다. 즉, 무상으로 수익자가 지정된 경우에 이 대가관계를 사인처분으로 볼 것인지, 생전처분으로 볼 것인지 여부가 문제된다. 이에 대하여 타인을 위한 생명보험에서 보험계약자의 상속인과 상속채권자의 이해조정으로서 상속법상의 증여, 유증의 반환, 유류분에 기한 감소, 파산관재인에 의한 부인권 등을 둘러싸고 보험계약자가 보험수익자에게 경제적 출연을 한 것으로 보고, 실질적인 유증과 동일시해야 하는 재산무상처분이 있는 것으로 해석하는 견해[18]와 보험계약자의 수익자 지정·변경의 의사표시에 의하여

---

18) 大森忠夫, 保險金受取人の法的地位, 生命保險契約法の諸問題, 1958, 55면(이 견해는 보험계약자는 보험료의 지급이라는 출연을 하고, 그 경제적 산물이라고 할 수 있는 보험금청구권을 보험수익자가 취득하는 관계에 대하여 이

보험계약자와 보험수익자 간에 생전증여계약에 준하는 법률관계가 발생하고 그 효과로서 보험수익자는 대가관계에 있어서도 보험금청구권을 취득한다는 견해가 주장되고 있다.[19]

그러나 여기서 논의되고 있는 대가관계에 관하여서는 보험계약자에 의한 보험계약체결·보험료지급에 기한 보험수익자의 보험금청구권의 직접취득의 효과가 실질적으로 유증 또는 생전증여와 유사하기 때문에 이를 대가관계로 파악하고 있는 것이고, 타인을 위한 생명보험계약에서 보상관계에 대응하는 원인관계를 이룬다는 의미에서 대가관계는 유증 또는 생전처분을 한 원인관계 전체인 점에 유의할 필요가 있다. 예컨대 보험계약자가 보험수익자를 지정변경한 것이 채무변제를 위한 것인 경우에는 위 수익자 지정변경의 대가관계는 채무변제의 사실관계를 말하는 것이어서 타인을 위한 보험계약의 내용을 구성하지 아니한 원인관계전체의 사실관계를 말하는 것이다.

II. 他人을 위한 生命保險契約에 관한 立法例

타인을 위한 생명보험계약은 각국에서 제3자를 위한 계약이라는 공통적인 이론적 기초를 가지고 있다. 그럼에도 불구하고 각국에서는 현저히 다른 내용을 형성하게 되었고, 특히 이는 제3자를 위한 계약이라는 일반적인 법제를 보험이라는 특수성에 적합시키는 데도 차이가 있다. 따라서 이하에서는 이에 대한 각국의 입법례에 대하여 고찰한다.

를 경제적인 실질관계로서 취급할 수 있다는 점에 근거를 두고 있다).
19) 山下友信, 保險受取人의指定·變更, ジュリスト 747호, 288면.

1. 第3者를 위한 契約

1) 獨 逸

독일에서는 제3자를 위한 계약은 단지 채권법상의 채무부담계약으로서 특별한 제한 없이 인정된다. 제3자를 위한 계약은 자신의 청구권을 제3자에게 양도하는 형태를 취하거나(echter Vertrag zugunsten Dritter: 신정한 제3자를 위한 계약), 요약자에게 제3자에 대한 급부를 요구할 권리를 부여하는 형태를 취한다(unechter Vertrag zugunsten Dritter: 부진정한 제3자를 위한 계약).[20] 진정한 제3자를 위한 계약의 경우에 제3자는 자신의 관여 없이도 약정상의 급부청구권을 취득한다. 그러나 제3자는 이 권리를 거절할 수도 있다. 이와 같이 제3자가 거절한 경우에 제3자는 권리를 취득하지 않게 되어(독일 민법 제333조), 사후에 급부할 수 없게 될 수도 있고, 요약자가 다른 자를 제3자로 지정하거나 자신에게 급부할 것을 요구할 수도 있다.[21]

계약당사자는 계약의 내용을 자유로이 결정할 수 있으므로 당사자는 제3자가 즉시 권리를 취득한다거나 일정한 조건하에서 권리를 취득하는 것으로 약정할 수 있다. 나아가 당사자는 제3자의 동의 없이도 제3자의 권리를 변경하거나 취소할 수 있다(독일 민법 제328조 2항 참조).

2) 스위스

제3자를 위한 계약은 일반적으로 인정되고, 스위스 채무법 제19조, 제20조의 범위 내에서 허용되는 경우에는 어떠한 내용도 허용된다.[22] 스위스에서도 진정한 제3자를 위한 계약과 부진정한 제3자를 위한 계약을 구별하고 있다. 수익자는 계약당사자의 의사 또는 관행(Übung)에 배치되지 않는 한

---

20) Palandt, a.a.O., S. 356.
21) Palandt, a.a.O., S. 364.
22) v. Tuhr-Escher, a.a.O., S. 238.

자신의 청구권을 취득한다.[23] 권리취득은 제3자의 어떠한 관여도 없이 발생하나, 제3자는 낙약자에 대하여 소급효를 가진 의사표시로써 권리를 거절할 수 있다. 이러한 거절이 있는 경우에는 급부를 이행할 수 없으므로 계약이 무효가 되거나 계약이 해제된다. 그러나 계약자의 의사가 그러하지 아니한 경우에는[24] 계약은 존속되고 제3자에게 행할 급부는 요약자에게 하여야 한다.[25] 특히 생명보험계약에서는 계약자의 의사가 존중되어져야 한다.

계약당사자는 제3자의 권리를 임의로 형성 또는 변경시킬 수 있다. 특히, 계약당사자는 계약체결 후에 합의에 의해 계약을 변경하거나 요약자가 일방적인 철회의 의사표시로써 수익자의 권리를 박탈시킬 수 있다고 약정할 수 있다. 그러나 스위스 채무법 제112조 3항에 의하면, 제3자가 낙약자에게 자신의 권리를 승낙한다는 의사표시를 한 경우에는 제3자의 권리는 박탈될 수 없다. 위의 의사표시는 승낙의 의사표시시점에서는 조건부이거나 기한부이어도 무방하다. 그러나 동법 제112조 3항은 강행규정이 아니기 때문에 계약당사자는 제3자의 승낙(수익의 의사표시) 후에도 계약을 제3자에게 불리하게도 변경할 수 있는 권리를 유보할 수 있다.

3) 프랑스

프랑스 민법은 계약의 상대적 효력을 규정하고(동법 제1165조), 제3자를 위한 계약을 원칙적으로 부정하고 있다. 다만 프랑스 민법 제1119조, 제1121조 C.c.에서는 '제3자를 위한 계약(Stipulation au profit d'un tiers)'을 두 가지 예외적인 경우에만 인정하고 있다. 즉, 요약자가 자신을 위하여 하는 경우 또는 요약자가 낙약자에게 증여하는 경우에 한하여 제3자를 위한 계약을 체결할 수 있다. 그러나 19세기 중엽 이후로 생명보험의 발달과 함께 판례는 이러한 법률상의 제한적 허용입장을 무시하고, 요약자가 이러한

---

23) 스위스 채무법 제112조 2항; v. Tuhr-Escher, a.a.O., S. 236-238, 240.

24) Roelli-Jaeger, a.a.O., S. 113.

25) v. Tuhr-Escher, a.a.O., S. 249-250.

약정된 급부의 이행에 자신이 이해관계를 가지고 있는 것만으로 제3자를
위한 계약은 허용되는 것으로 보았다. 여기서 이익은 요약자가 정신적 이
익을 가지는 것으로 족하기 때문에 보험금이 보험사고발생 이후에 보험수
익자에게 지급되어질 것이라는 보험계약자의 확신만 있으면 충분하다.[26]
제3자는 자신의 승낙 등의 행위와 관계없이 고유의 청구권을 취득하는 것
이다.[27] 그러나 제3자는 이러한 권리취득을 거절할 수도 있다.[28] 만약 수
익자가 승낙의 의사표시를 한 후에는 요약자는 이러한 권리출연은 철회할
수 없게 된다(동법 제1121조 2문 C.c.).

4) 우리나라

우리 민법도 독일 민법을 본받아 제3자를 위한 계약을 특별한 제한 없
이 인정하고 있다. 민법에서는 계약에 의하여 당사자의 일방이 제3자에게
이행할 것을 약정한 때에는 제3자는 채무자에게 그 이행을 청구할 수 있다
고 규정하고 있기 때문에,[29] 제 539조 1항), 계약관계가 유효하게 성립하
면 제3자는 낙약자에게 이행을 청구할 수 있으며 요약자도 제3자에게 이행
할 것을 청구할 수 있다. 그러나 제3자의 권리는 제3자가 채무자에 대하여
수익의 의사를 표시한 때에 생긴다고 규정하고 있다(제539조 2항). 수익의
의사표시는 형성권의 행사이기 때문에 제3자의 권리는 수익의 의사표시시
점에서 생기는 것은 당연하다. 그러나 계약당사자는 계약의 내용을 자유로
이 결정할 수 있으므로 당사자는 제3자가 즉시 권리를 취득한다거나 일정
한 조건하에서 권리를 취득하는 것으로 약정할 수 있다.[30]

---

26) Picard-Besson, Traite general des assurances terres en droit francais,
   Tome Ⅳ, Paris, 1945, S. 407-409.
27) Picard-Besson, op. cit., pp.491-496; Marty-Raynaud, Droit civil, Tome Ⅱ,
   1 Volume: Les Obligations, Paris, 1962, pp.240-243.
28) Marty-Raynaud, op. cit., pp.240-243.
29) 스위스 채무법 제112조은 채무자가 제3자에게 이행할 것을 청구할 수 있는
   채권자의 권리중심으로 규정하고 있으나, 우리 민법은 독일 민법과 같이
   제3자의 권리취득중심으로 규정되어 있다.

그리고 민법 제541조에서는 "제539조의 규정에 의하여 제3자의 권리가 생긴 후에는 당사자는 이를 변경 또는 소멸하지 못한다"고 규정하고 있다. 여기서 '제3자의 권리가 생긴 후'라는 것은 제3자가 수익의 의사표시를 한 경우뿐만 아니라 기타 제3자의 권리가 확정적으로 귀속된 경우를 의미한다.[31] 이러한 의미에서 볼 때에 아직 제3자의 권리가 확정되지 아니한 경우 즉, 수익의 의사표시 이전에는 당사자는 제3자의 권리를 변경하거나 취소할 수 있다.[32]

2. 他人을 위한 生命保險契約

1) 獨 逸

독일 민법(BGB) 제330조 1문의 해석원칙에 따르면 타인을 위한 생명보험에서 보험금을 제3자에게 지급하기로 한 때에 의심스러운 경우에는 보험수익자에게 보험금청구권자로서의 지위가 있다고 즉 진정한 제3자를 위한 계약이 존재한다고 보아야 할 것이다. 독일 민법 제331조 1항, 제332조은 표현상으로는 생명보험과 관계가 없는 것처럼 보이지만, 생명보험에 특히 적용된다. 독일 민법 제331조 1항은 제3자의 권리취득시기에 대한 해석원칙을 포함하고 있다 즉, 요약자가 사망한 후에 제3자에게 급부하여야 한다면 급부청구권의 취득시기는 요약자가 사망할 때에 비로소 문제가 된다. 또 독일 민법 제332조에서는 "낙약자의 동의 없이도 지정된 제3자를 타인으로 변경할 수 있는 권한을 유보한 경우에 요약자는 의심스러운 경우에는 이러한 변경은 사인처분(letzwilliger Verfügung)으로도 할 수 있다"고 규정하고 있다.

독일 보험계약법 제166조-168조, 제170조 2항, 제177조은 타인을 위한 생

---

30) 김형배, 앞의 논문, 1040면 참조.
31) 김형배, 앞의 논문, 1041면. 이는 후술하는 타인을 위한 생명보험에서 수익자 지정이 철회불능인 경우에도 적용된다고 할 수 있다.
32) 곽윤직, 앞의 책, 117면.

명보험과 관련된 규정이다. 동법 제166조 1항에 따르면 의심스러운 경우에는 보험계약자에게는 보험자의 동의 없이도 일방적 의사표시로써 보험수익자를 지정하거나 변경할 권한이 유보되어 있다.[33] 동조 2항에서는 "제3자는 보험계약자의 반대의 의사표시가 없는 한 보험사고 발생 시에 비로소 보험자에게 급부를 청구할 수 있는 권리를 취득한다"고 규정하고 있다. 제167조 1항, 2항 1문은 각자의 지분이 정해져 있지 아니하거나 단지 '상속인'이라고 지정된 경우에 그 해석원칙을 나타내고 있다. 제167조 2항 2문에 따르면 보험수익자로서 지정된 상속인에 의한 상속의 포기는 자신의 수익권에는 영향을 미치지 아니한다. 마지막으로 자금보험(일시금보험)에 관한 제168조에서는 "보험수익자가 보험금청구권을 취득하지 못하는 한 보험자에 대한 보험금청구권은 보험계약자에게 귀속된다"고 규정하고 있다.

독일 보험계약법 입법자들은 제3자를 위한 보험계약에 대한 상세한 특별법적 규제는 불필요하다고 생각했었다.[34] 다만 1939년 개정되어 보다 상세하게 규정되었다고 할 수 있는 동법 제177조는 보험계약자가 파산한 경우나 보험금청구권이 압류 또는 강제집행되는 경우에 보험수익자는 보험계약자의 동의하에 보험계약자의 지위에 개입할 수 있다고 하여 보험계약자의 채권자와의 이해관계를 조정하고 있다.

2) 스위스

스위스 보험계약법은 독일과 같이 1908년에 제정되어 근대 보험계약법의 선구로서 각국의 입법에 영향을 미쳤지만, 독일에서와 달리 생명보험계약의 보장적 측면에 중점을 두고 정책적으로 배려하고 있다.[35]

---

33) 일반적으로 철회불능의 수익권은 보통보험약관(ALB n.F) 제13조 2항에 따라 보험자와 보험계약자 간의 합의로 부여될 수 있다: Prölss-Martin, Versicherungsvertragsgesetz, 21 Aufl., München), 1977, S. 990-1000.

34) Amtliche Begründung, Amtliche Begründung zur Verordnung zur Vereinheitlichung des Rechts der Vertragsversicherung vom 19.12.1939, Berlin, S. 155-156.

35) 스위스에서는 비교적 일찍이 입법적으로 해결하였기 때문에 보험수익자의 법적 지위에 관한 이론적 연구는 그리 많지 않다.

스위스 보험계약법은 제76조-85조에서 타인을 위한 생명보험계약에 관하여 특칙을 두고 있는데, 이 규정은 스위스 채무법상의 일반적인 규정과는 상이한 현저히 독자적인 모습을 띠고 있다.

스위스 보험계약법 제78조는 타인을 위한 생명보험계약에서 보험수익자는 보험금을 수취할 권한이 있는 자(Zahlungsempfänger)일 뿐만 아니라 보험청구권을 취득하는 자(Forderungberechtigt)라고 하고 있다.[36] 물론 이 경우에는 진정한 제3자를 위한 보험계약의 경우이다.[37] 동법 제76조 1항은 제3자가 보험수익자를 보다 용이하게 지정 또는 변경할 수 있게 하고 있다. 보험수익자 지정은 보험계약 시와 동일할 필요는 없으며, 보험계약자는 보험자의 동의 없이 언제든지 보험자에 대한 불요식의 의사표시로써 보험수익자를 지정 또는 변경할 수 있다.[38] 동법 제77조 1항은 생명보험청구권의 양도성과 관련하여 의미가 있는 규정이다. 즉 보험계약자는 보험수익자가 지정되어 있더라도 사망보험이든 생존보험이든 보험청구권[39](Versicherungsanspruch)을 자유로이 처분할 수 있다. 특히 보험계약자는 보험수익자 지정을 언제든지 철회할 수 있고, 스위스 채무법 제112조 3항과는 달리 수익자가 자신이 권리를 행사할 것이라는 의사표시를 한 경우라 할지라도 즉 승낙하였다 할지라도 보험계약자는 철회할 수 있다. 이러한 철회권은 보험계약자가 보험증권에 철회권을 포기한다고 명기하고 그 보험증권을 제3자인 수익자에게 교부한 경우에만 소멸된다(동법 제77조 2항).

동법 제83조, 제84조는 수익자 지정이 배우자, 자, 상속인, 기타 이와 유

---

36) Osterag-Hiestand, Das Bundesgesetz über den Versicherungsvertrag, 2.Aufl., Zürich und Leipzig, 1938, S. 208.
37) 통설에 의하면 수익자가 지정된 보험계약이 진정한 제3자를 위한 계약이다 (BG 10.7.1924 BGE 50 II 222; Bossard, a.a.O., S. 104-105; Koenig, Schweizerisches Privatversicherungsrecht, 2.Aufl., Bern 1960, S. 360).
38) v. Tuhr-Escher, a.a.O, S. 240.
39) 스위스법에서는 보험청구권(Versicherungsanspruch)이라는 용어를 사용하고 있는데 이는 보험금청구권뿐만 아니라 해지환급금청구권 등의 기타 보험계약상의 청구권을 포함하는 광의의 개념이다.

사하게 포괄적으로 행하여진 경우에는 지정수익자를 정하고, 보험수익자가 수인이고 보험계약자가 수익자 간의 지분을 명시적으로 정하지 아니한 경우에는 수익권의 범위를 확정하는 해석원칙이다. 제85조는 "보험계약자의 특정 친족이 보험수익자로 지정된 경우에 그 수익자가 비록 상속재산을 상속받지 못한다 하더라도 보험청구권은 수익자에게 귀속된다"고 하여 보험수익자의 지위는 상속권의 상실과 무관함을 나타내고 있다.

동법 제76조-81조 및 제86조는 보험계약자의 채권자와 수익자 간의 이해충돌에 관하여 결정적인 의미를 가지는 규정이다. 이는 보험청구권에 대한 강제집행 또는 보험계약자의 재산에 대한 파산선고에 관한 규정인데, 특히 가족보장적 보험은 채권자의 강제집행의 대상에서 제외시키고 있다.

또한 스위스 민법(ZGB) 제476조, 제529조는 사망보험금청구권의 무상증여로 유류분권자의 권리가 침해되는 경우에 대한 특별규정이다. 마지막으로 ZGB 제562조 1항은 소위 보험유증에 관하여 규정하고 있다.

3) 프랑스

프랑스 보험계약법은 L.132-8조 ‐ L.132-10조, L.132-12 ‐ L.132-19조, L.132-24조, L.132-25조에서 제3자를 위한 생명보험계약에 대하여 상세히 규정하고 있다. 동법 L.132-8조 1항에서 제3자를 위한 보험계약을 명시적으로 인정하고 있다. L.132-12조에서는 "보험수익자는 지정방법 또는 일자여하를 불문하고 계약성립일로부터 고유의 권리를 취득한다"고 명백히 하고 있다. 지정된 보험수익자는 보험계약 시와 반드시 일치할 필요는 없으며, 보험계약자가 일방적 의사표시로써 보험사고 발생 시까지는 언제든지 보험수익자를 지정 또는 변경할 수 있다.[40) 프랑스 민법 제1121조 2문 C.c와 마찬가지로 "보험수익자의 지정은 보험수익자의 명시적 또는 묵시적 승

---

40) 동법 L.132-8조 5항은 다양한 수익자 지정 형태를 인정하고 있다. 즉, 보험계약자가 보험계약을 체결하면서 수익자를 지정할 수도 있고, 가증서(avent)에 의한 사후계약의 형태로 지정할 수 있고, 보험증권에 배서함으로써 지정하는 경우, 채권양도, 유언 등에 의한 지정방법을 인정하고 있다.

낙이 있으면 이를 철회할 수 없다"고 규정하고 있는 동법 L.132-9조 1항은 생명보험의 양도성과 관련하여 의미가 있다.[41] 따라서 보험계약자가 보험수익자를 지정할 때에 제3자에게 수익자 지정사실을 통지하지 아니한 경우를 제외하고는 보험계약자는 실제적인 처분권을 상실하게 될 위험이 있다.

보험계약법 L.132-8조 2항-5항에서는 보험수익자 지정은 예컨대 배우자, 자, 직계비속 또는 상속인 등과 같이 포괄적으로 보험수익자를 지정하더라도 무방하다고 하며, 이러한 포괄적 지정의 경우에 해석원칙을 정하고 있다. 또한 보험수익자가 자, 직계비속, 상속인 등으로 지정되어 있는 경우에는 이들이 상속을 포기한다고 할지라도 수익권을 보험수익자에게 귀속된다고 규정하고 있다.

그 밖의 규정 특히 동법 L.132-9조 2항 3항과 L.132-12조-L.132-14조의 규정은 제3자를 위한 생명보험계약에서 이해충돌 시 이해관계에 관한 것이다. 이 규정은 보험계약자의 채권자의 강제가능성을 어느 정도까지 인정할 것인지와 그 상속인 또는 유류분권자의 보상청구권(Ausgleichsanspruch)을 어느 정도까지 인정할 것인지에 관하여 규정하고 있다. 이는 破毀院(Cour de cassation)의 판례상으로 19세기 말경에 확립된 원칙을 입법화한 것이다.

4) 우리나라

상법은 제639조 2항에서는 타인을 위한 생명보험계약에서 보험수익자는 별도의 수익의 의사표시 없이 당연히 보험계약상의 이익을 취득한다고 규정하여 수익자의 권리취득의 당연성을 인정하고 있다. 또한 상법 제733조 1항에서는 보험계약자는 보험수익자를 지정 또는 변경할 수 있는 권리를 인

---

41) 명시적인 승낙의 의사표시는 보험증권에 서명하거나 별도의 증서로 지정하는 경우와 같이 지정과 동시에 행해질 수도 있고, 보험자에 대한 보험금청구권의 행사와 같이 지정 이후에 행해질 수도 있다. 묵시적인 승낙은 보험계약자를 대신하여 보험료를 지급한 경우(보험계약법 L.132-19조), 수익권의 양도 또는 압류 등의 경우와 같이 제3자의 수익의 의사가 명백한 경우 등에서 찾아 볼 수 있다(Picard-Besson, op. cit., Pp.504-506 참조).

정하고, 제2항에서는 보험계약자가 보험수익자를 지정하지 아니하고 사망한
경우에 피보험자를 보험수익자로 보고 보험계약자가 변경권을 행사하지 아
니하고 사망한 때에는 보험수익자의 권리가 확정된다고 규정하고 있다. 제3
항에서는 보험수익자가 보험존속 중에 사망한 때에는 보험계약자가 다시
보험수익자를 지정할 수 있고, 보험계약자가 재지정권을 행사하지 아니하고
사망한 때에는 보험수익자의 상속인을 보험수익자로 하고, 제4항에서는 지
정변경권과 재지정권을 행사하기 전에 보험사고가 발생한 경우에는 피보험
자 또는 보험수익자의 상속인이 보험수익자가 된다고 규정하고 있다.

그리고 제734조에서는 보험계약자가 보험계약을 체결한 후에 보험수익
자를 지정 또는 변경할 때에는 보험자에 대하여 통지하지 아니하면 이로써
보험자에 대항할 수 없다고 하여 보험자에 대한 통지를 지정변경의 대항요
건으로 하고 있다.

이와 같이 타인을 위한 보험계약과 관련하여 우리 상법은 단지 3개 조
항만 두고 있어 이와 관련된 법률문제는 많은 경우에 이론이나 약관에 의
존할 수밖에 없다.

3. 保險受益者의 權利取得의 性質

1) 獨　逸

보험수익자는 원시적으로 수익권을 취득하는지(원시취득설) 또는 보험
계약자(요약자)로부터 승계하여 권리를 취득하는지(승계취득설) 여부에 관
하여 학설이 대립해 있다.

독일에서는 보험수익자의 권리취득은 원시취득이라고 보는 견해가 다수
설42)이다. 이 원시취득설에 따르면 제3자는 약정상의 급부청구권을 요약자

---

42) Bruck-Dörstling, Das Recht des Lebensversicherungsvertrages, 2. Aufl.,
　　Mannheim/Berlin/ Leipzig, 1933, S. 46-48; Harder, Zuwendungen unter
　　Lebenden auf den Todesfall, Berlin, 1968, S. 129-135; Hinz, Bankverträge
　　zugunsten Dritter auf Todesfall, JUS, 1965, S. 302; Kühlmorgen, Die

로부터 승계취득하는 것이 아니라 계약으로부터 직접 권리를 취득하는 것
이다. 이는 제3자가 보험계약체결 시에 보험수익자로 지정되었는지 보험계
약체결 후에 지정되었는지 여부와는 관계없이 타당하다고 한다. 그 근거로
는 제3자가 권리를 '직접' 취득한다고 규정하고 있는 독일 민법 제328조 1
항, 제330조 1문을 들고 있다.

　그러나 승계취득설[43]에 따르면 제3자가 수익권을 취득하는 것은 요약자
의 권리를 승계취득하는 것이라고 한다. 비록 보험계약체결과 동시에 제3
자가 즉시 권리를 취득한다는 취지의 수익자 지정이 있는 경우에도 약정상
의 급부청구권은 권리발생 이후에 제3자에게 이전하기 위해서는 우선 요약
자에게 발생한다고 한다. 이러한 권리의 이전은 요약자의 일방적인 양도의
의사표시[44](einseitige Abtretung)로써 발생한다. 전술한 규정에서 '직접적
으로'라는 규정은 제3자가 자신의 어떠한 관여도 없이 권리를 취득하는 것
을 의미할 뿐이고 이것이 원시취득의 근거는 될 수 없다. 따라서 다수설이
이 규정 때문에 원시취득한다고 한다면 개념상의 오류를 범하고 있는 것이

　　Lebensversicherungsverträge zugunsten Dritter, Leipzig, 1927, S. 78-83; Prölss-
　　Martin, a.a.O., S. 983-984; Palandt, a.a.O., S. 357; v. Gierke, Der
　　Lebensversicherungsvertrag zugunsten Dritter nach deutschem und ausländis-
　　chem Recht, Stuttgart, 1936 S. 18-29(그러나 Gierke는 생명보험계약에서만
　　원시취득을 인정하지만 다른 제3자를 위한 계약에 대하여서는 원시취득을 인
　　정하지 아니한다). 대표적인 판례로는 BGH 8.5.1954 BGHZ Bd 13 S. 226-232
　　(이하에서는 BGHZ Band, Seit로 나타낸다); BGH 8.2.1960 BGHZ 32, 44-47;
　　RG 12.1.1937 RGZ 153, 220-229 등을 들 수 있다.

43) Hoffmann, Der Vertrag zugunsten Dritter von Todes wegen, eine Erbeinsetzung
　　im Valutaverhältnis, AcP Bd 158 S. 182-194; Constam, Die rechtliche Stellung
　　der Gläubiger des Versicherten im Lebensver- sicherungsvertrage zugunsten
　　Dritter, Dissertation, Zürich,1909, S. 40-42; Heck, Grundriß des Schulds,
　　Tübingen 1929, S. 149; Kipp-Coing, Erbrecht, 12 Bearbeitung, Tübinggen, 1965,
　　S. 358; Schwarz, Leben- sversicherung zugunsten Dritter inbesondere der
　　Interessenkonflikt zwinschen dem Begünstigten und den Gläubigern des Versi-
　　cherungsnehmers, Berlin, 1914, S. 23-24.

44) Hoffmamm, a.a.O (AcP Bd 158), S. 192.

라고 한다. 이외에도 다수설이 취하는 이와 같은 형식논리적인 근거로써는
채권자의 취소권과 청구권의 상속재산귀속 여부 등의 문제에 있어서도 충
분한 근거를 제시하지 못할 뿐만 아니라 이는 피하여야 할 개념법학의 하
나의 예에 해당한다고 할 수 있다고 비판하고 있다.

생각건대, 원시취득설은 직접성 문구와 모순되는 것이 아니나, 이러한
문구를 추론하는 데 비판의 여지가 있었던 것이다. 그러나 권리의 원시취
득성이 반드시 이와 같은 권리취득의 직접성에 기인하는 것은 아니기 때문
에,[45] 다수설이 개념적 오류를 범하고 있다는 비판은 타당하지 못하다고
생각된다. 다수설이 주장하는 것은 '직접적으로(unmilttelbar)'라는 단어의
통상의 의미와는 모순되지 않을 뿐만 아니라 이 개념의 입법취지에도 부합
하다는 것이다. 입법이유서에서는 제3자가 독립적인(selbständig) 급부청구
권을 취득하는 점을 밝히고 있다.[46] "독립적인(selbständig)"이란 당시의
개념정의에 따르면 "원시적(originär)"이라는 의미이다.[47] 입법이유서의 다
른 부분에서 "제3자의 권리는 계약을 통하여 정하여 진다"라든지, "제3자
의 권리가 …… 당연히 발생한다"라는 표현을 사용하고 있다.[48] 입법안에
서도 반복하여 "청구권의 직접 발생" 또는 "제3자에의 권리귀속"이라고 말
하고, 판례의 지속적인 입장도 참조하도록 하고 있다.[49] 판례는 1880년
이래로 수익자는 "고유의(eigenes)", "독립적인(selbständig)", "원시적인
(ursprüngliches)"권리를 취득한다는 입장을 견지하고 있다.[50] 따라서 독일
에서는 실제 법적용상으로도 제3자의 권리취득이 원시취득이라는 점에서

---

45) v. Gierke, a.a.O., S. 25.
46) Motiv-BGB Bd.2., S. 268-269(§412)
47) v. Gierke, a.a.O., S. 27.
48) Motiv-BGB Bd.2., S. 269.
49) Protokolle- BGB Bd 1., S. 752-754.
50) RG 25.2.1880 RGZ 1, 188-192; RG 4.6.1886 RGZ 16, 126-127; RG
    22.4.1892 RGZ 29, 321-325; 원시취득설의 史的展開 과정에 관하여서는
    Gottschalk, Zum Wesen des Rechtserwerbs beim Vertrag zugunsten
    Dritter, VersR 1976, S. 797-802 참조.

출발하고 있다는 점을 알 수 있다.[51]

이외에도 독일 민법 제333조에서는 "제3자는 계약으로 인하여 취득한 권리를 거절할 수 있다"고 규정하고 있다. 또한 제3자의 권리발생시점은 독일 민법 제328조 2항의 해석상으로도 판단할 수 있는데, 동조에서는 제3자는 권리가 양도됨으로써가 아니라 제3자의 권리가 생성됨으로써 권리를 취득함을 명백히 하고 있다.

따라서 다수설에서와 같이 수익자의 권리취득은 원시취득이라는 점은 제3자를 위한 계약의 기본개념에 속한다고 보아야 할 것이다.

2) 스위스

통설[52]에 따르면 제3자인 수익자는 제3자를 위한 보험계약에서 요약자(보험계약자)로부터 권리를 승계취득하는 것이 아니라 수익자에게 직접 발생한 권리를 원시적으로 취득한다고 한다. 따라서 제3자는 요약자의 권리승계인은 아니다.

3) 프랑스

보험수익자는 "직접적이고 독립적인 고유의 권리(droit propre, immédiat et direct)"를 취득하며, 이 권리는 결코 요약자(보험계약자)의 재산으로 귀속되지는 아니한다.[53] 이러한 이론구성은 판례상으로 전개되어 왔으며,

---

51) v. Gierke, a.a.O., S. 27-28.

52) Roelli-Jaeger, a.a.O., S. 138-140; Koenig, a.a.O., S. 370-371; Huber, Begünstigung und Verfügung von Todes wegen über Versi- cherung-sansprüche, Dissertation Bern, 1963, S. 19-21; BG 17.6.1915 BGE 41 Ⅱ, 453; BG 13.7.1956 BGE 82 Ⅰ, 126; 다만 Miller, Leben- sversicherung und Gläubiger nach deutschem und schweizerischem Recht, Dissertation Leipzig, 1914, S. 17, 38에서는 사후계약으로 수익자를 지정하는 경우에는 파생적 권리취득으로 보고 있다.

53) Cass. Civ. 2.7.1884 D.p.1888.1, 150; Cass. Civ. 8.2.1888, D.p.1888.1, 193; Cass civ., 4.8.1908, D.p.1909.1, 185.

보험계약법 L.132-12조는 판례상 지속적으로 주장되던 제3자의 권리취득의 원시취득성을 생명보험계약에서 인정하게 된 것이다.[54]

4) 우리나라

상법 제639조 2항에서 타인을 위한 보험계약에서 보험수익자는 당연히 보험계약상의 이익을 받는다고 하므로 보험수익자의 수익의 의사표시가 없다고 하더라도 보험수익자는 직접 보험계약상의 권리를 취득한다. 이 규정은 민법 제539조[55]의 특칙으로서 수익자의 수익의 의사표시 없이 취득한다는 의미 즉, 수익자의 권리취득의 당연성을 의미하는 것이지 수익자의 권리의 고유권성을 의미하는 규정은 아니다. 따라서 보험수익자가 당연히 보험계약상의 권리를 취득하더라도 이때 보험수익자의 권리취득이 원시취득인지, 보험계약자로부터의 승계취득인지에 관하여서는 프랑스와 같은 명문의 규정이 없는 우리나라에서는 문제의 여지가 있다.

그러나 현재 우리나라에서는 승계취득설을 취하는 학자는 없고,[56] 타인을 위한 보험계약을 제3자를 위한 계약의 일종으로 볼 때에 보험수익자의 수익권은 보험계약자의 권리를 승계적으로 취득한 것으로 볼 것이 아니라 보험수익자가 직접 원시적으로 취득하는 고유권으로 보아야 한다는 데 異論이 없다.[57] 예컨대 보험계약자(피보험자)의 상속인이 보험수익자인 사망

---

54) Picard-Besson, op. cit., pp.493-496.

55) 민법상으로는 제3자를 위한 계약에서 제3자의 권리취득은 제3자의 수익의 의사표시를 효력발생요건으로 하고 있다(민법 제539조 참조).

56) 승계취득설의 자세한 내용에 관하여서는 中村敏夫, 第3者のためにする生命保險契約における保險契約者と保險受益者との關係, 保險學雜誌 第403號 (1958.10), 67面 이하 참조.

57) 양승규, 앞의 책, 437면; 최기원, 보험법, 박영사, 1994, 471면; 우홍구, 타인을 위한 생명보험계약관계자의 법률관계, 고시연구(1993.11), 45면; 대법원 1992. 11. 27 선고, 92 다 20408 판결(이 판례는 생명보험계약이 아니라 이행보증보험계약에 관한 것이지만, 타인을 위한 보험계약에서 보험수익자의 권리를 고유권으로 보고 있다); 山下友信, 生命保險金請求權取得の固有權性, 民商法雜誌 第83卷 2號(1983. 2), 207面.

보험의 경우에는 보험사고가 발생하면 보험수익자는 구체적인 보험금청구권을 취득하지만, 이 경우에 보험금청구권은 보험계약자의 상속재산에 귀속되는 것이 아니라 수익자의 고유재산에 귀속되는 것이다.

물론 보험계약자가 무상으로 권리를 출연하는 경우에 증여 또는 증여와 유사한 법률행위로 보는데, 이러한 점에서 승계취득이라고 생각할 수도 있지만, 이는 보상관계와 대가관계를 명확히 구분하는 법제하에서는 인정하기 어렵다. 즉 대가관계가 비록 법률적으로 증여라 하더라도 이는 제3자를 위한 계약 외부에 있는 것이며, 보상관계에 기하여 제3자(보험수익자)가 권리를 취득하는 원인관계에 지나지 아니하는 것이다.

제3자를 위한 계약에서 제3자는 낙약자에 대하여 직접 권리를 취득하기 때문에 타인을 위한 보험계약을 일종의 제3자를 위한 계약으로 보는 한, 보험수익자는 계약으로부터 직접적, 원시적으로 수익권을 취득하는 것으로 보아야 할 것이다. 이때에 보험수익자가 보험계약자의 수익자 지정으로 조건부 권리인 추상적인 보험금청구권을 취득하고 보험사고가 발생하는 경우에는 구체적인 보험금청구권을 가진다고 보아야 할 것이다.

第3章 保險契約上의 權利分配와
保險受益者의 地位

　타인을 위한 보험계약은 일정한 친족관계 등 특별한 관계가 있는 자에게 보험계약자(＝피보험자)가 사망하였을 때에 보험금을 수취하도록 함으로써 보험수익자의 생활보장을 도모하려는 동기에서 체결되는 경우가 일반적이다. 그러나 보험계약상의 권리의 담보화와 관련하여 보험계약자의 채권자가 보험수익자로 지정되는 경우도 있다. 이와 같이 여러 가지 목적 내지 동기에서 타인을 위한 생명보험계약이 이용되고 있는데, 타인을 위한 보험계약에서 이해관계의 대립의 출발점은 보험계약자에 의한 보험수익자의 지정에 있다. 먼저 누구를 보험수익자로 지정할 것이며, 이러한 수익자에게 어떠한 지위를 부여할 것인지는 보험계약자가 보험계약체결의 동기에 기초하여 결정할 사항이다. 즉, 보험계약자는 자기뿐만 아니라 제3자를 누구든지 보험수익자로 지정할 수 있을 뿐만 아니라 이러한 지정을 철회할 수도 있고, 이러한 지정철회권을 포기할 수도 있다.

　그리고 생명보험계약은 제3자를 위한 계약일반과 달리 계속적 계약이고 그 기간이 장기이기 때문에 보험기간 중에 보험계약자가 보험수익자를 변경할 필요성이 있는 경우도 있다. 예컨대 채권담보를 목적으로 보험수익자가 지정된 경우에 채무의 변제로 수익자 지정을 철회하여야 할 경우도 있을 수 있고, 보험수익자와의 일정한 친족관계에 변화가 생긴 경우에 수익자를 변경하여야 할 경우도 있을 수 있다. 따라서 상법도 보험계약자에게 원칙적으로 지정변경권을 인정하고 있는 것이다. 이와 같이 보험수익자 지정·변경은 전적으로 보험계약자의 의사에 따르며 보험자의 동의도 요하지 아니한다.

　보험계약자가 보험수익자를 누구로 지정하느냐, 어떻게 지정하느냐에 따라 보험수익자의 계약상의 지위가 달라진다. 즉, 보험수익자 지정은 원칙적으로 철회가능하기 때문에 보험계약자는 일방적인 철회의 의사표시로써 언제든지 제3자의 보험수익자로서의 법적 지위를 박탈시킬 수 있다. 그러나 보험계약자는 보험수익자에게 확정적인 법적 지위를 부여하기 위하여 철회불능의 수익자를 지정할 수도 있는데, 이 경우에 보험계약자는 일방적 의사표시로써 보험수익자의 지위를 박탈시킬 수 없게 된다. 그러므로 제외국에서는 보험수익자 지정이 철회가능한지 여부에 따라 보험계약상의 권리분배관계를 달리 보고 있다.

이와 같이 보험수익자 지정행위는 타인을 위한 보험계약에서 계약상의 권리분배에 영향을 미치므로 매우 중요한 문제이다. 따라서 이하에서는 보험계약자에 의한 보험수익자 지정행위에 관하여 검토하고, 보험수익자 지정의 유형에 따른 보험수익자의 권리귀속문제에 대하여 고찰하고자 한다. 그리고 이러한 보험계약상의 권리분배관계의 전제로서 보험계약상의 권리가 어떠한 것이 있는지에 관하여 먼저 고찰한다.

Ⅰ. 保險契約上의 權利

여기서는 보험수익자 지정의 유형에 따라 보험계약자와 보험수익자 간의 권리분배관계의 전제로서 보험계약상의 권리에 관하여 논하기 때문에 법률 또는 약관상으로 인정되는 보험계약자 또는 보험수익자에게 귀속되는 권리에 한하여 청구권과 형성권으로 나누어 고찰한다. 특히 권리분배관계에서 중요한 권리는 청구권이다. 왜냐하면 형성권은 원칙적으로 보험계약의 당사자인 보험계약자에게 귀속되는 것이고 보험수익자에게 귀속될 수 없기 때문이다.

1. 請求權

청구권은 보험자에 대한 주급부청구권과 부수급부청구권으로 구별할 수 있다. 주급부청구권으로는 보험금청구권과 해지환급금청구권이 있고, 부수급부청구권에는 다시 이익배당청구권, 보험증권대부청구권과 같이 독립적인 권리도 있고 특히 보험증권교부청구권과 같이 보험자에 대한 주급부청구권을 관철시키기 위한 권리 즉 파생적 권리가 있다.

1) 保險金請求權

보험계약자는 원칙적으로 약정상의 보험급부청구권 즉, 보험사고발생 이후에 청구할 수 있는 보험금청구권을 가진다. 물론 보험자는 보험사고 발생 시까지 보험계약이 변경되지 아니한 채 존속될 경우에만 보험금지급의무를 부담한다. 그러나 보험계약이 보험기간 중에 특히 보험자 또는 보험계약자의 권리형성적 의사표시에 의하여 보험계약이 소멸되거나 변경될 경우에 보험자는 면책되거나 급부책임이 감경된다.

스위스[1]나 프랑스[2]에서는 보험자가 무조건적인 급부책임을 부담하는 일시금(자금)보험(예컨대 순수사망보험, 생사혼합보험)에서 보험금청구권은 보험사고발생을 기한으로 한 기한부 채권으로 설명되고 있다. 이에 반하여 독일의 지배적 견해인 위험이전설에 따르면 보험계약자는 위험발생 시 경제적 수요를 충족시킬 수 있는 현재의 기대권을 보험기간개시와 함께 취득한다고 한다.[3] 이 추상적인 위험이전청구권은 보험사고가 발생함으로써 구체적인 금전급부청구권으로 변하게 된다.

우리나라에서는 보험수익자 지정과 동시에 보험수익자는 조건부 권리를

---

1) Roelli-Jaeger, Kommentar zum Schweizerischen Bundesgesetze über den Versicherungsvertragsgesetz von 2. April 1908, Band Ⅲ, Bern, 1933, S. 19.

2) Dupuich, l'Assurance-vie, Paris, 1922, p.338-339.

3) Kühlmorgen, Die Lebensversicherungsverträge zugunsten Dritter, Leipzig, 1927, S. 17.

취득한다고 한다.[4]

생각건대, 사망보험의 경우에 보험사고 즉, 사망사고의 발생은 장래에 확실히 발생할 사고이기 때문에 보험사고의 발생은 조건이 아니라 기한이고, 다만 발생시기가 불확정적인 점에서 불확정기한이라고 볼 수도 있다. 그러나 보험사고의 발생을 기한으로 보면 소급효가 인정되지 아니하기 때문에 구체적인 보험금청구권은 설명할 수 있지만, 보험사고발생 이전에 보험수익자가 가지는 추상적 보험금청구권에 대하여서는 설명하기 어렵다. 또한 보험기간 중에 사망사고가 반드시 발생하는 것은 아니다. 즉, 보험계약자가 보험계약을 중도에 해지하면 보험수익자는 보험금청구권을 상실하게 된다. 이는 생존사고의 경우에도 마찬가지이다. 따라서 보험수익자의 권리는 기한부청구권이 아니라 조건부청구권으로 보아야 할 것이다.

2) 解止還給金請求權

모든 장기생명보험에서는 원칙적으로 평균보험료를 지급함으로써 소위 보험료적립금의 적립이 필요하다. 이러한 적립금은 평균보험료의 지급으로 발생되기 때문에 보험계약이 중도 해지되는 경우에 이러한 적립금은 보험계약자의 반환청구권의 기준이 된다(상법 제736조 1항 참조).

보험계약자가 보험사고발생 전에 언제든지 보험계약을 해지할 수 있고, 이 경우에 보험자에 대하여 보험계약의 현재가치인 해지환급금을 청구할 수 있다. 이때에 해지환급금은 책임준비금에서 해지공제금이라는 소액의 수수료를 공제한 금액이다.[5]

해지환급금은 보험기간 이전에 보험계약이 해지될 때에 보험자가 지급하여야 할 급부이기 때문에 비록 보험금지급청구권에 비하여 양적으로 감액된 것이다. 그러나 구체적인 보험금청구권과 해지환급금청구권은 양립할 수 없다. 해지환급금이 지급되면 보험계약이 종료되고 보험사고가 발생하

---

4) 제3장 Ⅳ. 3. 1) 부분 참조.
5) 최기원, 보험법, 박영사, 1994, 476면.

면 구체적 보험금청구권이 발생할 뿐 해지환급금청구는 할 수 없다. 따라
서 해지환급금청구권은 독자적인 급부청구권이 아니고 보험자의 주급부청
구권에 다른 표현형식이라고 보아야 할 것이다.[6]

3) 保險證券貸付請求權

보험증권대부청구권은 보험계약자가 해지환급금의 범위 내에서 보험자
로부터 대부를 받을 수 있는 권리이다. 우리나라에서는 약관상으로 보험계
약자는 보험증권을 담보로 보험자에게 해지환급금의 범위 내에서 대부를
청구할 수 있다는 규정을 두고 있다.[7] 이 보험증권대부청구권의 법적 성질
에 관하여 학설은 나뉘어져 있다. 보험금 또는 해지환급금의 일부 선급으
로 보는 先給說[8]과 보험계약자 또는 보험수익자의 보험자에 대한 청구권
과 상계하여 변제할 것을 예약하고 있는 특수한 金錢消費貸借라는 說[9]이
대립해 있다. 이 양설의 차이는 회사가 파산한 경우에 나타난다. 전설의 입
장에서는 보험계약자는 대부액만큼은 확실히 회수한 것이 되지만, 후설의
입장에서는 파산회사와는 대부채권을 보험계약자는 파산채권을 가지는 것
이 된다.

생각건대 현재 약관상으로도 대부금은 상환할 의무가 있는 것은 아니고,
대부금은 해지환급금의 범위 내에서 이루어지고, 이 해지환급금은 보험료

---

6) Hasse, Interessenkonflikte bei der Lebensversicherung zugunsten Dritter,
   Hamburg Reihe A, Karlsruhe, 1981, S. 33-34.
7) 생명보험표준약관 제21조(실무상으로는 약관대출 또는 계약자대부라고 불
   린다).
8) 정희철, 상법학원론(하), 박영사, 1990, 485면: 독일에서는 선급설이 통설이
   다(Roelli- Jaeger, a.a.O., S. 432-435).
9) 양승규, 보험법, 삼지원, 1992, 454면: 최기원, 앞의 책, 476면: 이기수, 보험
   법·해상법, 박영사, 1993, 297면: 손주찬, 상법(하), 박영사, 1993, 674면에
   서는 특수한 소비대차라고 한다. 일본에서는 이 밖에도 保險證券貸付說, 權
   利質說 등이 있다(倉澤康一郎, 保險契約者貸付, ジュリスト766號(1982,5),
   55-56面 참조).

적립금이 기준이 되므로 보험증권대부는 보험계약자가 상환하여야 할 의무 없이 자신에게 귀속되는 보험료적립금을 미리 지급받고 있는 것에 불과하다고 보아야 할 것이다. 따라서 일반적으로 해지환급금의 선급으로 보는 것이 타당할 것이다. 그러나 예외적인 경우에는 당사자의 약정에 의하여 상환의무가 있는 경우에는 진정한 소비대차일 수도 있을 것이다.

보험증권대부청구권의 성질을 어떻게 보든지 보험계약자가 그 권리를 행사함으로써 대부금을 이용할 수 있는 것에는 변함이 없다. 결국 보험계약자 입장에서 보면 보험증권대부청구권은 일종의 금전급부를 목적으로 하는 채권적 성격을 가지는 권리이다. 대부금에는 이자가 가산된다고 하여도 그 원리금의 반환은 해지환급금과 상계함으로써 청산되기 때문에 현금으로 반환할 필요는 없다. 따라서 보험증권대부청구권은 일종의 재산권으로서 성질을 가진다.

독일, 스위스에서 보험증권대부금의 한도는 해지환급금이나, 프랑스에서는 보통 해지환급금의 90%이다.[10]

이 밖에 외국에서는 형성권의 의미에서 보험증권대부권이 보험계약자의 권리인지 아니면 보험계약자는 보험자에게 단지 대부를 청구할 수 있는 권능만 가지고 그에 대한 승인은 보험자에게 위임되는지 여부가 문제되고 있다. 이에 관하여 독일에서는 구 보통보험약관(ALB a.F.) 제7조, 신 보통보험약관(ALB n.F.) 제5조에서 해지환급금의 선급을 명시적으로 배제하고 있기 때문에 단지 대부권능만 인정된다고 본다.[11] 그러나 스위스에서는 보험약관상 보험자가 소비대차를 보장한다거나 보험증권대부를 한다고 규정하고 있는 경우에는 보험계약자에게 보험증권대부권이 인정되고,[12] 그리고 프랑스에서는 단지 대부권능만 인정하고 있다.[13]

---

10) Hasse, a.a.O., S. 35.
11) Bruck-Dörstling, Das Recht des Lebensversicherungsvertrages, 2. Aufl., Mannheim/Berlin/ Leipzig, 1933, S. 132-133.
12) Roelli-Jaeger, a.a.O., S. 434-435.
13) 보험계약법 L 132-22조 4항에서 보험자는 보험계약자에게 대부할 수 있다고 규정하고 있다.

우리나라 약관상으로는 보험계약자는 보험증권을 담보로 보험자에게 해지환급금의 범위 내에서 대부를 청구할 수 있다는 규정을 하고 있기 때문에 보험자는 대부의무를 진다고 해석하여야 할 것이다. 특히 법적 성질을 해지환급금의 선급이라고 보면 보험자의 거절권이 인정되지 않는 권리라고 보는 것이 타당할 것이다.

4) 利益配當請求權

일반적으로 보험료는 보험사업의 안정성을 고려하여 산정하므로 예정사망율과 실제 손해율에는 차이가 있다. 실제 수익이 계산상의 이율보다 높고, 실제상의 비용이 계산상의 비용보다 적다. 여기서 사차익, 비차익, 이차익 등의 잉여금이 발생하게 되고 이는 보험계약자에게 이익배당의 형태로 분배된다.[14]

물론 이익배당금은 현금으로 지급될 수도 있지만, 이자부로 적립하거나 보험료와 상계하거나 보험금에 부가하더라도 무방하다.

생명보험표준약관상으로 보험자는 사업방법서에 의하여 계산된 확정배당금을 보험계약자에게 지급한다고 규정하고 있다[15] (표준약관 제7조). 따라서 우리나라에서는 이익배당금은 보험료지급과 관련된 것이기 때문에 보

---

14) 고평석, 생명보험계약자배당의 이론적 합리화에 관한 연구, 보험조사월보 1984년 12월호, 7면(계약자배당의 법적 성질 등에 일반론에 관하여서는 같은 논문 5-32면 참조).

15) 현재 우리나라 생명보험의 약관에서는 배당재원은 당연한 것이면서 보험업법의 규정에 따라 산출되고 이를 기초로 하여 재정경제원장관의 인가를 받는 방법(사업방법서 등)에 따라 분배되는 것으로 되어있다. 그러나 배당재원의 산출에는 보험업법의 테두리 내에서도 보험자의 재량적 조작의 여지가 있기 때문에, 감독당국의 감독을 통하여 충분하고 공평한 이익배당에 관한 계약자보호가 확보되어야 할 것이다. 또한 이익배당이 공평성을 확보하기 위하여 입법론적으로도 독일에서와 같이 보험계약자에게 해설청구권을 인정하는 것이 요구된다(山下友信, 『契約者配當と保險契約者の解說請求權』, 現代企業と法(下出敎授還曆紀念論文集), 名古屋大學出版會, 1991, 375-392면 참조).

험료납입의무자에게 귀속된다고 보는 데는 이의가 없다.[16] 독일에서도 이익배당청구권을 기지급보험료 중 미경과보험료의 환급에 관한 문제라는 점을 근거로 항상 보험계약자에게 귀속시켜야 한다는 학설[17]이 있다.

그러나 이익배당은 경제적으로는 지급보험료를 정산하는 역할을 수행하지만, 법적으로는 보험자의 대차대조표상의 잉여금을 배당하는 것이고 이는 결국 보험자의 급부인 동시에 상법 제639조상의 계약상의 이익 즉 수익권에 포함될 수도 있기 때문에 반드시 보험계약자에게만 귀속되는 것은 아니라고 본다. 따라서 이익배당청구권을 보험금 또는 해지환급금에 부가하여 지급한다는 약정이 있는 경우에는 보험금 또는 해지환급금의 귀속주체에게 귀속된다고 보아야 할 것이다.

5) 保險證券交付請求權

독일과 스위스에서는 보험계약자는 계약체결을 서면으로 증명하는 보험증권교부청구권을 가진다.[18] 보험증권을 상실한 경우에는 보험자는 대체증서의 발행할 의무가 있다.[19] 생명보험에서 일반적으로 소지자조항(무기명문구)이 사용되고 있기 때문에 보험증권은 면책증권이다. 보험증권은 보험금청구권을 가질 때에 재산성이 인정된다.[20]

프랑스에서는 보험계약자의 보험증권교부청구권이 인정되지 않는다. 그러나 보험계약체결은 증권으로서만 증명되는 것이 아니기 때문에 보험자는 증권발행에는 이해관계가 없는 것이다.[21] 그러나 실제적으로는 보험증권은

---

16) 양승규, 앞의 책, 455면 참조.
17) Kühlmorgen, a.a.O., S. 76.
18) 독일 보험계약법 제3조 1항, 스위스 보험계약법 제11조 1항.
19) 독일 보험계약법 제3조 2항; 스위스 보험계약법 제13조; Koenig, Schwei-zerisches Privatversicherungsrecht, 2.Aufl., Bern 1960, S. 70-71.
20) 독일: Prölss-Martin, Versicherungsvertragsgesetz, 21 Aufl., München), 1977, S. 55; 스위스: Konig, a.a.O., S. 68-69.
21) Picard-Besson, Traite general des assurances terres en droit francais, Tome Ⅳ, Paris, 1945, pp.77-78, 84. 왜냐하면 증권의 작성 및 교부 등은 계약의 유효

보험계약자 명의로 발행되지만 지시식도 가능하다.

우리 상법에서는 보험자는 보험계약이 성립한 때에 지체 없이 보험증권을 작성하여 보험계약자에게 교부하여야 한다고 규정하여 보험자의 보험증권교부의무를 규정하고 있다(상법 제640조 1항 본문). 따라서 보험계약자는 보험자에 대하여 보험증권교부청구권을 가진다고 할 수 있다. 그러나 이 보험증권교부청구권은 보험계약자의 권리이지 보험수익자의 권리는 아니다.[22]

2. 形成權

1) 保險受益者指定權과 變更權(撤回權)

보험계약자는 원칙적으로 보험자의 동의 없이 보험수익자를 지정 또는 변경할 권리를 가진다.[23] 이 변경권은 지정철회권을 포함하는 권리이다. 철회권은 지정권에 대립하는 것이다. 독일, 스위스에서 수익자 지정은 보험사고 발생 시까지는 언제든지 일방적 의사표시로써 철회될 수 있다.[24] 그러나 프랑스에서는 제3자를 위한 계약의 법리에 따라 보험수익자가 명시적으로 또는 묵시적으로 지정을 승인하지 아니한 경우에만 철회권이 존재하는 것이다.[25] 보험계약자는 자유로이 지정된 수익자를 대신하여 타인을 수익자로 변경할 수도 있고, 또한 철회권을 행사하여 제3자의 법적 지위를 박탈시킴으로써 자신을 보험수익자로 할 수도 있다. 이 철회권의 행사는 보험수익자의 이해관계에 중대한 영향을 미치기 때문에 보험계약상의 권리

요건이 아니라는 견해가 통설이기 때문이다.

22) 양승규, 앞의 책, 127면.

23) 상법 제733조 1항, 독일 보험계약법 제166조 1항, 스위스 보험계약법 제76조 1항, 프랑스 보험계약법 L. 132-8조 5항.

24) 독일 보험계약법 제166조 1항, 스위스 보험계약법 제77조.

25) 프랑스 보험계약법 L 132-9조 1항. 계약자의 상속인에 의한 철회에 관하여서는 동조 3항 참조.

분배관계뿐만 아니라 각 이해관계인의 이해충돌의 조정문제에서 특별한 의미를 가진다.

보험수익자 지정변경권은 보험계약자에게 귀속되지만, 이 권리가 일신전속권인지 여부에 관하여서는 학설이 나뉘어져 있다.

一身專屬權說[26]에서는 대개 다음과 같은 근거로 지정변경권을 계약자의 일신전속권으로 보고 있다.

첫째, 생명보험제도는 주로 보험계약자가 자기의 노후생활의 안정을 위하여 또는 피부양자나 자기와의 특수한 관계에 있는 자를 위하여 보험금을 확보시키는 제도이기 때문에 누구를 보험수익자로 지정할 것인지 또 그 지정을 어떻게 변경할 것인지는 보험계약자의 의사를 존중하여야 할 것이다. 둘째, 상법 제733조 2항에서 보험계약자가 보험수익자의 변경권을 행사하지 아니하고 사망한 때에는 보험수익자의 권리가 확정된다고 규정하고 있다. 이에 대한 해석으로 볼 때에 수익자 지정변경권은 보험계약자의 일신전속권이라고 보아야 한다. 셋째, 생명보험이 보험계약자(피보험자)의 유족을 보호하기 위한 것이라면 법률정책적으로 해석하여 보험수익자의 지정·변경권을 보험계약자의 일신전속권이라고 보는 것이 타당하다.

이에 대하여 非一身專屬權說[27]에서는 보험수익자 지정·변경 등의 행위는 원래 신분법상의 행위가 아니고 이로 인하여 보험계약자나 보험수익자의 재산의 증감을 초래하는 것은 명백하므로 이를 성질상 당연히 보험계약

---

26) V. Gierke, Der Lebensversicherungsvertrag zugunsten Dritter nach deutschem und ausländischem Recht, Stuttgart, 1936, S. 374; Bossard, Die Rechtsnatur der Begünstigungsklausel nach schweizerischem Versicherungsvertragsrecht, Bern, 1940, S. 67; 프랑스에서는 1930년법(제64조 2항; 현 L.132-9조 2항)에서 철회권은 보험계약자의 일신전속권이기에 채권자나 법정대리인이 이를 행사할 수 없다고 규정하고, 지정변경권에 관하여도 같이 해석되고 있다.

27) Niewiesch, Die Zwangsvollstreckung in die Rechte aus einem Lebensversicherungsvertrag, Hamburg, 1939, S. 32; Kühlmorgen, a.a.O., S. 129; Bühler, Die Familenfürsorge nach dem Bundesgesetz über den Versicherungsvertrag (V.V.G.), Zürich, 1971, S. 18.

자의 일신전속권이라고 해석하여야 할 이론적 근거는 없다. 따라서 이를 보험계약자의 일신전속적인 인격권이라고 해석할 수는 없다고 한다.

생각건대 보험수익자의 지정변경권의 행사는 보험금에 대한 권리의 처분행위이기 때문에 광의의 의미에서 이 권리는 재산적 가치를 가지고 있다고 보아야 할 것이다. 누구나 자기의 권리를 행사 또는 처분할 수 있다는 견지에서 보면 보험수익자 지정변경권의 양도를 인정하지 않을 이유는 없는 것이 때문에 일신전속권으로 볼 이유는 없다고 할 것이다.[28]

2) 解止權

해지권은 보험계약자가 적극적으로 보험계약을 해지할 수 있는 권리를 의미한다.

독일에서는 보험계약자는 보험기간 중에 언제든지 보험관계를 해지할 수 있다.[29] 이 해지권은 이중의 형성작용을 하는데, 그 하나가 보험계약의 소멸과 보험료지급의무의 종료이고, 다른 하나는 보험이 환급가능한 경우에는 해지환급금청구의 만기도래이다.

스위스에서는 보험계약자는 적어도 1년분의 보험료가 지급된 경우에 한하여 보험계약을 해지할 수 있다. 만약 보험계약자가 보험계약을 해지하면 그 효과로써 당해 보험기간 말에 보험관계가 종료된다. 그러나 경우에 따라서는 해지환급금청구권의 만기가 도래되기도 한다. 이때에 해지환급금은 보험계약자에게 귀속된다. 보험계약이 해지되면 즉시 보험자에게는 보험계약이 무효 또는 취소로 되고 보험계약자에게는 구체적인 해지환급금청구권이 발생하는데, 이 청구권은 3월 후가 만기이다.[30]

프랑스에서는 보험계약자는 3년간의 보험료지급이 있은 후에 보험의 환

---

28) 보험수익자 지정변경권을 처분가능한 권리라고 하더라도 권리자체 단독으로는 재산적 가치를 가지는 것이 아니라 소위 보험계약상의 채권자적 지위의 일부분으로서만 재산적 가치를 지닌다는 점을 간과해서는 안 된다.

29) 독일 보험계약법 제165조, 구보통보험약관 제6조, 신약관 제4조 1항.

30) 스위스 보험계약법 제 90조 2항, 92조 3항; Roelli-Jaeger, a.a.O., S. 388-390.

급을 청구할 수 있는 권리를 가진다. 거의 모든 보험약관에서 보험자에게
는 환급지체 없이 3월이 환급액반환의 만기이다.[31]

상법 제649조 1항에서는 보험자에 의한 보험계약의 해지 이외에 보험계
약자는 언제든지 보험계약을 장래에 대하여 해지할 수 있다고 하여(동조
본문) 원칙적으로 보험계약자의 해지권을 인정하고, 다만 타인을 위한 보
험계약의 경우에는 보험계약자는 그 타인의 동의를 얻지 아니하거나 보험
증권을 소지하지 아니하면 보험계약을 해지할 수 없다고 하여(동조 단서)
일정한 경우에 보험계약자의 해지권을 제한하고 있다.

보험계약자의 해지권은 보험계약을 장래에 대하여 소멸시키는 해지권
일반의 기능을 가지는 동시에 해지환급금청구권을 구체화시키는 보험계약
상의 특유의 기능을 가지고 있다. 후자의 의미에서 해지권은 일종의 재산
적 가치를 가지는 권리라고 할 수 있다. 해지권에 재산적 가치를 인정할
것인지의 여부는 양도성과 강제집행가능성과 관련하여 중요한 문제이다.[32]

형성권인 해지권이 재산적 가치를 인정한다고 하더라도 이는 해지환급
금청구권과 결부되어 인정되기 때문에 해지환급금청구권과 함께만 양도할
수 있고, 강제 집행할 수 있다고 보아야 할 것이다.

3) 契約內容變更權(納畢保險轉換權·延長保險轉換權)

생명보험약관에서는 보험계약자에게 보험계약변경권을 인정하고 있다.[33]
따라서 보험계약자는 보험료지급방법과 보험료기간, 보험기간 등을 변경할
수 있을 뿐만 아니라 보험금액을 감액할 수도 있고, 납필보험으로 전환청
구(Umwandlung in prämienfreie Versicherung)하거나 연장보험으로도 변

---

31) 프랑스 보험계약법 L 132-22조 5항, 132-23조 2항; Picard-Besson, op. cit.,
　　p.373.
32) 특히 강제집행과 관련해서는 중요한 의미를 가진다. 이를 인정하면 보험계
　　약자의 채권자는 보험급부의 만기로 조기에 도래시킴으로써 자신의 채권을
　　신속히 만족시킬 수 있기 때문이다.
33) 생명보험표준약관 제19조 1항 5호.

경할 수 있다[34]. 이러한 권리는 일응 보험계약자의 지위에 수반되는 권리
이기도 하지만, 보험금액의 감액, 납필보험 또는 연장보험으로의 변경권 등
은 보험계약의 재산적 가치와 밀접한 가치를 가지고 있다. 이하에서는 우
리 법제상 명문의 규정은 없으나, 계약내용변경권의 내용이 될 수 있는 납
필보험전환권에 대하여 살펴보고자 한다.

독일에서는 보험계약자는 책임준비금(Deckungskapital)이 존재하는 한
보험기간 중에 언제든지 납필보험으로 전환을 청구할 수 있다.[35] 납필보험
으로 전환청구하기 위하여서는 보험료는 최소한 3년 이상 지급되었거나 보
험료지급기간 1/10에 해당하는 보험료가 지급되고, 잔여 보험기간에 대한
보험료지급의무가 존재하여야 한다.[36] 보험계약자가 전환을 청구하면 보험
자의 해지환급금지급의무는 경감되고 보험계약자의 보험료지급의무는 소멸
된다. 그 밖에 보험관계는 변함없이 지속된다.[37]

스위스에서도 보험계약자는 이러한 전제하에서 생명보험을 납필보험으
로 전환을 요구할 수 있다.[38] 이러한 전환청구는 보험자에게 도달하는 즉
시 납필보험으로 전환된다. 그 밖에 법적 효과는 독일의 경우와 같다.[39]

이에 반하여 프랑스에서는 이에 상응하는 보험계약자의 형성권이 없다.
이러한 형성권은 생명보험에서 보험료지급의무는 소추할 수 없다는 규정을
고려해 볼 때에 무용한 것으로 보는 것은 명백하다(L.132-20조 1항).

---

34) 상법 제640조 2항도 연장보험전환권을 비롯한 보험계약변경권을 전제하고
    있다.
35) 독일 보험계약법 제174조 1항.
36) 구보통보험약관 제5조, 신약관 제4조 2항, Prölss- Martin, a.a.O., S. 954-955.
37) Prölss-Martin, a.a.O., S. 956-957.
38) 스위스 보험계약법 제90조 1항.
39) Roelli-Jaeger, a.a.O., S. 378-380.

II. 保險契約者에 의한 保險受益者指定

1. 保險受益者의 指定 및 變更

1) 指定·變更行爲의 方法

보험수익자를 누구로 지정할 것인지는 보험계약자가 결정할 사항이다. 보험계약자는 자기를 보험수익자로 지정할 수도 있고, 타인을 보험수익자로 지정할 수 있을 뿐만 아니라 보험계약을 체결할 때에 수익자를 지정할 수도 있고, 보험계약체결 후에도 수익자를 지정할 수도 있다. 보험수익자는 반드시 1인에 한하지 아니하고, 수인을 지정할 수도 있으며, 수인을 지정할 경우에 선택적으로 또는 병존적으로 지정할 수도 있다. 특히 보험수익자를 지정하면서 1차적 보험수익자(Primary Beneficiary)와 차순위 보험수익자(Contigent Beneficiary)를 함께 지정할 수 있다. 이 경우에 차순위 보험수익자는 1차적 보험수익자가 보험사고발생 이전에 사망하면 권리를 가지나, 보험사고 발생 시에 생존해 있으면 1차적 보험수익자의 권리가 확정되고 차순위 보험수익자의 권리는 소멸하게 된다.[40)]

그리고 보험계약체결 후에 보험수익자를 지정할 때에는 종전에 수익자 지정이 없는 경우와 이전에 수익자 지정이 있지만 이를 변경하여 신수익자를 지정하는 경우가 있다. 후자를 특히 보험수익자의 변경이라고 한다.

보험수익자 지정은 보험계약자와의 인적 관계 등에 기인한 보험계약자의 심리적 요인이 중요하게 작용하며 보험계약이 계속적 성격을 가지므로 계약기간 중에 보험수익자를 변경할 필요가 있는 경우도 많다. 따라서 상법은 원칙적으로 보험계약자는 수익자 지정을 변경할 수 있다고 규정하고 있다(상법 제733조 1항). 보험수익자는 수익의 의사표시 없이도 당연히 추상적인 조건부 보험금청구권을 취득하지만 보험계약자의 변경권행사로 수

---

40) M.L. Crawfort, Law and the Life Insurance Contract, IRWIN, 1994, p.244.

익자의 지위가 박탈될 수 있는 불확정한 지위를 가지게 된다. 이러한 보험
수익자에게 안정적 지위를 부여하고자 하는 경우에는 수익자 지정변경권을
포기하는 경우도 있을 수 있으며 이때에 보험계약자는 수익자 지정을 철회
할 수 없게 된다고 보아야 할 것이다.

2) 指定·變更行爲의 效力發生要件

상법은 보험수익자의 지정변경행위의 성질에 관하여 직접적으로 규정하
고 있지는 않다. 그러나 상법 제734조에서는 보험계약자가 보험계약체결
후에 보험수익자를 지정 또는 변경할 때에 보험자에 대하여 통지하지 아니
하면 보험자에게 대항할 수 없다고 규정하고 있다. 이 규정의 문언으로 보
아 보험자에 대한 통지가 지정 또는 변경의 대항요건이라는 점에는 의문의
여지가 없으며, 또한 따라서 지정변경행위에 관하여 보험자의 동의를 요하
고 있지 아니한다는 의미에서 보험계약자의 일방적 의사표시에 의하여 효
력이 발생하는 점에는 이론이 없다. 이러한 의미에서 지정변경권은 형성권
이다.[41] 왜냐하면 상법 제733조에서 '지정 또는 변경할 권리'라는 표현을
사용하고 있고, 실질적으로도 보험자가 이중 지급할 위험으로부터 보호되
는 한[42] 보험수익자를 누구로 할 것인가에 대한 결정 자체에는 개입할 필
요성이 전혀 없기 때문이다.[43] 다만 보험계약을 체결할 때에 보험수익자를
지정한 경우에 보험수익자의 지정은 보험계약청약서상의 보험수익자란에
기재하는 방법으로 이루어지기 때문에 일견 보험계약자의 청약의 내용이고
보험자가 이에 대하여 승낙하는 것처럼 보이지만, 이는 일방적인 의사표시
가 미리 계약의 청약에 포함되어 있을 뿐 그 법적 성질에는 변함이 없다고

---

41) 양승규, 보험법, 삼지원, 1992, 438면; 채이식, 상법강의(하), 박영사, 1992,
    634면; 최기원, 보험법, 박영사, 473면; 이기수, 해상법·보험법, 박영사,
    308면.
42) 상법 제734조에서 보험수익자 지정변경 시에 보험자에의 통지를 대항요건
    으로 하고 있기 때문에 보험자의 이중 지급의 위험은 배제되고 있다.
43) 大森忠夫, 保險金受取人指定·變更·撤回行爲의 法的性質, 生命保險契約法의
    諸問題, 有斐閣, 1958, 73면.

보아야 할 것이다.[44]

이와 같이 상법상의 지정변경행위는 보험자의 동의를 요하지 아니한다고 해석되고 있지만, 당사자의 약정 내지 보험약관상으로 보험자의 동의를 요하도록 하는 경우에 이것이 무효인지 여부가 문제된다. 그러나 보험자에 대한 통지라는 대항요건으로 이중 지급의 위험으로부터 보험자가 보호되는 이상 보험자의 동의를 요할 필요가 없을 것이고 또 만약 이를 긍정하지 아니하는 경우에는 계약자의 지정변경권을 보험계약자의 의사에 반하여 제한하는 것이 되어 부당하기 때문에 무효라고 보아야 할 것이다.

보험수익자 지정변경권은 보험계약자의 일방적인 의사표시에 의하여 행사된다하더라도 이 일방적 의사표시가 상대방 있는 의사표시인지 상대방 없는 의사표시인지에 관하여서는 학설, 판례가 대립하고 있다.[45]

상대방 있는 의사표시설에 의하면 보험수익자 지정변경권이 보험자에 대한 의사표시인 경우에는 계약내용의 변경이므로 지정변경의 의사표시는 당연히 계약상대방인 보험자에 도달하여야 효력이 생긴다고 하고,[46] 상대방 없는 의사표시설에 의하면 수익자 지정변경의 의사표시를 상대방 없는 의사표시라고 해석하고, 의사표시 즉시 효력이 생기며 도달을 요하지 않는다고 한다.[47]

수익자 지정변경의 의사표시가 상대방 있는 의사표시인지 여부를 논할 실익은 주로 유언으로 보험수익자를 지정변경할 수 있는지 여부와 지정 또

---

44) 大森忠夫, 앞의 논문, 77면.
45) 이는 종래 지정·변경의 의사표시는 보험자 또는 신·구 보험수익자에의 도달을 효력발생요건으로 하는지의 문제로 논의되었다. 그러나 정확하게 말하면 지정·변경의 의사표시는 상대방 있는 의사표시인지가 기본문제이기 때문에 이 점이 긍정된 후에야 상대방의 범위 및 도달의 여부가 문제되는 것이다.
46) 中村敏夫, 保險金受取人の指定變更權の行使, 保險學雜誌 475호(1976), 38面; 田邊康平, 現代保險法, 文眞堂, 1987, 269面; 日 大審院 1940. 12. 13. 判決 (民集 19卷 24號, 2381面).
47) 大森忠夫, 앞의 논문, 86面 이하; 山下友信, 保險金受取人の指定變更, ジュリスト 第747號(1981), 282面; 石田滿, 商法Ⅳ(保險法), 靑林書院, 1989, 290面.

는 변경의 의사표시의 해석기준은 어떠한가라는 점에 있다. 따라서 여기서는 먼저 상대방 있는 의사표시라는 가정하에서 상대방의 범위 및 도달요부 문제를 고찰하고자 한다.

이에 대하여 일본의 판례는 처음에는 "상법 제677조(우리 상법 제734조)는 보험자에 대한 의사표시 외에도 보험수익자변경권이 행사될 수 있는 것을 예정하고 이와 같은 경우에 보험자에 통지하지 않으면 대항할 수 없다고 정하고 있는 것이고, 보험자에의 통지는 단순한 대항요건으로서가 아니라 민법상의 도달주의에 의하여 보험자에게 도달함으로써 효력이 발생된다"고 하였다가,[48] 최근에는 "보험계약자가 보험수익자의 변경은 보험계약자의 일방적 의사표시에 의하여 그 효력이 발생하고, 의사표시의 상대방은 보험자든 신·구 보험수익자 중 누구든 무방하고 이를 보험자에게 통지할 필요도 없으며, 지정변경의 의사표시 즉시 수익자 지정변경의 효력이 생긴다"고 해석하고 있다.[49]

최근의 판결에서 지정변경의 의사표시의 상대방에 관하여 반드시 보험자일 것을 요하지 아니하고 신·구 보험수익자 어느 쪽에 대하여 하여도 좋다고 한 것은 종래의 판결이 보험자에 대한 통지를 원칙으로 하고 이외의 방법도 예정하고는 있지만 구체적인 방법에 관하여서는 명시하지 않고 있던 부분을 명확히 하였다고 할 수 있다. 그러나 종래의 판결과 달리 최근의 판례가 지정변경의 의사표시의 효력발생시점이 통지의 도달시가 아니라 의사표시 즉시 발생한다고 한 점은 획기적인 의미를 가진다고 할 수 있다.

생각건대 보험수익자 지정변경의 의사표시가 보험자에게 도달함으로써 효력이 발생한다면 상법 제734조는 무의미하다고 보여 진다. 왜냐하면 보험자에 대한 통지는 도달함으로써 효력이 발생하는데, 보험자에게 이러한 사실을 대항하기 위하여 다시 이를 보험자에게 통지하는 것은 아무런 의미가 없기 때문이다. 그리고 통지가 대항요건으로 되어 있음으로써 보험자는 이중 지급의 위험으로부터 보호받을 수 있을 뿐만 아니라, 실질적으로도

---

48) 日 大審院 1940. 12. 13. 判決, 民集 第19卷 24號, 2381面.
49) 日 大審院 1987. 10. 29 判決, 民集 第41卷 7號, 27面.

보험자는 보험수익자의 결정자체에 실질적 이해관계가 없기 때문에 통지를 유효요건으로 해석할 이유는 없다. 따라서 보험수익자 지정에 관하여서는 가능한 한 보험계약자의 의사를 존중하여야 한다는 관점에서 볼 때에 보험자에게 도달을 요하지 아니하고 단지 지정변경이 보험계약자의 의사로서 확인된 사실이 있다면 족하다고 보는 것이 타당할 것이다.

한편 보험자 내지 신·구 보험수익자에의 도달을 요하지 않는다고 하더라도 지정·변경의 의사표시가 상대방 있는 의사표시인지 상대방 없는 의사표시인지가 문제될 수 있다. 그러나 보험자 내지 신·구 보험수익자에게 도달을 요하지 않는다고 한다면 상대방 있는 의사표시라는 실익이 없게 되고, 가능한 한 보험계약자의 의사를 존중하여야 한다는 입장에서 보면 상대방 없는 의사표시라고 하는 것이 타당할 것이라고 생각된다.

이와 같이 지정·변경권이 상대방 없는 의사표시라고 보면 지정변경권의 행사는 유언으로도 가능하게 된다. 그러나 지정·변경의 의사표시가 보험자 내지 신·구 보험수익자에게 도달되지 않으면 효력이 발생하지 않는다면 보험계약자가 유언으로 지정·변경권을 행사할 수 없는 것은 당연하다.

요컨대 상대방 없는 의사표시설에 따르면 상법상 보험수익자의 지정·변경의 의사표시는 보험계약자의 의사표시로 볼 수 있는 행위가 있다면 그 자체로 지정·변경의 효력이 발생하지만, 보험계약자는 이를 보험자에 대하여 통지하지 않으면 보험자에게 대항할 수 없다(상법 제734조 1항). 이와 같이 통지를 대항요건으로 하는 것은 지정·변경의 효력이 보험자의 관여 없이 발생됨으로써 보험자가 보험금을 이중 지급하게 될 위험을 배제한다는 취지이다.50) 따라서 이 대항요건이 충족되기까지 보험자는 종전의 보험수익자에게 보험금을 지급하면 면책된다. 물론 보험자는 통지라는 대항요건을 충족하지 아니한 경우라도 신보험수익자에게 보험금을 지급할 수는 있다. 반대로 보험계약자가 대항요건을 갖추지 못하였지만 보험자가 이를 안 경우에 보험자는 종전의 보험수익자에게 보험금을 지급하더라도 면책되

---

50) 최기원, 앞의 책, 473면; 양승규, 앞의 책, 440면; 우홍구, 타인을 위한 생명 보험관계자 간의 법률관계, 고시연구(1993.11), 40면.

는지 여부는 의문의 여지가 있지만 통지를 대항요건으로 하는 이상 면책된다고 보아야 할 것이다.

3) 保險受益者의 死亡과 再指定

보험수익자가 보험사고발생 이전에 사망한다면 보험수익자의 상속인은 당연히 보험수익자로서의 지위를 승계하는 것인가? 상법은 이와 같은 경우에 보험계약자는 다시 보험수익자를 지정할 수 있다고 규정하고 있다(상법 제733조 3항 1문). 이 규정은 보험수익자 지정이 철회가능한지 여부와는 관계가 없으므로 철회불능의 경우에도 적용된다는 점에 의의가 있다. 이와 같이 철회불능의 경우에도 보험계약자의 재지정을 허용하는 것은 보험수익자의 지정이 일반적으로 보험계약자와 보험수익자 간의 개인적인 관계에서 이루어지므로 보험수익자의 상속인이라도 당연히 보험수익자의 지위를 승계하는 것은 아니라는 점 때문이다. 그러나 보험계약자가 재지정을 하지 아니하고 사망한 경우에는 원보험수익자의 상속인이 보험수익자가 된다(상법 제733조 3항 2문). 물론 이 경우에도 보험계약자가 보험수익자(Primary Beneficiary)를 지정하면서 차순위보험수익자(Contigent Beneficiary)를 지정한 경우에는 보험수익자가 보험사고발생 이전에 사망하면 차순위보험수익자가 수익권자로 확정된다.[51] 왜냐하면 보험계약자가 차순위보험수익자를 지정한 것은 보험사고 시 보험수익자의 생존을 해제조건으로 지정하였기 때문이다. 따라서 상법 제733조 3항 2문도 보험계약자의 의사가 불명확한 경우에만 적용된다고 보아야 할 것이다.

그런데 문제는 보험수익자가 먼저 사망하고 보험계약자가 재지정을 하지 아니하는 동안에 보험사고가 발생한 경우에 보험금청구권은 누구에게 귀속되는지에 있다. 이에 관하여서는 상법상 반드시 명확하지 않다. 이는 결국 상법 제733조 3항의 해석문제로서, 보험수익자가 보험계약자보다 먼저 사망한 경우에 보험수익자 지정이 실효되는 것으로 볼 것인지(指定失效

---

51) M.L. Crawfort, op. cit., pp.244-245.

說), 아니면 보험계약자가 재지정을 할 때까지는 원지정이 효력을 존속하는 것으로 볼 것인지(指定非失效說)에 따라 다르다. 먼저 指定失效說[52]은 보험수익자의 지정은 보험계약자의 개성 및 보험계약자와 보험수익자 간의 특별한 인적 관계에 기초한 것이기 때문에 보험수익자가 사망한 때에는 보험수익자의 지위가 당연히 보험수익자의 상속인에게 승계되는 것이 아니고 보험수익자의 지정은 실효된다고 한다. 따라서 지정이 실효되면 자기를 위한 보험이 되기 때문에 보험계약자가 보험수익자를 재지정하지 아니하고 사망한 때에는 보험금청구권은 보험계약자의 상속재산에 귀속되어야 하지만, 상법 제733조 3항 2문으로 인하여 보험수익자의 상속인이 보험수익자가 된다고 한다.

이에 대하여 指定非失效說[53]은 보험수익자가 사망하여도 보험수익자 지정은 실효하지 아니하고 타인을 위한 보험계약으로서의 성질에는 변함이 없다고 한다. 따라서 비록 불확정적이지만 보험수익자의 상속인이 보험수익자가 된다고 한다. 다만 보험계약자는 상법 제733조 3항 1문에 의하여 보험수익자를 재지정할 수 있을 뿐이고, 보험수익자의 재지정 없이 보험계약자가 사망한 때에는 제2문에 의하여 보험수익자의 상속인의 권리가 확정된다.

즉, 지정실효설에 따르면 보험계약자 자신을 위한 보험이 되며 보험계약자가 보험금청구권을 취득하는 것이 되지만, 지정비실효설에 의하면 보험수익자의 상속인이 보험금청구권을 취득하는 것이 된다.[54]

지정실효설에서는 보험계약자가 재지정을 하지 아니하고 사망한 경우에 원보험수익자의 상속인이 보험수익자가 되는 것을 설명하기가 곤란하며, 오히려 이 경우에 보험계약자의 자기를 위한 보험이 된다고 하면 보험계약자의 상속인이 보험수익자가 되어야 할 것이다. 그리고 보험계약자는 처음

---

52) 西島梅治, 保險法(第2版), 筑摩書房, 1980年, 370面.
53) 大森忠夫, 保險法, 有斐閣, 1987年, 279面; 石田滿, 앞의 책, 278面; 田邊康平, 앞의 책, 269面.
54) 洲崎博史, 保險金請求權의 歸屬, 商事法務 NO. 1232(1990), 38面.

에는 타인을 위한 보험계약을 체결한 것이기 때문에 보험계약자의 의사를 추측한다면, 특히 적극적으로 자기를 위한 계약으로 변경하지 않는 한 타인을 위한 보험계약으로서 성질은 존속한다고 보는 것이 보험계약자의 의사에 부합한 해석이 될 것이다. 또한 이렇게 보더라도 보험계약자에게 재지정권이 있는 이상 불합리한 점은 없으며, 재지정이 있을 때까지는 보험수익자의 상속인이 보험수익자의 지위를 가진다고 보아야 할 것이다. 즉 보험수익자의 상속인은 보험수익자의 지위를 대신하는 것으로 보아야 할 것이다. 따라서 상법 제733조 3항은 보험계약자가 사망함으로써 보험수익자의 상속인이 신보험수익자로 확정된다는 점에서 실질적 의미를 가지는 것으로 보아야 할 것이다. 물론 상법 제733조 3항은 강행규정은 아니기 때문에 당사자 간의 약정으로 보험계약자의 상속인이 지정변경권을 행사할 수 있다고 정할 수도 있다.

2. 保險受益者指定에 관한 具體的인 解釋

1) 解釋原則

보험계약자는 보험수익자를 구체적인 성명으로 지정할 수도 있고, '상속인', '子', '배우자' 등으로 포괄적 또는 추상적으로도 지정할 수 있다.[55] 여기서 구체적인 성명으로 기재된 경우에는 문제가 없으나, 추상적으로 지정되는 경우에 누가 보험수익자인지를 확정하기 어려운 경우가 있다. 이러한 경우는 결국 수익자 지정에 있어서 보험계약자의 의사표시의 해석문제이다. 그렇다면 어떠한 기준에 따라 해석되어야 할 것인지가 문제이다. 보험수익자 지정변경행위의 성질을 상대방 없는 의사표시라고 본다면 지정의 의사표시는 유언과 마찬가지로 가능한 한 보험계약자의 의사를 탐구하여 이에 부합하도록 해석하여야 할 것이다. 따라서 보험수익자의 지위를 다투는 자들 상호간에서는 보험계약자의 진의에 따라 보험금의 귀속이 결정되

---

55) 양승규, 앞의 책, 438면.

어야 한다. 이 경우에 만약 보험계약자의 지정의 의사표시가 통상 객관적인 의미와 진의가 다른 경우에는 후자를 우선시켜야 한다. 그러나 보험자와 보험수익자 간에는 반드시 보험계약자의 진의만을 고려할 수는 없을 것이다. 보험자는 대량의 계약사무를 신속히 처리하여야 할 것이기 때문에 보험계약자의 진의를 탐구하도록 요구하는 것은 경우에 따라서는 가혹할 수도 있다. 물론 보험계약자를 알지 못하는 경우에는 공탁하는 방법도 있을 수 있지만, 수익자 지정의 의사표시상에 나타난 보험계약자의 객관적인 의사에 따라서 보험금을 지급하면 면책된다고 해석하여야 할 것이다.

이와 같이 반드시 일의적 기준에만 의하여 해석할 것이 아니고 문제되는 상황마다 상대적 기준을 적용하여야 할 것이다.

2) 抽象的 指定의 解釋問題

가) 相續人으로 指定된 경우

먼저 보험수익자가 상속인으로 지정되는 경우가 보통인데, 이 경우에는 보험사고 발생 시의 상속인을 보험수익자로 보는 것이 통설, 판례이다. 그러나 보험계약자가 비록 상속인이라고 지정하더라도 예컨대 보험계약자의 내연의 처와 같이 법정상속인 이외의 자를 보험수익자에 포함시키려는 의사가 있을 수도 있다. 이와 같은 경우에 보험자가 지정 시 상황 등을 조사하여 보험계약자의 의사를 알 수 있는 경우를 제외하고는 보험자는 법정상속인에게 보험금을 지급하면 되며, 법정상속인 이외의 자가 자기가 보험수익자라고 주장하기 위해서는 보험계약자의 의사를 입증하면 법정상속인에게 보험금의 분할청구를 할 수 있을 것이다.

이 경우에 보험계약자가 지분을 따로 정한 경우에는 그 지분에 따라 수익권이 보험수익자에게 귀속되는 것은 당연하다. 그러나 수익자 지정에서 지분의 정함이 없는 경우에 수익권의 귀속에 관하여 상법상 어떠한 규정도 없어 이를 어떻게 해석하여야 할 것인지가 문제이다.

먼저 지분의 정함이 없이 상속인이 수익자로 지정된 경우에 수익자의 권리취득의 성질에 관한 학설 중 원시취득설에 따르면 상속인 간에 분할채권관계가 형성되므로 수익권은 수인의 보험수익자에게 균등하게 귀속될 것이고(민법 제408조 참조), 승계취득설에 의하면 상속인 간에는 상속재산관계가 형성되기 때문에 수익권은 상속분의 비율로 귀속된다고 할 수 있다.[56]

이에 관하여 독일의 경우에는 입법적으로 수인이 그 지분의 정함이 없이 수익자로 지정된 경우에는 균등하게 수익권을 가지고, 어느 수익자가 취득하지 아니한 지분은 나머지 수익자에게 귀속한다(보험계약법 제167조 1항)고 하며 상속인이 보험수익자로 지정되어 있는 경우에 보험사고 시의 상속권자의 상속분에 따라 수익할 권리가 있다(동법 제167조 2항)고 규정하고 있다. 프랑스에서도 수익자가 상속인으로 지정되어 있는 경우에는 상속분 비율에 따라 보험계약상의 이익이 귀속된다고 하고 있다(프랑스 보험계약법 L 132-8조 5항). 이에 대하여 스위스에서는 보다 자세한 규정을 두고 있다.[57]

다음으로 상속인 중 1인이 상속권을 포기한 경우에 다른 상속인의 지분관계에 어떠한 영향을 미치느냐는 점이다. 이에 관하여 각국 법은 상속의 포기는 수익권에 영향을 미치지 아니한다고 하고 있다.[58] 보험수익자의 수익권을 승계취득되는 것이 아니라 원시취득된 수익자 고유의 권리라고 보면 상속권의 포기는 보험수익자의 수익권에 영향을 미치지 아니하기 때문에 이는 우리의 해석론으로도 타당하다고 할 것이다.

나) **配偶者** 또는 **子**로 지정된 경우

보험수익자의 추상적 지정형태로서 일반적으로 이용되는 경우는 상속인 이외에도 배우자(처), 또는 子의 경우가 있다. 먼저 배우자의 경우인데, 이 때에 배우자는 보험사고 발생 시에 피보험자의 배우자를 의미하고 반드시

---

56) 임재호, 보험수익자의 사망에 의한 보험금청구권의 행방, 상사판례연구 제6집(1994), 138면.

57) 스위스 보험계약법 제83조, 84조, 85조(제2장 Ⅱ. 2. 2) 부분 참조).

58) 독일법 제167조 2항, 프랑스법 L. 132-8조 5항, 스위스법 제85조.

법률상의 배우자에 한하지 아니하며 내연의 배우자도 포함된다는 것이 일반적이다.[59] 따라서 지정 당시에 배우자가 없더라도 보험사고 발생 시에 배우자가 존재하면 그 배우자가 보험수익자로 확정된다. 그런데 보험사고 발생 시 배우자와 이혼한 경우에 그 배우자에게 영향을 미치는지 여부에 관하여서는 일반적으로 영향을 미치지 아니한다고 본다.[60] 그러나 성명과 함께 배우자를 지정한 경우에는 보험계약자가 수익자를 변경하지 아니한 이상 보험수익자의 지위에는 영향을 미치지 아니한다[61]고 볼 수 있으나, 그렇지 아니하는 경우 즉 '배우자' 또는 '처'로만 지정되어 있는 경우에는 이러한 해석이 과연 보험계약자의 진의에 부합하는지는 의심스럽다. 이혼 후 재혼하여 법률상의 배우자가 있는 경우나 내연의 처가 있는 경우에는 이들을 보험수익자로 보는 것이 오히려 보험계약자의 의사에 부합한다고 보아야 할 것이다.

또한 피보험자의 '배우자 모씨'라고 기재된 경우에는 보험계약자의 의사가 명확하지 않으면 배우자란 표현은 성명의 기재에 단순히 부기된 것으로 보아야 할 것이다.[62]

그리고 보험수익자를 자로 지정할 경우에는 구체적으로 성명을 기재할

---

59) 경익수, 보험수익자의 지정·변경에 있어서의 문제점, 기업환경의 변화와 상사법(春江 손주찬교수고희기념논문집), 1993, 707면; 中村敏夫, 保險受益者の具體的特定および利益取得の時期, 文硏所報(生命保險文化硏究所) 第37號 15面; 山下孝之, 生命保險契約における當事者確定論, 文硏所報 第55號, 108面.

60) 독일, 미국에서는 배우자의 이혼이 보험수익자의 지위에 영향을 미치지 아니한다고 한다(BGH 17. 9. 1975, VersR 1981, S. 228; OLG Düsseldorf 13. 5. 1975, VersR 1975, S. 918; Tromp v. National Reserve Life Ins. Co., 143 KAN. 98, 53 p.2d 831; Simmons v. Simmons, 272 S. W. 2d 913).

61) 이 경우에 배우자는 성명의 기재에 부기된 단순한 기술적 의미(mere descriptive and not a condition)에 불과하다고 보아야 할 것이기 때문이다 (Greider-Beadles, Law and the Life Insurance Contract(4d), IRWIN, 1979, p.149).

62) 이에 관한 학설대립 등 자세한 내용은 경익수, 앞의 논문, 707-710면 참조.

수도 있으나, 그 후에 출생할 자도 포함시키기 위하여 추상적으로 '자'라고 지정하는 경우가 보통이다. 이와 같이 자가 하나의 그룹으로 지정되는 경우(Class designation)에 양자 또는 혼외자, 태아 등이 포함되는지 여부가 의문스럽다. 이에 관하여 외국에서는 양자, 혼외자, 태아 등도 보험수익자로서 자에 포함된다고 한다.[63] 양자에 대하여서는 피보험자가 부양의무를 부담하므로 양자는 보험수익자로서 자에 포함된다고 보아야 할 것이다. 혼외자의 경우에 인지되기 전에는 법률상 친자관계가 성립되지 아니하므로 보험수익자로서 자에 포함되는지 여부가 의문스러우나, 보험수익자에 대한 부양목적은 반드시 법률상의 부양의무가 존재하여야 하는 것은 아니므로 혼외자관계에 대한 증명만 있으면 보험수익자로서 자에 포함된다고 할 것이다.

한편 태아의 경우에도 보험수익자로서 자에 포함되는지 여부에 관하여 문제이다. 이에 관하여 보험수익자로서 태아(enfants et descendants nes ou a maitre)를 지정하는 것은 명문으로 인정하고 있는 나라도 있다(프랑스 보험계약법 L.132-8조 3항 1호). 이러한 규정이 없는 우리나라에서는 이를 민법의 해석으로 인정할 수 있는지 여부는 문제이다. 즉, 이는 生前贈與[64]에 대하여 권리능력이 있는지 여부에 따라 문제될 수 있다. 왜냐하면 우리 민법은 제한된 경우에만 태아에 대하여 권리능력을 인정하고 있고, 대가관계를 생전처분으로 보는 한 이에 대하여 권리능력을 인정하기 어렵기 때문이다. 민법의 이론에 따른다면 보험계약자의 명시적인 의사표시가 있다하더라도 수익자로서 자에 포함되지 않을 것이다. 그러나 보험수익자 지정에서 중요한 해석기준이 보험계약자의 의사에 있고, 태아도 유족보장

---

63) Greider-Beadles, op. cit., p.164.

64) 타인을 위한 보험계약에서 대가관계의 성질을 死因處分인지, 生前處分인지 여부에 관하여 학설·판례상으로 논란이 심하였으나, 생전처분설이 판례·다수설의 입장이다. 물론 사인처분으로 보면 우리 민법상으로도 태아도 보험수익자가 됨에는 문제가 없다. 이에 관하여 자세한 내용은 藤田友敬, 保險受益者の法的地位(1) 法學協會雜誌 第109卷 第5號, 772面 이하 참조.

의 목적의 대상이 된다고 보는 것이 보험계약자의 추정적 의사에도 부합한다고 할 것이다. 따라서 태아의 권리능력은 민법의 제한된 경우에만 인정할 것이 아니라 생명보험이 遺贈對替的 機能을 가진다는 점에 비추어 볼 때에 생전증여에도 유추적용할 수 있을 것이다.

그리고 '배우자와 자'가 함께 수익자로 지정된 경우에 보험사고 발생 시의 '배우자와 자'는 동일한 권리를 가지며, 그중 1인이 먼저 사망하더라도 그 지분은 상속되지 아니하고 다른 수익자에게 귀속되는 것은 상속인의 경우에서와 마찬가지이다.[65]

3. 保險受益者의 槪念 및 範圍에 관한 檢討

1) 保險受益者의 槪念에 관한 再檢討

우리나라에서는 일반적으로 보험수익자에 관하여 보험사고가 발생한 경우에 보험금의 지급을 받을 자로 정해진 자 또는 보험사고 발생시에 보험금청구권을 가지는 자라고 정의한다[66]. 물론 보험사고가 발생하면 보험수익자는 보험금을 받을 자이다. 그러나 이러한 정의는 보험사고발생 이전의 보험수익자의 지위에 대하여서는 충분한 설명을 하지 못하고 있다. 왜냐하면 보험사고발생 이전에 보험수익자는 추상적인 보험금청구권만 취득하는 것은 아니기 때문이다. 그러므로 스위스 보험계약법 제78조에서는 타인을 위한 생명보험계약에서 보험수익자를 보험금을 지급받을 권한이 있는 자(Zahlungsempfänger)일 뿐만 아니라 보험청구권을 취득하는 자(Forderungberechtigt)라고 하고 있다.[67] 우리나라에서의 일반적 정의는 전자부분에 한하고 있고, 후자부분

---

65) W. R. Vance, Law of Insurance, 3rd. ed.(St. Paul, Minn.: West Publishing co., 1951), pp.695-696.

66) 최기원, 앞의 책, 470면, 채이식, 보험법, 박영사, 1994, 624면, 손주찬, 상법 (하), 박영사, 1993, 495면.

67) Osterag-Hiestand, Das Bundesgesetz über den Versicherungsvertrag,

즉 보험계약상의 기타 청구권의 귀속주체로서의 지위는 설명하지 못하고 있다. 그렇다면 우리나라법상으로는 후자로서의 지위를 부여할 수 없는지 여부를 검토해 볼 필요가 있다.

먼저 제3자를 위한 계약에서 수익자는 계약상의 급부청구권(Forderung-srecht auf die Leistung)을 취득한다.[68] 보험계약에서 계약상의 급부청구권은 보험금청구권 외에도 해지환급금청구권과 기타 부수적 청구권이 존재한다. 따라서 보험계약의 내용에 따라 보험수익자의 청구권귀속의 정도는 보험금청구권 이외의 청구권으로 확대될 수 있을 것이다.

특히 우리 상법 제639조 2항에서는 보험수익자는 계약상 당연히 보험계약상의 이익을 받는다고 규정하고 있다. 따라서 보험수익자는 보험계약상의 이익을 받을 자이고, 여기서 이익은 반드시 보험사고를 전제로 하는 것도 아니므로 보험금청구권에만 국한되는 것은 아니라고 보아야 할 것이다. 이와 같이 보험수익자를 보험금청구권을 포함한 보험계약상의 권리 또는 이익을 받을 자라고 정의하면 수익자 지정과 관련하여 보험계약자가 계약상의 이익을 포기하였다고 볼 수 있는 경우에는 비록 보험금청구권을 제외한 다른 권리도 생명보험의 기능과 관련하여 보험수익자에게 귀속시킬 수 있다. 예컨대 보험계약자가 자신의 채권담보를 목적으로 채권자를 보험수익자로 지정한 경우에 해제조건부 철회불능으로 수익자를 지정한다. 이러한 경우에 보험수익자에게 해지환급금이 귀속된다고 보지 않으면 철회불능의 수익자 지정의 의미가 없다. 왜냐하면 보험계약자가 보험계약을 해지하여[69] 해지환급금을 취득할 수 있기 때문에 보험수익자에게 해지환급금을 귀속시키지 않으면 채권담보의 목적을 실현할 수 없게 된다. 이 밖에도 보

2.Aufl., Zürich und Leipzig, 1938, S. 208.

68) Motiv-BGB Bd. 2, S. 268-269(§412).

69) 상법 제649조 1항 단서조항과 관련하여 타인을 위한 생명보험에서 해지권이 제한된다고 해석할 수 있으나, 생명보험에서는 보험계약자의 수익자 지정변경권이 인정되기 때문에 이 단서조항은 사실상 의미가 없다(자세한 내용은 제3장 Ⅳ. 1. 부분 참조).

험계약자가 자신이 사망한 후에 보험수익자의 생활보장을 위하여 수익자
지정변경권을 포기한 경우에도 마찬가지이다.

이상에서 볼 때에 보험수익자는 보험계약상의 이익을 받을 자라고 정의
하여야 할 것이다. 이렇게 볼 때에 보험계약의 내용에 따라 보험계약상의
권리분배를 달리 해석할 수 있게 되고, 일정한 부분에서 보험수익자를 보
호할 수 있을 것이다.

2) 保險受益者의 範圍制限可能性에 관한 檢討

보험계약자가 보험수익자를 지정할 경우에 보험수익자에게 피보험이익
이 있어야 하는지 여부가 문제될 수 있다. 우리 상법은 제668조에서 "보험
계약은 금전으로 산정할 수 있는 이익에 한하여 보험계약의 목적으로 할
수 있다"라고 규정하여 피보험이익을 보험계약의 목적이라고 하고 있으며,
이를 손해보험계약에서만 인정하고 있다. 그리고 생명보험에 관하여서는
입법적으로 동의주의를 취하여 보험의 도박화 내지 인위적인 사고를 방지
하고 있다. 따라서 통설은 생명보험계약에서는 피보험이익을 인정하지 않
고 있다.70) 통설에 따르면 보험계약자는 보험수익자에게 피보험이익이 있
는지 여부와 관계없이 보험수익자로 지정 또는 변경할 수 있다. 이하에서
는 입법론적으로 생명보험에서 피보험이익의 개념을 도입할 필요가 있는지
여부에 관하여 검토하고자 한다.

---

70) 이기수, 앞의 책, 114면; 정희철, 상법학원론(하), 박영사, 410면; 최기원,
앞의 책, 237면; 손주찬, 앞의 책, 369면; 서돈각, 제3전정 상법강의(하),
법문사, 376면. 그러나 최근 생명보험에 있어서도 피보험이익의 개념의 도
입필요성을 주장하는 많은 견해가 있다(양승규, 보험계약법에 있어서 피보
험이익, 보험학회지 창간호, 1964, 118면; 김문환, 생명보험계약에 있어서
피보험이익, 상사법의 현대적 과제,(춘강 손주찬 교수화갑기념논문집), 366
면; 상홍규, 계약관계에 있는 상대방의 생명보험에 대한 피보험이익, 기업
환경의 변화와 상사법(춘강 손주찬 교수고희기념논문집), 1993, 674-675면.

가) 生命保險에서 被保險利益

생명보험의 경우에는 손해보험과 달리 보험사고가 발생할 경우에 손해의 정도를 예측하기 어렵고, 보험사고발생 이후에도 객관적인 평가기준을 정하기 어렵다. 그러므로 생명보험계약에서는 보험금액을 보험계약의 당사자가 정하도록 하고 있다. 그런데 생존보험의 경우에는 악용의 소지가 없으나, 사망보험의 경우에는 보험료와 보험금 간의 차이가 상당하므로 보험이 도박화되거나 인위적인 사고를 유발할 위험이 있다. 이러한 도박화 내지 인위적 사고의 위험성은 자신을 피보험자로 하는 자기의 생명보험계약에서는 큰 문제가 없으나, 보험계약자 이외의 타인의 사망을 보험사고로 하는 경우에는 크다고 할 수 있다.

이러한 생명보험의 도박화 내지 인위적인 사고의 유발을 방지하기 위하여 각국에서의 입법적 태도는 크게 두 가지 입장을 취하고 있다. 그 하나가 타인의 생명보험계약에서 피보험자의 동의를 요건으로 하는 동의주의로서 독일, 프랑스, 스위스 등 대륙법계의 입장이다.[71] 다른 하나는 생명보험에서도 피보험이익(insurable interest)의 개념을 인정하고, 이러한 피보험이익이 없는 경우에는 계약을 무효로 보는 이익주의로서 영미법계의 입장이다.[72]

영미에서 사망보험의 경우에 피보험이익을 요하는 이유는 보험금액과 지급보험료 총액의 차이가 크므로 생명보험이 도박화 또는 고의로 피보험자를 살해하는 도덕적 위험성이 있기 때문이다. 그러나 대륙법계에서도 이의 방지를 위한 제도적 장치가 있기 때문에 생명보험에서 보험수익자에게

---

71) 독일 보험계약법 제159조, 프랑스 보험계약법 L.132-2조, 스위스 보험계약법 제741조 참조.

72) 그러나 피보험이익의 내용에 관하여서는 영미간에 약간의 차이가 있다. 즉, 미국에서는 밀접한 혈연관계가 있으면 피보험이익을 인정하고 있으나(W. R. Vance, op. cit., p.191.), 영국에서는 엄격하게 금전적 이익에 한정하고 있다.(Halfford v. Kymer, 10 B. & C. 724(1830)에서는 부가 금전적 이익(pecuniary interest)을 갖지 않는 경우에는 미성년의 자에 대하여 단지 부라는 사실만으로는 피보험이익이 없다고 판시하였다(H. Ivamy, Case book on Insurance Law, 3rd ed., Butterworths Co., 1977, p.238)).

피보험이익을 인정할 필요는 없다는 것이 손해보험계약에만 피보험이익을 인정하는 이유이다.

원래 생명보험에서 피보험이익의 개념은 미국에서는 판례법상으로 피보험이익의 원리가 인정된 후에 많은 주의 보험법에서 채택되었다. 미국 보험법에서는 피보험자(생명보험의 경우에는 보험수익자)가 피보험이익을 가지지 아니하는 경우에는 보험계약은 무효가 된다.[73] New York 주 보험법 제3205조(a)(1)에서는 손해보험과 별도로 생명보험에서의 피보험이익에 관한 규정을 두고 있는데, 이에 따르면 "생명보험에서 피보험이익이란(a) 혈연 또는 일정한 법정친족관계에 있는 자일 경우에는 애정으로 생긴 실질적 이익(substantial interest)이 있는 때(b) 타인인 경우에는 피보험자의 사망, 불구 또는 상해에 의하여 생길 이익 또는 경우에 따라서는 그 가치를 부가하게 될 이익과는 별도로 피보험자의 생명, 건강, 신체의 안전을 유지하는데 계속하여 가지는 정당하고 실제적인 경제적 이익(lawful and substantial economic interest)을 의미한다"라고 규정하고 있다. 이러한 피보험이익은 손해보험에서와 달리 보험계약체결 시에만 존재하면 되고 보험사고 발생 시에는 존재할 필요가 없다.[74]

이와 같이 영미에서 생명보험계약에도 보험수익자가 피보험이익을 가질 것을 요구하는 이유는 보험수익자의 권리(Insured's Recovery)의 측정, 도박의 방지, 고의에 의한 살인의 방지 등에 있다.[75] 그러나 생명보험에서 피보험이익은 보험계약의 성립 시에 계약의 효력이 있느냐 없느냐를 측정하는 기준이 되지만 손해보험에서와 같이 보험사고 발생 시에 보험자의 책임범위를 정하는 기준은 되지 아니한다.[76]

---

73) California Insurance code 280조(Lack of insurable interest) 참조: if the insured has no insurable interest, the contact is void.

74) Grigby v. Russel, 222 U.S. 149, 32, Sup. Ct. 58, 56 L. Ed. 133(1911).

75) Patterson, Essentials of Insurance Law, 2d., 1957, p.109.

76) California Insurance Code 286조에서는 『…… and interest in the life or health of a person insured must exist when the insurance takes effect, but need not exit thereafter or when the loss occurs』라고 규정하여 계약

나) 被保險利益 槪念의 導入必要性 檢討

우리나라에서는 전술한 바와 같이 현재 생명보험계약에 대하여서는 피보험이익을 인정하고 있지 않다. 다만 최근 생명보험의 도박화방지를 위하여 피보험이익의 존재를 요건으로 하여야 한다는 입법론이 제기되고 있다.

이에 따르면 동의주의에 의할 경우에는 건강치 못한 빈자를 매수하여 피보험자의 동의를 악용한 보험의 도박화가 있을 수 있기 때문에 동의주의를 취하더라도 보험수익자의 피보험이익을 요구함으로써 보험계약의 선의성을 보장하여야 할 것이라고 한다. 그리하여 동의주의를 취하더라도 "보험수익자는 피보험자의 배우자·피부양자 또는 실제적인 경제적 이익을 가지는 자에 한한다"라고 규정하여 인위적인 보험사고를 줄여야 한다[77]고 한다.

그렇다면 동의주의를 취하는 우리나라에서 피보험이익의 개념을 인정할 필요가 있는지 여부를 검토해 볼 필요가 있다.

생명보험에서 피보험이익을 인정하는 기본적인 이유는 도박의 방지, 고의에 의한 살인의 방지에 있다. 우리 상법도 이를 위하여 타인의 사망보험에 있어서는 피보험자의 동의를 계약의 유효요건으로 하고 있고(상법 제731조), 고의에 의하여 보험사고가 발생한 때에는 보험자가 면책된다고 하고 있다(상법 제732의 2조). 그리고 15세 미만자, 심신상실자, 심신박약자의 사망을 보험사고로 한 보험계약은 무효로 하고 있다(상법 제732조). 현행 법제하에서도 영미에서의 인정근거인 보험수익자의 권리확정, 도박화방지 또는 인위적인 사고를 방지할 수 없는 것은 아니다.

그렇다면 이러한 제도와 별도로 피보험이익을 인정할 실익은 무엇인가?

생명보험에 피보험이익을 인정하는 이유는 보험의 도박화 방지와 인위적인 보험사고의 방지 등에 있고, 영미에서의 피보험이익이라는 개념이 생명보험계약의 도박화와 인위적 사고의 방지를 위하여 실질적으로 이바지하

체결 시에만 피보험이익의 존재를 요구하고 있다.

77) 상홍규, 앞의 논문, 675면.

는 바 없지 않다. 따라서 생명보험에서 이러한 위험을 이중적으로 방지하
자는 의미에서 도입의 필요성이 전혀 없는 것은 아니다. 그러나 영미에서
피보험이익은 법률적으로 일정하게 한정되는 것이 아니고 사실적 관계에서
판단하기 때문에 오히려 적용상의 불완전성을 야기시킬 수도 있다. 특히
생명보험상의 권리의 양도 또는 담보화 등 처분의 필요성이 증대되고 있는
오늘날 피보험이익에 대한 입증의 곤란 등으로 생명보험계약상의 권리의
이용이 제한될 수도 있다.[78]

영미에서 피보험이익이 있다고 인정되는 배우자, 기타 일정한 혈연관계
에 있는 자, 채권자와 같이 실제적으로 경제적인 이익을 가지는 자에 의하
여도 인위적인 보험사고는 발생할 수 있는 것이다. 영미에서도 피보험이익
의 개념은 타인의 생명보험에서만 인정되며, 자기의 생명보험에 대하여서
는 인정되지 않고 있는데, 물론 자기의 생명보험계약의 경우에도 보험수익
자에 의하여 보험사고가 초래될 가능성이 없는 것은 아니다. 이러한 위험
은 보험계약의 사행계약성 때문에 완전히 배제할 수는 없을 뿐만 아니라
제도적 장치 이외에 보험계약체결 단계에서 보험자의 위험인수 또는 위험
선택의 문제로 해결하여야 할 부분도 있다.

이렇게 본다면 생명보험계약에서 피보험이익개념은 적용상의 문제점 등
으로 인하여 동의주의를 취하고 있는 우리 법에서 어느 정도 실익이 있을
지는 의문이다.

Ⅲ. 保險受益者指定과 保險契約上의 權利歸屬

보험계약자는 일반적으로 보험자의 동의 없이 제3자를 보험수익자로 지
정하거나 변경할 수 있다(상법 제733조 1항),[79] 독일, 스위스에서도 보험

---

78) 물론 영미에서도 보험계약상의 권리양도와 관련하여 양수인의 피보험이익
    에 대하여서는 완화하고 있다(자세한 내용은 제4장 참조).

계약자는 보험사고 발생 시까지는 언제든지 수익자 지정을 일방적 의사표
시로써 철회할 수 있다.[80] 그러나 프랑스에서는 제3자가 명시적으로 또는
묵시적으로 보험수익자가 지정을 승낙하지 아니한 경우에만 철회권이 존재
한다.[81]

보험계약자는 자유로이 지정수익자를 변경하여 타인을 수익자로 지정할
수도 있고, 제3자의 법적 지위를 박탈시킴으로써 자신을 보험금청구권자가
되도록 할 수도 있다. 이 지정변경권의 행사는 보험급부권자에게는 이해계
가 존재하기 때문에 이해충돌이라는 면에서 특별한 의미를 가진다.

그런데 이러한 보험수익자 지정에는 두 가지 유형이 있다. 철회불능의
수익자 지정과 철회가능한 수익자 지정이다.

철회불능의 보험수익자 지정이 있는 경우에는 원칙적으로 보험수익자에
게 확정적인 법적 지위가 부여된다는 점이 특징이다. 이 경우에 보험계약
자는 보험수익자의 동의 없이는 자신의 일방적인 철회의 의사표시로써 보
험수익자의 지정을 철회할 수 없다.

철회불능의 지정이라는 조건이 없는 한 수익자 지정은 원칙적으로 철회
가능하다. 이 경우는 보험계약자가 일방적인 철회의 의사표시로써 언제든
지 제3자를 보험수익자로서의 법적 지위를 박탈시킬 수 있다는 점이 특징
이다.

이 이외에도 소위 수익권의 분할귀속의 경우가 있는데, 이는 피보험자가
사망하는 경우에는 사망보험금, 일정시점까지 생존해 있는 경우에는 생존보
험금을 지급하는 생사혼합보험(gemischten Lebensversicherung; assurance
mixte)에서 가능하다. 생사혼합보험에서 보험계약자는 사망사고와 생존사고
에 대하여 동일인을 보험수익자로 지정할 수도 있고, 양 보험사고에 대하여
다른 보험수익자를 지정할 수도 있다. 그러나 생존사고에 대하여서는 자신

---

79) 독일 보험계약법 제166조 1항, 스위스 보험계약법 제76조 1항, 프랑스 보험
   계약법 L. 132-8조 5항.
80) 독일 보험계약법 제166조 1항, 스위스 보험계약법 제77조.
81) 프랑스 보험계약법 L 132-9조 1항.

을, 사망사고에 대하여서는 철회가능이든 불능이든 간에 제3자를 보험수익자로 지정하는 경우가 일반적이다.[82] 왜냐하면 이러한 형태가 보험계약자에게 자신의 노후보장과 보험수익자의 보장을 동시에 보장해 주기 때문이다. 그러나 이러한 수익권의 분할귀속은 보험수익자 지정의 특별한 형식은 아니다.

일반적으로 독일, 프랑스, 스위스에서는 보험수익자 지정이 철회가능한지 여부에 따라 보험계약상의 권리분배관계를 달리 보고 있다. 따라서 이하에서는 보험수익자 지정의 형태에 따라 제외국에서의 보험수익자의 권리귀속문제에 대하여 고찰한 후 우리나라에서 보험수익자 지정형태에 따라 보험계약상의 권리가 어떻게 분배되는지에 관하여 새로운 해석론을 모색해 보고자 한다.

1. 獨逸法上의 權利分配

1) 指定이 撤回不能인 경우

독일의 보통보험약관에 따르면, 철회불능의 수익권은 한편으로 명시적으로 보험수익자 지정을 철회할 수 없다거나 기타 방법으로 보험수익자 지정이 확정적임을 나타내는 보험계약자의 일방적인 의사표시로 확정되고[83] (ALB. a.F.), 다른 한편으로는 보험계약자와 보험자 간에 위와 같은 취지의 계약상의 합의가 있을 때에 확정된다[84](ALB. n.F.).

가) 權利取得時期

철회불능의 보험수익자 지정의 경우에는 보험수익자는 즉시 보험자에 대하여 권리를 취득한다는 것이 통설[85]이다. 그런데 독일 민법 제332조 1항은

---

82) 이하에서는 수익권의 분할귀속형태 중에 가장 널리 이용되고 있는 사망사고에 대하여만 제3자를 수익자로 지정하는 형태를 전제로 논하기로 한다.
83) 단 이 의사표시는 수령을 요한다(Prölss-Martin, Versicherungsvertrags-gesetz, 21. Aufl., München 1977, S. 985-986).
84) Prölss-Martin, a.a.O., S. 999-1000.

요약자가 사망한 후에 제3자에 대하여 급부가 행하여지는 경우에 제3자는 요약자의 사후에 권리를 취득한다고 규정하고 있고, 또 보험계약법 제166조 2항도 보험수익자의 권리취득시기는 계약에 정함이 없으면 보험사고발생 이후라고 규정하고 있다. 그러나 통설·판례에서는 이러한 규정은 철회불능의 지정이 있는 경우에는 적용되지 않는다고 해석한다.[86]

물론 이론적으로는 피보험자(보험계약자)의 사망 시에 보험수익자는 완전한 권리를 취득하고, 수익자 지정 시에는 일종의 철회불능의 기대권을 취득하는 것이라고 이론구성할 수도 있다.[87] 그러나 이는 실제적으로는 의미가 없다. 왜냐하면 보험계약자의 의사표시의 해석상 즉시 권리를 취득한다는 것은 철회불능의 수익자 지정에 있어서 고유한 내용을 이루기 때문이다.[88] 즉, 보험수익자에 대하여 명백히 철회권을 포기한 것은 오직 보험수익자가 보험금청구권을 즉시 취득하고 그 후 보험계약자의 채권자가 보험

---

85) Bruck-Dörstling, Das Recht des Lebensversicherungsvertrages, 2.Aufl., Mannheim-Berlin-Leipzig, 1933, S. 237-238; Kühlmorgen, Die Lebensversicherungsverträge zugunsten Dritter, Leipzig, 1927, S. 61; Prölss-Martin, a.a.O., S. 986; v. Gierke, Der Lebensversicherungsvertrag zugunsten Dritter nach deutschem und ausländischem Recht, Stuttgart, 1936, S. 17-18; Thiele, Lebensversicherung und Nachlaßgläubiger, Dissertation Hamburg, 1968, S. 17-20; BGH 17.2.1966 BGHZ 45, 162, 164-166.

86) BGH 17.2.1966 판결에서는 "민법(BGB) 제332조 1항, 보험계약법(VVG) 제166조 2항은 일반적인 경우인 철회가능한 지정의 경우의 보험수익자를 위한 규정이다. 철회불능의 보험수익자 지정은 보험수익자가 직접 권리를 취득한다는 의사표시로 보는 것이 보험법을 지배해 온 오랜 관습이다. 이러한 관습은 보험계약법 제정 이전부터 판례상 인정되어 왔던 것이다"라고 하고 있다(BGHZ 45, 165).

87) Kühlmorgen, a.a.O., S. 61-63; v. Gierke a.a.O., S. 17; Thiele, a.a.O., S. 17-18.

88) Bruck-Dörstling, a.a.O., S. 237; Thiele, a.a.O., S. 17-19에서는 철회불능의 지정은 항상 권리의 즉시취득을 의미한다고 한다. 그러나 특별한 의사표시가 있는 경우에는 철회불능이라도 보험사고발생 이전에는 권리를 취득하지 못하는 경우도 있을 수 있다는 주장도 있다(Kühlmorgen, a.a.O., S. 61; v. Gierke, a.a.O., S. 17).

급부청구권에 대하여 압류하지 아니한 때에 비로소 실현되는 것이다.[89]

그 밖에 보통보험약관에도 철회불능의 수익자 지정은 즉시 권리를 취득할 때에 가능하다고 명시하고 있으며,[90] 실제로 이에 관하여서는 논쟁의 여지가 없다.

나) 取得權利의 範圍

보험금청구권이 보험수익자의 권리취득의 대상인 것은 당연하다. 보험계약자가 납필보험전환권을 행사한 경우에 새로운 계약에 기한 보험금청구권도 물론 보험수익자에게 귀속된다.[91] 해지환급금청구권에 대하여 초기에는 해지환급금의 법적 성질과 관련하여 수익자 지정의 유형과 관계없이 해지환급금청구권은 항상 보험계약자에게 귀속된다는 견해가 있었다.[92] 이 견해는 해지환급금의 법적 성질을 보험계약상의 급부의 일종으로 보지 아니하고 부당이득의 일종으로 보았다. 그러나 현재는 해지환급금을 보험금청구권과 함께 보험계약상의 주된 급부 중의 하나이고, 주된 급부는 모두 보험수익자에게 귀속된다는 점은 거의 이론이 없다.[93] 또한 보험증권대부를 받을 수 있는 자도 보험수익자이다.

문제는 이익배당청구권이다. 이익배당청구권은 그 성질상 보험계약자에

---

89) BGH 17.2.1966 BGHZ 45, 162, 165.

90) 약관(ALB. a.F) 제15조 1항 3문은 보험수익자가 보험금청구권을 즉시 취득할 때만 철회할 수 없다고 한다. 또한 신 약관(ALB. n.F) 제13조 2항은 보험계약자가 즉시적이고 철회불능의 청약을 하고 보험자가 이를 승낙하고 철회금지의 서면약정을 한 때에, 보험수익자는 보험급부에 대한 철회불능의 권리를 즉시 취득한다고 규정하고 있다.

91) Müller, R., Das Pfandrecht an den Rechten aus einem Lebensversicherungsvertrag, ZVersWiss, 1911, S.19

92) Hengehold, Die Lebensversicherung zu Gunsten Dritter nach bürgerlichem Recht, Dissertation Leipzig 1903, S. 56.

93) Winter, Interessenkonflike bei der Lebensversicherung zugunsten Angehöing, 1990, Hamburg, S. 43; Bruck-Dörstling, a.a.O., S. 238; Kühlmorgen, a.a.O., S. 70; BGH 17.2.1966(BGHZ 45, 162-167).

게 귀속된다는 주장도 있었지만,[94] 오히려 이익배당청구권은 보험계약자의
의사에 따라 자유로이 처분할 수 있는 것이며 보험수익자의 권리의 대상이
될 수 있다는 견해가 유력하다.[95] 이 경우에 누구에게 이익배당청구권이
귀속되는지는 지정한 보험계약자의 의사가 결정적인 기준이 된다.

먼저 이익배당을 보험료와 상계하기로 약정한 경우[96]에는 계약당사자의
의사에 비추어 볼 때에 보험수익자는 권리를 주장할 수 없다. 그러나 이익
배당이 이자를 포함하여 보험금에 부가되어 지급되는 경우와 같이 보험사
고발생과 동시에 지급되는 경우에는 보험사고발생 이전부터 보험수익자에
게 귀속된다고 보고 있다. 문제는 현금으로 배당되는 경우인데, 이 경우는
보험계약자에게 귀속된다는 입장[97]과 보험수익자에게 귀속된다는 입장[98]
이 대립하고 있다.

보험계약에서 발생하는 형성권은 계약당사자인 보험계약자에게 귀속된
다. 따라서 해지권, 납필보험으로의 전환권, 보험수익자의 지정변경권 등은
보험계약자의 권리이며 이러한 권리의 행사에는 제한이 없다. 그러나 보험
계약자가 해지권, 보험증권대부권은 행사할 수 있어도 그 행사로 인하여
발생하는 해지환급금과 보험증권대부금은 보험수익자에게 귀속된다.

요컨대 철회불능의 지정이 있는 경우에 청구권[99]은 즉시 보험수익자에

---

94) 보험계약상의 급부가 아니고, 단지 지급된 보험료의 반환에 불과하기에 보
　　험계약자에게 귀속되어야 한다고 한다(Kühlmorgen, a.a.O., S. 76;
　　Krumbholz, Der Dividendenanspruch des versicherungsnehmers in der
　　Lebensversicherung, Dissertation Hamburg, 1950, S. 104).

95) Hasse, Interessenkonflikte bei der Lebensversicherung zugunsten Dritter,
　　Hamburg Reihe A, Karlsruhe, 1981, S. 52; Diekmann, Der Anspruch auf
　　die Gewinnanteile in der Lebensversicherung, VersR 1963, S. 1006.

96) 이는 실제적으로는 보험계약자에게 지급하는 것이 된다.

97) Kühlmorgen, a.a.O., S. 76 ff.; Prölss-Martin, a.a.O., S. 986.

98) Bruck-Dörstling, a.a.O., S. 238; Hasse, a.a.O., S. 53; Bruck-Möller-Winter,
　　V.V.G., Bd. 5/2, S. 971.

99) 다만 이익배당청구권에 관하여서는 학설이 대립하고 있음은 전술한 바와
　　같다.

게 귀속되고 보험계약자는 형성권을 행사함으로써 보험수익자의 청구권의 행사시기와 그 금액을 변경할 수 있는 데 불과하다.

다) 歸屬權利의 處分可能性

보험수익자는 자신의 수익권에 대하여 보험사고 전에는 자유로이 처분할 수 있다.[100] 물론 보험계약자와 보험자는 양도금지의 약정을 할 수 있다(BGB 제399조),[101] 수익권은 보험수익자의 채권자의 강제집행의 대상이 될 뿐만 아니라 파산재단에도 귀속된다. 물론 보험계약자가 보험계약을 해지함으로써 보험급부의 지급시기가 도래하지 아니하는 한, 보험수익자의 채권자가 보험급부에서 채권만족을 얻는 것은 보험사고 후에야 비로소 가능하다.[102]

보험사고 이전에 수익권은 원칙적으로 상속될 수 있다. 그러나 수익권이 보험수익자의 선사망을 해제조건으로 할 경우에는 수익권은 상속될 수 없다.[103]

2) 指定이 撤回可能한 경우

가) 權利取得時期

철회가능한 지정의 경우에 보험수익자는 원칙적으로 보험사고의 발생으로 비로소 보험금청구권이라는 권리를 취득하고, 그 이전에는 법률적으로는 존재하지 않는 권리를 취득할 것이라는 단순한 취득기대를 가지는 데 불과하다고 보는 것이 통설[104]이다(BGB 제331조 1항, VVG 제166조 2항

---

100) Bruck-Dörstling, a.a.O., S. 238; Kühlmorgen, a.a.O., S. 71; Prölss-Martin, a.a.O., S. 986; v. Gierke, a.a.O., S. 31.

101) Kühlmorgen, a.a.O., S. 61-63; v. Gierke, a.a.O., S. 17.

102) Sieg, Klingmüller Festschrft, S. 459-460.

103) Bruck-Dörstling, a.a.O., S. 239; Kühlmorgen, a.a.O., S. 71-72; Prölss-Martin, a.a.O., S. 949-950; v. Gierke, a.a.O., S. 31-32.

104) Bruck-Dörstling, a.a.O, S. 234; Prölss-Martin, a.a.O., S. 159-178; v. Gierke, a.a.O., S. 33-35; Kühlmorgen, a.a.O., S. 52-57; Thiele, a.a.O., S.

참조). 물론 철회권과 권리취득시점 사이에는 필연적 관련성이 존재하는 것이 아니므로 보험계약자는 철회를 해제조건으로 하는 권리를 제3자에게 부여할 수 있는 것이다.[105] 이러한 형태의 취득은 이론적으로는 가능하지만 실제적으로는 의미가 없다. 독일 민법 제331조 1항, 독일 보험계약법 제166조 2항의 해석원칙상 의심스러운 경우에는 보험수익자는 보험사고가 발생함으로써 보험급부에 대한 권리를 취득한다. 그러므로 보험계약자가 즉시 권리를 취득시키려는 의사를 수익자 지정의 의사표시에서나 그 부수상황으로부터 추론할 수 있을 때에만 권리의 즉시취득이 문제된다.

그리고 보험계약자는 자신의 사망 후에 대비하여 보험수익자를 확실히 보장해 두고자 하지만, 자신의 사망 전까지는 자신의 고유한 경제적 수요를 보험을 통하여 충족시키려고 한다. 따라서 보험수익자가 지정 즉시 보험급부에 대한 권리를 취득한다면 이는 이러한 목적에 배치될 것이다.[106] 철회가능성이란 일반적으로 향후 권리를 취득한다는 보험계약자의 의사를 나타내는 것이다.[107] 따라서 청약서상에는 철회가능한 권리의 즉시취득가능성은 나타나 있지 않고, 보통보험약관(ALB a.F 제15조 1항, ALB n.F 제13조 1항)상으로도 지정의 철회가능성을 보험수익자가 향후에 권리취득하는 것과 동일시하고 있다.

나) 取得權利의 範圍

보험사고발생 이전에는 보험계약자는 보험계약에서 발생한 모든 청구권을 처분할 수 있다.[108] 따라서 보험계약자는 보험수익자의 지정을 미리 철회할 필요 없이 보험자에 대하여 해지환급금 등의 급부를 청구할 수 있다.[109] 이익배당청구권도 보험계약자에게 귀속된다.[110] 다만 이익배당이

51-59.

105) Kühlmorgen, a.a.O., S. 63-64.
106) Kühlmorgen, a.a.O., S. 57.
107) Thiele, a.a.O., S. 58.
108) Bruck-Möller-Winter, a.a.O., S. 1113; Hasse, a.a.O., S. 62.
109) Hasse, a.a.O., S. 62.

이자부로 적립되는 경우에는 보험사고발생과 함께 보험수익자에게 급부되는 것으로 되지만, 보험사고발생 이전에는 보험수익자는 이들 급부에 대하여 어떠한 권리도 갖지 못한다.[111] 보험계약에서 발생하는 형성권은 보험수익자의 지정변경·철회권을 포함하여 모두 보험계약자에게 귀속된다.[112] 보험계약자는 보험계약상의 모든 권리를 자유로이 처분할 수 있는데, 그 처분의 성질이 보험수익자의 권리와 양립할 수 없는 경우에는 보험수익자의 지정은 철회된 것으로 본다.[113]

다) 歸屬權利의 處分可能性

보험사고발생 이전에 보험수익자는 어떠한 권리도 가지지 못하고 단지 기대적 지위를 가질 뿐이므로, 보험사고발생 이전에는 보험수익자의 보험금청구권의 처분가능성(양도 또는 입질)은 문제되지 아니한다.[114] 다만 보험수익자는 보험사고가 발생하면 권리를 취득할 수 있다는 기대적 지위를 향후 자신에게 귀속될 보험청구권을 양도하는 방법으로 언제든지 처분할 수 있을 것이다.[115] 그런데 이 양도는 양수인이 보험수익자가 보험사고로 인하여 가질 청구권의 범위 내에서 보험사고의 발생과 함께 권리를 취득하는 효과를 가진다.[116] 보험수익자의 채권자도 보험사고발생 이전에는 이 기대에 대하여 강제 집행할 수 없다.[117]

---

110) Bruck-Möller-Winter, a.a.O., S. 970-971; Hasse, a.a.O., S. 62; LG München 18.1.1962, VersR 1963, S. 965.

111) Bruck-Möller-Winter, a.a.O., S. 971; Hasse, a.a.O., S. 62.

112) Prölss-Martin, a.a.O., S. 1296; Hasse, a.a.O., S. 62; Bruck-Möller-Winter, a.a.O., S. 1114.

113) Hasse, a.a.O., S. 63; Bruck-Möller-Winter, a.a.O., S. 1114.

114) Bruck-Dörstling, a.a.O, S. 234; v. Gierke, a.a.O., S. 35; Kühlmorgen, a.a.O., S. 159; Hasse, a.a.O., S. 20; Bruck-Möller-Winter, VVG Komm., Bd 5/2, S. 1113.

115) Hasse, a.a.O., S. 21.; Bruck-Möller-Winter, VVG Komm., Bd 5/2, S. 1114.

116) Prölss-Martin, a.a.O., S. 159-178.

철회가능한 지정이 있는 경우라도 보험사고발생 이후에는 보험수익자는 구체적 보험금청구권을 취득하므로 자유로운 양도성을 주장할 수 있는데, 이 권리는 채권자의 강제집행의 대상이 되고 또한 파산재단에도 귀속된다.[118]

보험수익자의 기대권은 보험사고발생 이전에는 상속될 수 없다.[119] 보험수익자가 보험사고발생 이전에 사망한 경우에는 수익자 지정의 효력은 상실되고 보험급부청구권은 보험계약자에게 귀속된다(독일 보험계약법 제168조). 물론 보험수익자의 상속인을 예비수익자로 볼 수도 있다. 그러나 이는 특히 예비상속인으로 볼 만한 사정이 있는 때에만 인정될 수 있다. 이 경우라도 귀속수익권이 상속되는 것은 아니고, 상속인은 간접적으로 보험계약상의 보험수익자 지정을 근거로 기대권을 취득하는 것이다.[120] 즉, 보험수익자의 권리는 보험사고발생 이후에 상속되는 것이다.[121]

3) 受益權이 分割歸屬된 경우

가) 撤回不能의 指定

사망사고에 대하여 철회불능의 수익자 지정이 있는 경우에 보험수익자의 수익권은 생존사고를 해제조건으로 하고, 보험계약자에게는 생존사고의 발생을 정지조건으로 청구권이 귀속된다고 보는 것이 통설·판례이다.[122] 생존사고가 발생하면 사망보험에서의 모든 법적 효과는 소멸된다(BGB 158조 2항[123]). 그러나 생존사고가 발생할 때까지는 보험수익자는 보험급

---

117) Bruck-Dörstling, a.a.O, S. 258; Prölss-Martin, a.a.O., S. 983.

118) v. Gierke, a.a.O., S. 33; Kühlmorgen, a.a.O., S. 157-158.

119) Bruck-Dörstling, a.a.O, S. 234; v. Gierke, a.a.O., S. 35; Kühlmorgen, a.a.O., S. 66.

120) v. Gierke, a.a.O., S. 35.

121) v. Gierke, a.a.O., S. 33.

122) BGH 17.2.1966 BGHZ 45, 162; LG Frankfurt 7.11.1956, VersR 1957, S. 211; Prölss-Martin, a.a.O., S. 986; Sieg, a.a.O.(Klingmüller Festschrift), S. 458.

123) 해제조건부 법률행위의 효력은 조건의 성취로 종료되고 이전의 법률상태

92

부에 대한 청구권을 가진다.

보험계약자가 제3자를 위한 사망보험보다는 사망사고에 한정된 수익자 지정이 있는 생사혼합보험을 선호하는 것은 제3자에 대한 보장 이외에도 자신의 노후보장을 위하여 일정시점에 생존해 있는 경우에 보험금을 자신이 향수하고자 하기 때문이다. 즉, 생사혼합보험에서 수익자를 분리지정한 경우에 그 특수성도 바로 보험계약자의 의사가 가능한 한 자신의 이익과 보험수익자의 이익에 부합되는 방향에 있다는 점이다.124) 따라서 생존사고 발생 시에 보험계약자의 법적 지위를 해하지 않는 한 보험계약자의 채권자의 압류로부터 보호되는 확정적 권리를 가지는 방향으로 해석하여야 할 것이다. 따라서 통설의 이론구성에 따르면 보험계약자가 추구하는 양 목적은 상호간의 침해 없이도 달성될 수 있다.125)

권리취득의 시점에 관하여서는 사망보험과 비교하여 어떠한 특수성도 인정되지 않는다.126) 즉, 사망사고에 한정하여 철회불능의 수익자 지정을 한 경우에는 독일 보험계약법 제166조 2항127)에서의 "다른 정함(abweichende Bestimung)"이 없기 때문에 원칙적으로 권리의 즉시취득이 인정되어야 할 것이다.

철회불능의 수익자 지정에서 보험수익자는 자신의 수익권을 자유로이 처분할 수 있다. 그러나 이러한 법적 지위가 결국 보험금청구권으로 인정될 것인지는 전적으로 불확실하기 때문에 보험수익자의 법적 지위에 대한 경제적 가치는 적다고 할 것이다. 물론 수익권은 보험수익자의 채권자의 압류대상이 된다. 채권자가 수익권에 질권을 설정한 경우에 채권자는 사망사고발생 이후에는 보험금청구권에 대하여 추심할 수 있으며, 보험사고발생 이전에 보험계약이 해지된 때에는 해지환급금청구권의 지급시기 도래

로 된다고 규정하고 있다.
124) LG Frankfurt 7. 11. 1956, VersR 1957, S. 211.
125) BGH 17. 2. 1966, BGHZ 45, 162-166.
126) BGH 17. 2. 1966, BGHZ 45, 162-166; Prölss-Martin, a.a.O., S. 986.
127) 보험계약법 제166조 2항에서는 수익자는 다른 정함이 없는 한 보험자에 대한 급부청구권을 보험사고의 발생과 더불어 취득한다고 규정하고 있다.

후 비로소 추심할 수 있다.[128] 그리고 수익권은 사망보험에서와 같이 원칙적으로 상속된다.

나) 撤回可能한 指定

사망사고에 대하여 철회가능한 수익자 지정이 있는 경우에 보험수익자의 법적 지위는 사망보험에서 철회가능한 수익자 지정의 경우에 보험수익자의 법적 지위와 같다. 독일 민법 제331조 1항과 독일 보험계약법 제166조 2항에 따르면 보험수익자는 사망사고가 발생함으로써 비로소 완전하고 유효한 권리를 가진다.[129] 보험사고발생 이전에는 보험계약자는 양도할 수도 없고 상속할 수도 없으며 보험계약자의 채권자가 강제 집행할 수도 없는 단지 내용 없는 공허한 권리취득에 대한 기대만 가질 뿐이다.

2. 스위스法上의 權利分配

1) 指定이 撤回不能인 경우

보험계약자가 보험증권상에 철회권의 포기를 명기하고 이 보험증권을 제3자에게 교부한 때에 보험수익자는 철회불능의 수익권을 가진다(스위스 보험계약법 제77조 2항)

가) 權利取得時期

철회불능의 수익권을 가진 보험수익자는 지정 즉시 자신에게 귀속된 보험청구권에 대한 고유의 확정적 권리를 취득한다(스위스 보험계약법 제78조 1항).[130]

---

128) Hasse, a.a.O., S. 27-28.

129) Kühlmorgen, a.a.O., S. 58.

130) Koenig, Schweizerisches Privatversicherungsrecht, 2. Aufl. Bern 1960,, S. 370-372; Roelli- Jaeger, Kommentar zum Schweizerischen Bundesgesetze über den Versicherungsvertrag vom 2. April 1908, Band Ⅲ, Bern 1933,

스위스에서는 철회불능의 수익권이 피보험자(보험계약자)의 사망을 정지조건으로 하는 권리인지 여부가 논란이 되어왔다.[131] 정지조건부권리를 긍정하는 견해[132]에 따르면 보험사고 전에 지급시기가 도래하는 보험급부 특히 해지환급금은 보험계약자에게 귀속된다고 한다. 그러나 통설은 정지조건부 권리를 부정하고 있다.[133]

생각건대 만약 보험계약자가 보험계약을 해지하여 해지환급금을 청구함으로써 제3자에게 출연한 권리를 언제든지 완전히 소멸시킬 수 있다면, 이는 철회불능의 지정이 가지는 채권담보적 기능상으로 보나 철회가능한 지정이 있는 경우에만 보험에 대한 처분권을 보험계약자에게 유보시키고 있는 스위스 보험계약법 제77조 1항, 제78조상으로 보나 모순되는 것이다. 따라서 피보험자(보험계약자)가 보험수익자보다 먼저 사망하는 것을 조건으로 철회불능의 수익권을 취득한다는 견해는 타당하지 못하다고 할 것이다. 따라서 보험계약자의 채권자는 보험금청구권과 해지환급금청구권에 대하여 강제 집행할 수 없다(스위스 보험계약법 제79조 2항). 그러나 이 규정의 취지는 보험수익자의 보호에 있으므로 보험수익자에게는 어떠한 청구권도 부여할 수 있다고 보아야 할 것이다.

나) 取得權利의 範圍

보험금청구권과 같이 보험사고에 의하여 발생하는 청구권은 수익자 지정 즉시 보험수익자에게 귀속된다라는 점에는 이론이 없다.[134] 납필보험으

S. 135-136.

131) 이는 보험사고발생 이전에 만기가 도래하는 해지환급금청구권의 귀속과 관련하여 논란이 되었다.

132) Beck, Die Versicherung zu Gunsten Dritter, Dissertation Bern, 1910, S. 106-107.

133) Bossard, Die Rechtsnatur der Begunstigungsklausel nach schweizerischem Versicherungsvertragsrecht, Bern, 1940, S. 57; Roelli-Jaeger, a.a.O., S. 145-146; Gaugler, Die Paulianische Anfechtung unter besonderer Berücksichtigung der Lebensversicherung, Bd Ⅱ, 1945, S. 379, 381-382.

134) Brühlmann, Die Stellung des Begünstigten beim Lebensversi-

로 전환된 보험금청구권의 경우에도 마찬가지이다.

이에 대하여 보험사고발생 이전에 생긴 청구권, 즉 해지환급금청구권,
보험증권대부청구권 등의 귀속에 관하여서는 보험수익자의 권리의 성질을
어떻게 이해하느냐와 관련하여 논란이 있다. 보험수익자의 권리취득은 보
험계약자(피보험자)의 사망을 정지조건으로 하며, 보험사고발생 이전의 권
리에 대하여서는 이 정지조건이 충족되어 있지 않기 때문에 보험계약자에
게 귀속된다는 견해도 있다.[135] 그러나 통설은 이러한 조건의 존재를 부정
하고 철회불능의 수익자 지정은 철회권을 포기한 것이기 때문에 해지환급
금청구권 등은 보험수익자에게 귀속된다고 하고 있다.[136] 보험증권대부청
구권도 보험수익자에게 귀속된다.[137] 또한 보험증권은 보험수익자에게 교
부되어 있기 때문에 보험청구권의 처분은 실제상 보험수익자의 승낙 없이
는 할 수 없게 되어 있다.

이익배당청구권의 경우에는 현금으로 급부되는 개개의 배당금은 보험수
익자에게 귀속된다는 것이 통설이다.[138] 또한 보험료채권과 상계되는 경우
에는 보험계약자에게 귀속되는 것과 같은 결과이지만 독립적으로 귀속이
문제되고 있지는 않다.

그러나 배당이 보험금에 부가되는 형태로 분배되는 경우와 같이 보험사
고와 동시에 지급기가 되는 경우에는 보험수익자에게 귀속된다.[139]

그리고 형성권은 철회권을 포기한 경우라 하더라도 보험수익자에게는

---

cherungsvertrage nach dem neuen. schweizerischen Rechte, ZSR Bd.
29(1910), S. 35; Vischer, Lebensversicherung und Gläubiger nach dem
Tode des Versicherungsnehmer, ZSR Bd. 32(1913), S. 52.

135) Koenig, a.a.O., S. 144; Beck, a.a.O., S. 106-107.
136) Bossard, a.a.O., S. 54-55; Roelli-Jaeger, a.a.O., S. 145-146; Gaugler,
a.a.O., S. 379-382.
137) Roelli-Jaeger, S. 149; Gaugler, a.a.O., S. 381에서는 보험수익자가 형성권
인 대부권은 행사할 수 없고, 다만 형성권의 행사로 발생하는 청구권이
귀속될 뿐이라고 한다.
138) Roelli-Jaeger, a.a.O., S. 21-22; Gaugler, a.a.O., S. 382.
139) Roelli-Jaeger, a.a.O., S. 428.

일체 귀속되지 아니하고 해지권, 납필보험전환권, 보험증권대부권 등은 계약의 일방 당사자인 보험계약자에게 귀속된다.[140] 이 형성권의 행사에는 보험수익자의 승낙을 요하지 아니한다.[141] 다만 보험수익자의 지정변경·철회권은 당연히 행사할 수 없다.

다) 歸屬權利의 處分可能性

보험수익자는 보험금청구권에 대하여 특히 양도하거나 입질함으로써 보험사고 전에 자유로이 양도할 수 있다. 물론 이러한 처분권은 보험계약자와 제3자간에 계약상의 합의로 금지시킬 수 있다. 보험금청구권은 보험수익자의 채권자의 압류의 대상도 되고 보험수익자가 파산한 경우에는 파산재단에도 귀속된다.[142]

논란이 있지만 통설[143]에 따르면 보험금청구권은 원칙적으로 보험사고 발생 이전에는 상속될 수 없다. 반대의 약정이 없는 한 보험금청구권은 보험수익자가 보험사고 발생 시에 생존해 있을 것을 해제조건으로 하고 있다. 그 근거로 스위스 보험계약법 제84조 4항을 들고 있다. 이 규정에서는 철회불능의 지정과 철회가능한 지정을 구별하지 아니하고, 먼저 사망한 보험수익자의 지분은 기타 보험수익자에게 귀속된다고 규정하고 있다. 물론 보험수익자의 상속인이 그 지위를 대신한다는 수익자조항도 가능하다. 이때에 상속인의 권리취득은 상속에 기한 것이 아니라 수익자 지정에 기한 것이다. 그러나 보험사고 후에는 명시적인 반대의 규정이 없는 한 보험금청구권은 상속된다.[144]

---

140) Roelli-Jaeger, a.a.O., S. 143-144; Gaugler, a.a.O., S. 381.

141) Roelli-Jaeger, a.a.O., S. 143-144; Gaugler, a.a.O., S. 381.

142) Roelli-Jaeger, a.a.O., S. 149; Gaugler, a.a.O., S. 382.

143) Beck, a.a.O., S. 106; Brühlmann, a.a.O., S. 109-110.; Roelli-Jaeger, a.a.O., S. 151-152; Gaugler, a.a.O., S. 382-389; Koenig, a.a.O., S. 372-373; Miller, Lebensversicherung und Gläubiger nach deutschem und schweizerischem Recht, Dissertation Leipzig, 1914, S. 38-39.

144) Roelli-Jaeger, a.a.O., S. 149-150.

2) 指定이 撤回可能한 경우

가) 權利取得時期

통설·판례[145]에 따르면 철회가능한 지정이 있는 경우에 보험수익자는 지정과 동시에 단순한 기대만을 취득하는 것이 아니라, 보험계약자에 의한 지정철회를 해제조건으로 하고, 보험수익자가 보험사고시점에 생존해 있을 것을 정지조건으로 하는 청구권을 지정 즉시 취득하는 것이다. 그 근거로는 스위스 보험계약법 제78조, 제79조를 들고 있다.

나) 取得權利의 範圍

보험사고발생 이전에 보험수익자는 이미 조건부 권리를 취득하지만, 해지환급금청구권, 보험증권대부청구권은 원칙적으로 보험계약자에게 귀속된다.[146] 이익배당청구권도 보험계약자에게 귀속된다. 보험계약자는 보험수익자 지정에도 불구하고 보험에서 발생하는 청구권을 처분할 수 있다(스위스 보험계약법 제77조 1항, 제78조). 보험증권 기타 서류의 교부청구권 및 소유권도 보험계약자에게 귀속된다.[147]

형성권은 보험계약자에게 귀속되고 보험계약자는 이를 자유로이 행사할 수 있다.[148] 보험계약자는 보험수익자의 지정을 명시적 의사표시로 철회할 수 있을 뿐만 아니라 새로이 보험수익자를 지정함으로써 묵시적으로 철회할 수도 있다. 그러나 해지권·납필보험전환권과 보험증권대부권의 행사가

---

145) Bossard, a.a.O., S. 40-41; Roelli-Jaeger, a.a.O., S. 140-142; Gaugler, a.a.O., S. 340-342; Koenig, a.a.O., S. 372; BG 20.9.1935 BGE 61.2, 280; BG 7.6.1945, BGE 71.2, 152; 그러나 이전에는 보험사고발생 이전에는 보험수익자는 단순한 기대만 가진다는 설도 있었다(Constam, Herbert, Die rechtliche Stellung der Gläubiger des Versicherten im Lebensversicherungsvertrage zugunsten Dritter, Dissertation Zürich, 1909, S. 15-17; Miller, a.a.O., S. 22-24).

146) Roelli-Jaeger, a.a.O., S. 145; Gaugler, a.a.O., S. 365.

147) Roelli-Jaeger, a.a.O., S. 150-151, 158.

148) Roelli-Jaeger, a.a.O., S. 142-145.

보험수익자의 철회를 의미하지는 않는다.[149]

다) 歸屬權利의 處分可能性

이론적으로 보험수익자는 보험사고발생 이전에 이러한 조건부 권리를 양도하거나 입질함으로써 처분할 수 있지만, 실제적으로는 보험수익자는 이러한 처분을 할 수 없다.[150] 왜냐하면 스위스 보험계약법 제73조에 따르면 생명보험계약상의 청구권을 처분할 때에는 보험증권의 교부를 전제하고 있고, 철회가능한 지정의 경우에 보험수익자는 보험증권을 소지하고 있지 않기 때문이다. 그리고 압류는 현재의 재산적 가치와만 관련되기 때문에 수익권은 압류의 대상이 될 수 없고, 보험수익자의 파산재단에도 귀속되지 않는다.[151]

보험금청구권은 보험사고의 발생과 동시에 박탈할 수 없는 권리가 된다. 왜냐하면 철회권은 보험계약자(피보험자)가 사망함으로써 소멸하기 때문이다. 보험사고발생 이후에는 보험수익자는 자신의 권리에 대하여 자유로이 처분할 수 있다. 따라서 보험수익자의 채권자도 그 권리에 대하여 압류할 수 있고, 또한 그 권리는 보험수익자의 파산재단에도 귀속될 수 있다.[152]

보험금청구권은 명시적인 반대의 약정이 없는 한 보험사고 전에는 상속될 수 없다(스위스 보험계약법 제84조 4항 참조). 보험수익자가 보험사고 전에 사망한 경우에는 그 수익자의 지분은 기타 수익자에게 주어지거나 보험계약자가 청구권의 주체가 된다. 이와 반대로 보험수익자가 보험사고발생 이후에 사망한 경우에는 자신의 권리는 그의 상속인에게 이전된다.[153]

---

149) Roelli-Jaeger, a.a.O., S. 134.

150) Roelli-Jaeger, a.a.O., S. 149.

151) Roelli-Jaeger, a.a.O., S. 149.

152) Roelli-Jaeger, a.a.O., S. 148.

153) Koenig, a.a.O., S. 372-373; Roelli-Jaeger, a.a.O., S. 149-151; Gaugler, a.a.O., S. 343.

3) 受益權이 分割歸屬된 경우

가) 撤回不能의 指定

전술한 바와 같이 사망보험에서는 철회불능의 수익자 지정이 있는 경우에 보험수익자의 권리가 보험계약자의 사망을 정지조건으로 하는지 여부에 대하여 논란이 있었다. 청구권의 분할귀속의 경우에도 보험수익자의 수익권에 대한 이론구성에 관하여서는 학설이 나뉘어져 있다.

사망보험에서 철회불능의 수익자 지정이 있는 경우에 보험수익자의 권리는 보험계약자(피보험자)사망을 정지조건으로 한다는 점을 긍정하는 학설154)에서는 청구권의 분할귀속의 경우에도 정지조건부 권리를 인정하고 있다. 이 설은 철회불능의 수익자 지정이 수익자보장을 목적으로 하고 있다는 점에서 볼 때에, 보험계약자가 보험수익자에게 자신의 사망으로 인한 보험급부에 대하여만 출연(증여)하고자 하는 점은 청구권의 분할귀속의 경우에도 마찬가지라는 점을 그 근거로 하고 있다. 이 설에서는 보험계약자는 해지환급금청구권을 행사함으로써 보험수익자의 사망보험금청구권을 언제든지 박탈시킬 수 있는데, 이는 철회불능의 수익자 지정의 본질과 모순된다. 따라서 오늘날 통설155)은 철회불능의 수익자 지정의 경우에는 보험계약자가 보험기간만료 시에 생존해 있을 것을 해제조건으로 하는 수익권이 보험수익자에게 부여된다고 한다.

그 밖에 권리취득시기나 수익권의 양도가능성, 질권설정가능성, 상속가능성 등은 사망보험의 경우에서 설명한 바와 마찬가지이다.

---

154) Beck, a.a.O., S. 106-107 ; Bühler, Die Familenfürsorge nach dem Bundesgesetz über den Versicherungsvertrag(V.V.G.), Zürich, 1971, S. 105-107.

155) Gaugler, a.a.O., S. 379-380 ; Bossard, a.a.O., S. 57 ; Nicole, Assurances sur la vie au profit de tiers et créanciers du preneur,Thèse Lausanne, 1921, p.56 ; Roelli-Jaeger, a.a.O., S. 191-193.

나) 撤回可能한 指定

철회가능한 수익자 지정의 경우에 보험수익자의 권리는 보험계약자가 먼저 사망함으로써 발생하는 사망보험금청구권의 지급시기를 정지조건으로 한다.156) 이외에 보험수익자의 권리는 보험계약자의 철회를 해제조건으로 한다. 이 점에 있어서 제3자는 사망보험에서 철회가능한 지정이 있는 경우에 보험수익자와 동일한 법적 지위를 가진다.

3. 프랑스法上의 權利分配

프랑스에서는 보험계약자가 보험수익자를 지정 또는 변경할 수 있지만, 이는 보험수익자가 수익의 의사표시를 하기 전에 한한다. 보험수익자의 승낙의 의사표시가 있는 경우에는 보험수익자의 지정은 철회할 수 없다. 무상으로 보험수익자를 지정한 경우에 즉 원인관계가 증여에 해당하는 경우에 승낙 후에도 철회할 수 있다는 특약은 허용되지 않는다.157) 왜냐하면 증여는 철회할 수 없다는 원칙에 저촉되기 때문이다.

따라서 지정의 철회가능성 여부는 보험계약자의 의사에 따르는 것이 아니라 보험수익자의 승낙의 의사표시에 따른다.

1) 撤回不能인 경우(保險受益者의 承諾後)

보험수익자가 보험계약자의 일방적인 의사표시로 정하여진 지정을 명시적으로 또는 묵시적으로 승낙한 경우에는 보험수익자는 철회불능의 수익권을 취득한다(L.132-9조 1항). 전술한 바와 같이 프랑스에서는 보험계약자의 의사에 따라 철회가능여부가 결정되는 것이 아니고 보험수익자의 승낙

---

156) Beck, a.a.O., S. 84; Roelli-Jaeger, a.a.O., S. 145.

157) 다만 민법상 증여의 철회의 원인에 해당하는 사정이 보험계약자와 보험수익자 간의 존재하는 경우에는 승낙 후에도 당연히 철회할 수 있다는 설이 유력하다(Picard-Besson, Traité général des assurances terrestres en droit français, Tome Ⅳ, Paris 1945(zit.: Picard-Besson, Ⅳ), pp.481-491).

의 의사표시가 기준이 되기 때문에 보험수익자의 승낙 이전과 이후에 따라 법률관계가 달라진다.

가) 權利取得時期

보험계약법 L.132-12조 2문에 따르면 보험수익자의 권리는 지정의 형식과 일자에 관계없이 계약체결 시점에서 취득한 것으로 본다. 비록 보험수익자가 피보험자(보험계약자)사망 후에 승낙한 경우에도 마찬가지이다.[158] 이와 같이 권리의 취득이 소급효를 가진다고 이론구성한다면 사후계약에 의한 지정의 경우에도 그 수익권은 이전에 보험계약자의 재산에 있었던 것이 아니고 처음부터 제3자의 재산에 직접 귀속되는 것이다. 따라서 승낙은 권리취득시기로서 의미는 없지만, 승낙은 확정적 효과를 가진다. 왜냐하면 승낙함으로써 수익권이 철회불능으로 되기 때문이다.[159]

나) 取得權利의 範圍

수익의 의사표시 이전에는 보험계약상의 모든 권리는 보험계약자에게 귀속되지만, 수익의 의사표시 이후는 통설에 따르면 보험금청구권뿐만 아니라 해지환급금청구권도 보험수익자에게 귀속되고 보험계약자의 처분은 제한된다. 다만 해지권은 보험계약자에게 남아 있다. 물론 보험계약자에 대하여 이익배당이 현금으로 지급될 것이 약정되어 있는 경우에 이익배당청구권은 보험계약자에게 귀속된다. 그러나 보험금과 동시에 지급되는 경우에는 보험수익자에게 귀속된다.[160]

승낙의 의사표시가 있는 경우에는 보험계약자가 수익자 지정의 철회권을 행사할 수 없는 것은 당연하다. 그리고 승낙 후에도 철회할 수 있다는 특약도 허용되지 않는다고 본다. 왜냐하면 프랑스에서는 무상의 철회불능

---

158) 종래부터 학설, 판례상 유효한 것으로 인정되어오다 1930년 보험계약법제정으로 규정되어 있다(동법 제64조 3항; 현 L.132-9조).

159) Picard-Besson, op. cit., pp.507-508.

160) Dupuich, l'Assurance-vie, Paris, 1922, p.509.

의 경우를 증여로 보고 있으므로 증여는 철회될 수 없다는 원칙에 저촉되기 때문이다.

다) 歸屬權利의 處分可能性

보험수익자는 수익자 지정에 대하여 승낙하면 보험사고발생 이후에는 언제든지 자신의 권리를 양도할 수 있다. 그러나 보험증권상으로 보험금청구권의 양도성이 일반적으로 규정되어 있거나,[161] 보험계약자가 양도를 동의한 경우에는 보험사고발생 이전이라도 양도할 수 있다(L.132-15조). 이러한 동의에는 어떠한 형식도 요하지 아니하므로 구두로도 가능하다. 다만 통설에 따르면 보험계약자가 동시에 피보험자인 경우에는 이것만으로 부족하고, 피보험자의 특별한 서면동의를 요한다고 본다.[162] 보험계약법 L.132-15조가 일반규정인 L.132-2조 2항[163]을 실효시키는 규정은 아닐 것이기 때문에 제3자가 행하는 모든 양도 시에는 피보험자의 특별한 서면동의를 요한다고 보아야 할 것이다. 이러한 전제하에서는 보험수익자도 보험금청구권을 입질할 수 있는 권한이 있는 것으로 본다. 그러나 보험증권상으로 양도가 금지되어 있다면 수익권에 대한 처분은 비록 피보험자가 동의한다고 할지라도 금지된다.[164] 이는 보험계약자의 사망 이후에도 마찬가지이다. 수익권은 보험수익자의 채권자의 강제집행의 대상이 되고, 파산재단에도 귀속된다.[165]

무상의 수익자 지정은 보험계약자가 반대의 의사표시를 하지 아니하는 한 보험수익자가 보험사고 시에 생존해 있을 것을 해제조건으로 행해진 것

---

161) 이와 같은 일반적인 사전 동의는 통상 보험증권이 지시증권으로 발행되는 경우에 있다.

162) Picard-Besson, op. cit., pp.513-514.

163) 프랑스 보험계약법 L 132-2조 2항에서는 타인의 보험계약상의 이익에 대한 양도, 입질 또는 이전은 피보험자의 서면동의가 있어야 하고 동의가 없는 경우에는 이는 무효라고 규정하고 있다.

164) Picard-Besson, op. cit., pp.511-517.

165) Argenson-Toujas, Reglement judiciaire, liquidation des biens, faillite, Tome Ⅰ, 4e ed., Paris, 1973, pp.418-419.

으로 본다(L.132-9조 4항). 보험수익자가 이 시점 전에 사망한 경우에는 비록 승낙의 의사표시가 있다 할지라도 보험수익자의 권리는 상속될 수 없다.[166] 왜냐하면 권리출연은 보통 보험수익자 개인을 위한 것이지 보험수익자의 상속인을 위하여 하는 것이 아니기 때문이다. 그러나 보험수익자가 이 시점 이후에 사망한 경우에는 수익권이 그의 상속인에게 이전된다.

2) 撤回可能한 경우(保險受益者의 承諾以前)

가) 權利取得時期

제3자는 자신이 수익자 지정을 승낙하지 아니한다 할지라도 지정하는 즉시 철회권행사를 해제조건으로 권리를 취득하게 된다. 그런데 이 권리는 보험계약자의 상속재산에 귀속되는 것이 아니라 보험계약체결 시부터 보험수익자의 재산에 속하는 것으로 본다[167](L. 132-12조 2문).

나) 取得權利의 範圍

보험수익자가 승낙의 의사표시를 하기까지는 제3자의 권리는 확정적이지 못하고 보험계약자는 언제라도 자유로이 지정을 철회할 수 있다. 새로이 보험수익자를 지정한 경우에 당초 지정은 철회된 것으로 본다.[168] 따라서 보험수익자의 수익의 의사표시 이전에는 보험금청구권을 비롯한 보험계약상의 모든 권리는 보험계약자에게 귀속된다. 보험계약자는 이러한 보험계약상의 이익을 자유로이 처분할 수 있다.[169]

다) 歸屬權利의 處分可能性

철회가능한 지정의 경우에 수익권은 보험계약자에 의하여 언제든지 박탈될 수 있기 때문에 수익권은 피보험자(보험계약자)가 사망함으로써 박탈

---

166) Picard-Besson, op. cit., pp.461-464.
167) Picard-Besson, op. cit., pp.507-508.
168) Picard-Besson, op. cit., p.474.
169) Picard-Besson, op. cit., p.363 이하 참조.

될 수 없게 된다.

보험계약법 L.132-15조에서는 수익권의 양도는 보험수익자가 수익자 지정을 이미 승낙한 것을 전제로 하고 있다. 그리고 수익권을 양도하거나 질권을 설정하고자 할 때에는 이미 묵시적인 승낙을 하고 있다고 보는 것이 통설의 입장이다.[170] 따라서 철회가능한 지정의 경우에 보험수익자는 철회불능의 수익자 지정에서 설명한 요건하에서 권리를 처분할 수 있다. 보험수익자의 채권자는 수익자가 승낙하지 않은 수익권에서는 채권만족을 얻을 수 없다. 즉, 수익자 지정이 무상인(대가의 지급이 없는) 때에는 승낙권은 보험수익자만이 행사할 수 있고 보험수익자의 채권자는 행사할 수 없는 일신전속권으로 본다. 물론 보험청구권을 행사할 때에는 수익자 지정이 승낙된 것을 전제하기 때문에 보험수익자가 승낙하지 않는 한 채권자는 수익권을 입질(saisit-arrét)하는 방법으로나 소송을 통하여 1166조 C.c.상의 간접적인(oblique) 채권만족을 얻을 수도 없다.[171]

그리고 무상으로 수여된 수익권은 명시적인 반대의 약정이 있는 경우를 제외하고는 보험사고발생 이전에 상속될 수 없다(L.132-9조 4항).

그런데 보험수익자가 승낙하지 않는 동안에 보험사고가 발생한 경우에는 보험계약자의 상속인이 지정을 철회할 수 있는지가 문제이다. 이는 제3자를 위한 계약일반에 관하여도 요약자의 철회권이 상속될 수 있는지 여부의 형태로 문제가 되었다. 판례에서는 이를 긍정하여 보험계약자의 상속인에 의한 철회를 인정한 것이 있었지만[172] 학설의 반대가 강하였다.[173] 왜냐하면 보험수익자의 지정을 철회하지 아니한 채 보험계약자가 사망한 경우에는 당해 보험수익자에게 보험금을 수취시키는 것이 보험계약자의 통상의 의사이며, 상속인에 의한 자유로운 철회를 인정하는 것은 이에 반하기 때문이다. 그러나 현

---

170) Picard-Besson, op. cit., p.512.

171) Picard-Besson, op. cit., pp.500-501.

172) Trib. civ. Bruxelles, 1897.6.18.(Journal des assurances 1898, p.559); Bordeaux, 1908.10.27.(D.P., 1910. 2, p.56).

173) Dupuich, op. cit., p.573.

재에는 이를 입법적으로 해결하고 있다.[174] 즉, L.132-9조 3항에서는 보험계약자가 사망한 경우에 철회권은 보험금의 지급기일이 도래한 이후에 보험수익자에 대하여 승낙여부의 의사표시를 할 것을 최고하고, 승낙의 의사표시 없이 최고한 날로부터 3월이 경과한 후에는 보험계약자의 상속인에게 귀속된다고 규정하고 있다.[175]

3) 受益權이 分割歸屬된 경우

프랑스에서도 청구권의 분할귀속에 관한 이론구성문제는 일찍이 논란이 되었다.

구 판례[176]에서는 생존사고 시 청구권자인 보험계약자는 사망사고 시 보험수익자의 권리와는 양립할 수 없는 권리를 자신에게 유보시켜 두고 있다는 점에서, 제3자의 권리취득을 승계취득이라고 하였다. 즉, 보험계약자가 생존해 있을 때는 보험청구권은 보험계약자의 재산에 속하며 보험수익자에게는 어떠한 권리도 귀속되지 않고, 보험계약자가 사망함으로써 보험수익자는 비로소 보험계약자의 재산에서 보험급부권을 취득한다고 한다. 그러나 생사혼합보험의 양 구성성분인 생존보험과 사망보험은 상호 독립적으로 존재하기 때문에 보험계약자는 자신의 청구권에 대하여 상이한 처분을 할 수 있는 것이다. 따라서 이러한 판례의 입장은 생사혼합보험의 본질을 오인한 것으로 즉시 변경되었다.

보험계약자의 선사망은 생존보험에서는 해제조건인 동시에 사망보험에서는 정지조건이다. 보험계약자가 일정시점(Stichtag)에 생존해 있으면 사망보험은 소멸되기 때문에 보험수익자의 권리취득에 관한 문제는 없다. 그러나 보험계약자가 먼저 사망한 경우에는 사망보험이 기초가 되고 이와 관

---

174) 이에 관하여 1930년법에서 명문의 규정으로 해결하여(1930년법 제64조 3항) 현재에 이르고 있다(현 L.132-9조 3항).

175) Picard-Besson, op. cit., pp.467-469.

176) Cass. civ. 7. 2. 1877, D.p.1877, 1, 337;. Cass. req. 27. 1. 1879, D.p.1879, 1, 230.

련된 수익자 지정은 마치 처음부터 사망보험계약이 체결되었던 것과 같이 사망보험 고유의 원칙이 지배하게 된다.[177]

오늘날 사망사고에 대한 보험수익자(사망보험수익자)는 보험계약상의 일정시점 이전에 보험계약자가 사망하는 것을 해제조건으로 하고, 조건이 성취된 때에는 소급하여 보험계약체결과 동시에 제3자의 재산에서 직접 발생되는 권리를 취득한다는 점에 대하여서는 이설이 없다.[178] 또한 보험수익자가 승인하기 전의 수익권은 철회권의 행사를 해제조건으로 한다.

4. 比較 및 檢討

이상에서 보험계약자가 보험수익자를 지정함으로써 보험계약상의 이익이 어떻게 분배되는지, 보험계약자의 자유처분이 어떻게 제한되는지에 관하여 살펴보았다.

보험수익자의 권리취득시기에 관하여 각국의 입장은 지정의 형태와 관계없이 지정즉시 또는 계약체결 시에 취득한다고 보아 대체로 일치하고 있다.

그런데 보험계약상의 구체적인 권리분배에 관하여서는 약간의 차이점이 나타나고 있다. 특히 프랑스에서 보험계약상의 권리분배는 다른 나라에서와는 달리 제3자를 위한 계약법제에 충실하여 보험수익자의 수익의 의사표시 전후에 따라 구별된다는 점이 특징이다. 즉, 보험계약상의 이익의 귀속은 보험계약자의 의사 이외의 요소에 의하여 결정되고 있다.

프랑스에서 보험계약자는 보험수익자가 수익의 의사표시를 하기 전에 한하여 보험수익자를 지정변경할 수 있고, 수익의 의사표시 후에는 지정변경할 수 없다. 그리고 수익의 의사표시 이전에는 보험계약상의 모든 권리가 보험계약자에게 귀속되지만, 수익의 의사표시 이후는 통설에 따르면 보

---

177) Dupuich, op. cit., pp.46-47.
178) Cass. civ. 7. 2. 1888, D.p.1888, 1, 193; Cass. civ. 8. 4. 1895 D.p.1895. 1, 441 Cour d'appel d'Alger 18. 10. 1909, D.p.1913. 2, 296; Dupuich, op. cit., pp.473-476.

험금청구권 뿐만 아니라 해지환급금청구권도 보험수익자에게 귀속되고 이러한 청구권에 대한 보험계약자의 처분이 제한된다. 그러나 보험계약자에 대하여 이익배당이 현금으로 지급될 것이 약정되어 있는 경우에 이익배당청구권은 보험계약자에게 귀속된다. 물론 해지권을 포함한 형성권은 보험계약자에게 귀속된다.

한편 독일, 스위스에서는 보험계약자가 철회권을 포기하였는지 여부가 결정적 기준이 된다.

독일에서는 철회불능의 경우에 보험수익자는 지정 즉시 보험계약상의 모든 청구권을 취득하고, 보험계약자는 보험사고발생 이전에는 이러한 권리를 처분할 수 있다. 그리고 보험사고 이전에 수익권은 원칙적으로 상속된다고 본다. 철회가능한 경우에 보험사고발생 이전에는 보험수익자는 어떠한 권리도 취득하지 아니한다. 이는 다른 비교대상국뿐만 아니라 우리나라의 통설과도 다르다. 따라서 계약상의 모든 권리는 원칙적으로 보험계약자의 처분권에 포함된다.

스위스에서는 철회불능의 경우에 보험수익자가 계약상의 청구권에 대하여 자신의 고유의 확정적인 권리를 취득하고(스위스 보험계약법 제78조 1항), 이에 대한 처분권을 가지는 것은 독일의 경우와 마찬가지이다. 그러나 철회가능의 경우에는 보험계약자의 지정철회를 해제조건으로, 보험사고 시 보험수익자의 생존을 정지조건으로 보험금청구권만을 지정 즉시 취득한다고 한다. 스위스에서는 철회가능 여부를 불문하고 보험사고 이전에 수익권은 원칙적으로 상속될 수 없다고 본다.

이상에서 볼 때에 각국에서의 공통적 특색은 지정변경권을 포기하였을 때에는, 생명보험계약상의 청구권은 원칙적으로 보험계약자에게 귀속되지 아니하고 보험계약자는 보험계약상의 권리를 자신의 이익을 위하여 이용할 수 없다는 점이다.[179] 이 점은 우리나라의 통설과 다르며, 우리의 해석론에도 시사하는 바가 크다. 이 점에 관하여서는 이하에서 다시 검토해 보고자 한다.

---

179) 지정의 형태에 따른 보험수익자의 지위의 차이는 보험계약자의 채권자와 보험수익자 간의 이해조정에 있어서도 결정적이 차이를 야기시킨다.

Ⅳ. 우리 商法上의 權利歸屬關係에 관한 解釋論

1. 現行 解釋論의 限界

우리나라에서는 보험계약자의 수익자 지정변경권의 유보여부와 관계없이 보험계약상의 권리 중 보험금청구권을 제외한 모든 권리는 보험계약자에게 귀속되고 보험수익자는 보험사고의 발생을 조건으로 조건부 보험금청구권를 가진다고 본다.180) 그리고 보험계약자와 보험수익자 간의 특별한 관계가 보험사고발생 이전에 소멸되어 수익자 지정을 변경할 필요가 있거나 계속적인 재산출연을 할 수 없는 경우에 대비하여 보험계약자에게 보험계약해지권을 인정하고 있다. 따라서 보험수익자의 지위는 상당히 불안정하다.

특히 보험사고발생 이전에 보험계약자가 무자력이 되어 보험계약자의 채권자가 보험계약상의 권리에 대하여 강제 집행할 경우에는 이러한 강제집행은 보험계약자의 의사에 반함에도 불구하고 보험수익자의 지위를 침해 또는 박탈하게 된다. 또한 비록 철회불능의 수익자 지정이 있다하더라도 보험계약자는 해지권을 행사할 수 있어 보험수익자의 지위는 상당히 불안정하다고 볼 수 있다. 이렇게 본다면 타인을 위한 생명보험이 가지는 유족보장적 기능은 큰 의미를 가지지 못하게 되는 것이다.181)

물론 개정 상법에서 원칙적으로 보험계약자의 계약해지권을 인정하고 다만 타인을 위한 보험계약에서 보험계약자는 타인의 동의를 얻지 아니하거나 보험증권을 소지하지 아니하면 보험계약을 해지하지 못한다고 규정하

---

180) 양승규, 보험법, 삼지원, 1993, 438면 참조.
181) 물론 생명보험계약에서 노후보장적 기능이나 저축적 기능을 무시할 수 없다. 그런데 노후보장적 기능은 생사혼합보험형태로 수익자 지정이 양분되는 경우가 보통이기 때문에 양 기능이 상충되는 경우가 극히 드물고, 저축적 기능도 보험계약자의 해지권 행사로 충족시킬 수 있다.

여(상법 제649조 1항 단서) 보험계약자의 해지권을 제한하고 있다. 따라서 타인을 위한 생명보험의 경우에도 이 단서조항에 의하여 보험수익자가 일정하게 보호될 수 있다고 생각할 수 있다. 그러나 이 단서조항은 손해보험계약에서는 피보험자를 보호할 수 있지만, 생명보험계약에서는 사실상 의미가 없다. 왜냐하면 상법 제733조 1항에서 보험계약자에게 보험수익자 지정변경권을 인정하고 있기 때문에 보험계약자는 보험수익자변경권을 행사하여 자기를 위한 보험계약으로 전환한 후에 보험계약을 해지할 수 있기 때문이다. 이는 오히려 절차상의 번잡함만 야기할 뿐이다. 또한 상법상으로 보험계약자에게 보험증권교부청구권 또는 재교부청구권을 인정하고 있기 때문에(제640조, 제642조), 보험계약자는 보험수익자 지정변경권을 포기하더라도 단순한 증거증권인 보험증권을 소지하고 있는 한 보험계약을 언제든지 해지할 수 있게 된다. 따라서 해지권제한의 의미는 사실상 상실하게 된다.

상법개정 이전에는 단서규정이 없었기 때문에 타인을 위한 보험계약에 민법 제541조의 적용여부로 논의되었으나,[182] 현재에는 민법 제541조의 적용유무가 논의되고 있지 않다.

그런데 민법 제541조는 "제539조(제3자를 위한 계약)의 규정에 의하여 제3자의 권리가 생긴 후에는 당사자는 이를 변경 또는 소멸시키지 못한다"고 규정하고 있다. 여기서 "제3자의 권리가 생긴 후"라는 것은 수익자의 권리가 확정적으로 귀속되는 경우로 해석한다[183]. 이렇게 볼 때에 상법 제649조 1항 단서조항이 있다고 하더라도 타인을 위한 생명보험계약에서는 민법 제541조의 적용여지가 없는 것은 아니다.[184] 왜냐하면 전술한 바와

---

182) 상법 개정 전에는 타인을 위한 보험계약의 경우에 보험계약자가 임의해지권을 가진다는 견해와 민법 제541조를 적용하여 피보험자 또는 보험수익자의 동의 없이 임의로 해지할 수 없다는 견해가 대립되었다(양승규, 보험법, 삼지원, 1987, 157면 참조).

183) 김형배, 제3자를 위한 계약, 현대민법의 과제와 전망(남송 한봉희교수화갑기념논문집), 도서출판 밀알, 1994, 1041면.

184) 물론 이도 타인을 위한 보험계약의 법적 성질을 다수설·판례와 같이 제3

같이 타인을 위한 보험계약에서 보험계약자의 해지권제한은 수익자 지정변경권의 인정으로 의미가 없고, 또 상법 제649조 1항 단서상의 타인(보험수익자)의 동의 또는 보험증권의 소지가 수익자의 권리의 확정적 귀속을 의미하는 것이 아니기 때문이다. 오히려 후술하는 바와 같이 보험수익자보호를 위하여 일정한 경우에 보험계약자의 철회권을 제한하는 것이 민법 제541조의 취지를 보더라도 타당하다고 할 것이다.

이렇게 볼 때에 상법 제649조 1항 단서규정도 타인을 위한 생명보험계약에서는 보험수익자를 보호하지 못한다.

따라서 이하에서는 보험계약자의 수익자 지정철회권의 제한을 통한 보험수익자보호의 가능성 즉, 제외국에서와 같이 보험수익자의 지정형태에 따라 구분할 필요성이 있는지 여부에 대하여 먼저 검토하고, 이를 바탕으로 보험계약자와 보험수익자 간의 법률관계에서 현행 상법 또는 민법의 해석상 보험수익자의 보장적 기능에 보다 충실하여 보험수익자의 지위를 보호할 수 없는지 여부에 관하여 검토해 보고자 한다.

2. 受益者指定類型別 區分可能性 檢討

보험수익자 지정에는 전술한 바와 같이 크게 두 가지 유형, 즉 철회가능한 지정과 철회불능의 지정이 있다.

전술한 바와 같이 독일, 스위스에서는 보험수익자의 지정형태에 따라 권리분배관계를 달리 보고 있고, 프랑스에서는 보험수익자의 승낙유무에 따라 달리 보고 있다. 그런데 우리나라에서는 일반적으로 보험수익자의 권리관계는 지정변경권의 유무와 관계가 없는 것으로 본다. 즉, 보험계약자는 보험사고발생 이전에는 보험수익자의 지정변경권의 유보유무와 관계없이 보험금청구권을 제외한 보험계약상의 모든 청구권과 형성권을 취득한다고 한다.[185)]

자를 위한 계약으로 보는 것을 전제한 것이다.

그렇다면 과연 우리나라에서는 수익자 지정변경권의 유보여부에 따라 수익자의 지위에 변화가 있는지 여부, 즉 수익자지위를 수익자 지정의 유형에 따라 구별해 볼 실익이 있는지를 검토해 볼 필요가 있다.

일반적으로 보험계약자와 보험수익자 간에는 부양관계, 채권채무관계 등 특별한 관계가 있다. 그러나 이러한 특별한 관계가 소멸된 경우에는 원칙적으로 보험계약자는 보험수익자 지정을 원칙적으로 변경할 수 있다(상법 제733조 1항).

그런데 우리나라에서는 타인을 위한 보험계약의 법적 성질을 제3자를 위한 계약으로 보는 견해가 다수설, 판례이다.[186] 그렇다면 보상관계인 보험계약에서 보험계약자의 의사가 명시적으로 보험수익자 지정을 철회할 수 없다거나 기타의 방법으로 수익자 지정이 확정적이라는 것이 나타나 있는 경우(수익자 지정변경권을 포기한 경우)가 있을 수 있다. 한편 보험계약자가 저축적 기능을 포기하고 오로지 보장목적을 중시하는 계약을 체결하는 경우가 있을 수 있으며 이것은 현실적으로도 필요하다. 즉, 보험계약자가 자신의 사망 후에 가족의 생활보장만을 위하여 보험계약을 체결할 경우에 보험계약자는 자신이 무자력이 된 후에도 보험수익자인 가족의 지위를 보호하기 위하여 철회권을 포기할 수 있다. 또한 채권담보를 위하여 보험수익자를 채권자로 지정한 경우에도 채무변제를 해제조건으로 철회불능의 수익자를 지정하여야 할 것이다. 이와 같이 수익자 지정변경권을 포기한 경우에는 계약당사자가 제3자(보험수익자)에게 확정적 지위를 부여하였기 때문에, 보험계약자는 보험수익자의 동의 없이는 자신의 일방적인 철회의 의사표시로써 보험수익자의 지정을 변경할 수 없다고 보아야 할 것이다.[187] 이 경우에는 보험수익자의 권리가 확정적으로 귀속되었기 때문에 민법 제

---

185) 박길준·양승규, 개정상법요론, 삼영사, 1994, 497면. 현재 우리나라에서는 보험수익자의 법적 지위를 지정변경권의 유보유무 즉, 철회가능여부로 구분하는 견해는 없다.

186) 제2장 Ⅰ. 1. 2) 참조

187) 최기원, 앞의 책, 474면.

541조에서 보더라도 당연하다.

보험수익자 지정변경권을 포기한 경우에 보험수익자의 지위는 확정적인데, 이러한 확정적 지위는 어떠한 것인지에 대하여서는 의문의 여지가 있다. 통설은 보험수익자를 보험사고가 발생한 경우에 보험금의 지급을 받을 자로 정해진 자 또는 보험사고 발생 시에 보험금청구권을 가지는 자[188]라고 정의하고 있지만, 우리 상법 제639조 2항을 근거로 보험수익자를 보험계약상의 이익을 받을 자라고 정의하여야 한다는 점은 전술한 바와 같다. 이와 같이 보험수익자를 보험금청구권을 포함한 보험계약상의 권리 또는 이익을 받을 자라고 정의하면 수익자 지정과 관련하여 보험계약자가 계약상의 이익을 포기하였다고 볼 수 있는 경우(철회불능의 경우)에는 비록 보험금청구권을 제외한 다른 권리도 생명보험의 기능과 관련하여 보험수익자에게 귀속시킬 수 있는 가능성이 해석론상으로도 전혀 없는 것은 아니라고 본다. 나아가 보험계약법이 보험제도의 목적 실현과 당사자의 의사존중에 대한 제도적 장치로서의 의미가 있다고 한다면 이에 부합하는 이해조정을 위한 해석론은 필요하다고 할 것이다.

만약 통설과 같이 수익자 지정변경권을 포기한 경우와 그러하지 아니한 경우를 구분하지 아니한다면 보험제도의 목적 내지는 보험계약자의 의사에 반하는 결과가 초래될 우려가 있다. 예컨대 철회불능의 수익자 지정이 있는 경우에 보험계약자의 의사로 보나 보험제도의 목적으로 보나 보험수익자의 지위에 대한 보호가 필요하다. 그러나 우리 상법에 의하면 보험계약자가 타인을 위한 생명보험이라도 보험증권만 소지하면[189] 보험계약을 해지할 수 있고, 해지환급금도 취득할 수 있다. 이러한 결과는 보험제도의 목적이나 보험계약자의 의사에 배치된다. 특히 보험계약자의 입장에서는 자신의 사후에 유족을 보장하기 위하여서는 보험제도를 이용하는 것보다 생전증여의 방법을 이용하는 것이 유리하게 된다. 왜냐하면 생전증여의 경우

---

188) 최기원, 앞의 책, 470면, 채이식, 앞의 책, 624면, 손주찬, 앞의 책, 495면.
189) 상법 제640조상으로 보험증권은 보험계약자에게 교부하도록 하고 있고, 제642조에서 보험계약자에게 증권재교부청구권도 인정하고 있다.

에는 이후에 보험계약자의 채권자의 강제집행으로부터도 보호될 수 있으나, 사망보험의 경우에는 보호될 수 없기 때문이다. 이는 사망보험의 유족보장이라는 본래의 목적에도 반한다고 할 것이다.

따라서 보험수익자의 지위는 보험수익자 지정을 변경할 수 있는 경우(철회가능한 경우)와 그러하지 아니한 경우(철회불능의 경우)로 나누어 고찰할 실익이 있다고 생각된다.

그리고 프랑스와 같이 보험수익자의 승낙유무에 따라 보험수익자의 지위가 달라지는지 여부도 의문이 있을 수 있다. 그러나 우리나라에서는 전술한 바와 같이 상법 제639조 2항에서 타인을 위한 보험계약에서 보험수익자는 보험계약상의 수익의 의사표시를 기다리지 아니하고 당연히 이익을 받으므로, 보험수익자의 법률관계는 보험수익자의 승낙유무와 관계가 없고, 보험계약자지정을 변경가능한지 여부, 즉 철회가능 유무에 따라 다르기 때문에 철회가능 유무(지정변경가능 여부)에 따라 유형을 나누어야 할 것이다.[190]

---

190) 우리나라에서는 보험수익자 지정의 유형을 일반적으로 수익자 지정변경권이 유보되어 있는 경우와 유보되어 있지 아니한 경우로 나누고 있다(양승규, 앞의 책, 440면, 최기원, 앞의 책, 472면). 그러나 이러한 분류는 보험계약상 지정변경권이 유보되어 있지 않으면 후자의 경우로 보기 때문에 수익자 지정변경권이 유보되어 있지 아니하는 경우가 원칙이라는 의미이다(이에 대하여 채이식, 앞의 책, 635면에서는 이러한 분류에 대하여 일본 상법 제675조에서 보험수익자 지정변경권이 유보되어 있지 아니한 경우를 원칙으로 하고 있기 때문에 이러한 분류의 실익이 있으나 우리나라에서는 실익이 없다고 한다). 즉, 지정변경권의 유보의 의사가 명확해야 철회가능하다는 것이다. 그러나 우리 상법 제733조 1항에서는 보험계약자의 일반적인 지정변경권을 인정하고 있고, 생명보험표준약관 제19조에서 보험계약자는 수익자 지정변경권을 가지는 것을 원칙으로 하고 있다. 따라서 계약의 유형은 보험수익자 지정을 변경할 수 있는 경우(철회가능한 경우)와 변경할 수 없는 경우(철회불능의 경우)로 구분하는 것이 타당할 것이다. 이하에서는 우리 상법상 용어인 보험수익자 지정변경이 가능한 경우와 불능의 경우로 분류하는 것이 바람직하지만, 철회권은 변경권에 포함되어 있을 뿐만 아니라 비교법적인 설명의 편의를 위하여 철회가능의 지정과 철회불능의 지정으로 통일적으로 분류하고자 한다. 또한 예컨대 지정변경

이하에서는 제외국에서의 수익자 지정유형에 따른 보험수익자의 권리귀
속관계를 참고로 하여 우리나라에서의 보험계약자와 보험수익자 간의 법률관
계에 대하여 수익자 지정유형에 따라 새로운 해석론을 시도해 보고자 한다.

3. 우리 商法上 類型別 權利歸屬關係

1) 權利取得時期와 權利內容

상법에서는 보험수익자는 당연히 보험계약상의 이익을 받는 것으로 규
정하고 있는데(상법 제639조 2항 1문), 이는 타인을 위한 생명보험계약에
서는 제3자를 위한 계약일반과 달리 수익자인 보험수익자의 의사표시를 요
하지 아니한다는 점을 의미한다. 따라서 우리나라에서는 보험계약이 성립
하면 보험수익자는 당연히 보험계약상의 권리를 취득하고,[191] 보험수익자
는 보험사고의 발생을 조건으로 조건부 보험금청구권을 가진다고 본다.[192]

현재로는 수익자 지정의 철회가능여부에 따라 귀속관계를 나누어 고찰
하고 있지 않다. 그러나 이하에서는 철회가능여부에 따라 권리취득시기 및
귀속권리의 내용을 검토하고자 한다.

가) 撤回可能한 指定의 경우

독일에서는 전술한 바와 같이 철회가능한 지정이 있는 경우에 보험수익
자는 지정과 함께 단순한 기대를 가질 뿐이고, 보험사고 발생 시에 보험급
부청구권을 취득한다고 보는 것이 통설이지만,[193] 우리나라의 통설은 지정

권의 포기는 보험계약기간 중에 있을 수 있고, 이 경우에 포기시점부터
철회불능의 지정이 있다고 보면 이론설명상에 편리함도 있다.

191) 채이식, 앞의 책, 663면.

192) 양승규, 앞의 책, 438면 참조.

193) Bruck-Dörstling, a.a.O, S. 234; Prölss-Martin, a.a.O., S. 159-178; v.
Gierke, a.a.O., S. 33-35; Kühlmorgen, a.a.O., S. 52-57; Thiele, a.a.O., S.
51-59.

과 동시에 조건부 보험금청구권을 가지는 것으로 보고 있다.194) 물론 보험사고 발생 시까지 보험수익자의 지위를 단순한 기대로 보든지, 권리로 보든지 간에 현실적으로는 큰 차이가 없다. 보험수익자가 권리를 취득한 것으로 보더라도 수익권에 대하여 양도 또는 입질할 수는 있지만, 이 권리는 수익자 지정변경권의 행사에 의하여 소멸될 수 있기 때문에 실익은 크게 없다. 또한 권리가 아니라 기대에 불과하다 하더라도 그 부당한 침해에 대하여서는 불법행위에 기한 손해배상청구권에 의하여 구제되어야 할 것이기 때문이다. 그러나 이론적으로는 수익자 지정이 변경가능한 경우라도 보험수익자는 수익자 지정 즉시 추상적인 수익권을 취득하고, 단지 보험사고 발생 시 구체적인 보험금청구권을 행사할 수 있을 뿐이라고 해석하여야 할 것이다. 왜냐하면 예컨대 보험사고 발생 시에 보험수익자가 구체적인 보험금청구권을 취득하는 것은 청구권행사가능시점을 의미하는 것이고 추상적인 보험금청구권은 수익자 지정 즉시 취득한다고 보는 것이 합리적이기 때문이다. 즉, 권리취득시점과 구체적인 청구권행사가능시점은 구별하여야 할 것이다.

다만 수익자 지정이 철회가능한 경우에 보험계약자는 보험사고발생 이전에는 언제든지 지정을 변경할 수 있으므로 보험수익자 지정 즉시 지정변경을 해제조건으로 추상적인 수익권을 취득한다고 볼 수 있다.

나) 撤回不能의 指定의 경우

철회불능의 경우에는 지정 즉시 보험수익자는 확정적 수익권을 취득한다고 보아야 할 것이다. 다만 보험사고발생 이전에 보험수익자가 사망할 경우에는 수익권은 보험수익자의 상속재산에 귀속되지는 않는다고 보아야 할 것이다. 왜냐하면 보험계약자가 수익자 지정변경권을 포기한 것은 보험

---

194) 양승규, 앞의 책, 1993, 438면; 우리나라에서는 보험수익자를 보험사고가 발생할 때에 보험금청구권을 가지는 자로 정의하고 있기 때문에 지정과 동시에 조건부 권리를 취득한다고 보는 것이 통설이라고 할 수 있다(최기원, 앞의 책, 470면, 채이식, 앞의 책, 624면, 손주찬, 앞의 책, 438면 참조).

수익자와의 특별한 관계를 전제로 포기한 것이기 때문이다. 따라서 상법은 보험수익자가 보험사고 전에 사망한 경우에는 보험계약자는 다시 수익자를 지정할 수 있도록 하고 있다(상법 제733조 3항 1문).

2) 取得權利의 範圍

보험수익자가 취득하는 수익권의 범위는 과연 어느 범위까지인지 여부가 문제이다. 우리나라에서는 수익의 범위를 보험금청구권에 한정하여 설명하는 것이 일반적이었다. 물론 보험계약의 해지권, 계약내용 변경권(예컨대 납필보험전환권) 등과 같은 형성권은 지정변경권의 유무와 관계없이 보험계약자에게 귀속되는 것은 당연하다. 또한 지정변경권 역시 철회불능의 경우에는 보험계약자의 행사가 제한된다. 이하에서는 보험계약상의 청구권에 대하여 철회가능한 지정의 경우와 철회불능의 지정의 경우로 나누어 고찰하고자 한다.

가) 撤回可能한 경우

철회가능한 지정의 경우에 보험수익자는 보험수익자 지정 즉시 지정변경을 해제조건으로 추상적인 보험금청구권을 취득한다. 그러나 보험계약자는 보험사고발생 이전에는 언제든지 지정을 변경할 수도 있고 보험계약을 해지할 수도 있기 때문에, 보험수익자의 지위는 보험계약자에 의하여 박탈될 수 있는 불확정적인 것이다. 따라서 보험계약자는 보험사고발생 이전인 경우에는 보험수익자에게 귀속된 보험금청구권도 처분할 수 있다. 이때에 처분의 성질이 보험수익자의 권리와 양립할 수 없는 경우에는 보험수익자의 지정이 철회된 것으로 보아야 할 것이다. 따라서 철회가능한 경우에 보험계약의 해지권행사는 지정의 철회의 의미로 보아야 할 것이고, 그로 인한 해지환급금도 보험계약자에게 귀속되어야 할 것이다.

보험계약자의 반대의 의사표시가 없는 한 보험증권대부청구권과 이익배당청구권도 당연히 보험계약자에게 귀속된다. 다만 배당을 이자부로 적립하여 보험금에 부가하는 경우에는 보험사고의 발생과 함께 보험수익자에게 급부되지만, 보험사고발생 이전에는 보험수익자는 이들 급부에 대하여 어떠한 권리도 가지지 못한다고 보아야 할 것이다.

나) 撤回不能의 경우

철회불능의 경우에는 보험수익자는 지정과 함께 당연히 추상적인 보험금청구권을 취득한다. 보험계약자의 납필보험전환권의 행사로 성립된 보험계약에 기한 보험금청구권도 마찬가지이다. 그런데 해지환급금에 대하여서는 우리나라 통설은 보험계약자에게 귀속된다고 한다.[195] 보험계약의 해지권이 보험계약자에게 귀속되기 때문에 보험계약자에게 귀속되어야 한다고 생각할 수도 있다. 그러나 해지환급금은 보험금청구권과 함께 보험계약상의 주급부이기 때문에 동일인에게 귀속되어야 할 것이다. 왜냐하면 구체적인 보험금청구권이 발생하면 해지환급금이 발생할 여지는 없고, 해지환급금청구권이 발생하면 보험금청구권은 소멸하기 때문이다. 그러므로 전술한 제외국에서도 동일인에게 귀속되고 있는 것이다.

또한 보험수익자는 보험계약상의 이익을 받을 자(상법 제639조 2항)이고 해지환급금도 보험계약상의 이익이기 때문에 수익자 지정이 철회불능인 경우에 해지환급금은 계약상 보험수익자에게 귀속된다고 해석할 수 있다.

그리고 철회불능의 경우에 보험수익자에게 해지환급금청구권을 인정하지 아니하면 보험계약자에게 보험계약의 해지권이 있기 때문에 철회불능의 지정이 있다하더라도 보험수익자의 수익권은 아무런 실체가 없는 것이 된다. 특히 보험계약자의 채권자가 보험수익자로 지정되어 보험계약이 채권담보적 기능을 담당하고 있는 경우에 보험계약자가 언제든지 해지하여 해지환급금을 취득할 수 있다면 타인을 위한 생명보험의 채권담보적 기능도 아무런 의미가 없게 된다. 또한 해지환급금은 보험금의 전신 또는 현재가치로 보면 보험금귀속주체에게 귀속되어야 할 것이다.

---

195) 손주찬, 앞의 책, 674면; 양승규, 앞의 책, 453면; 채이식, 앞의 책, 632면; 이상수, 타인을 위한 보험계약상의 보험수익자의 법적 지위에 관한 연구, 건국대 박사학위논문, 1994.8, 175면.

　따라서 상법 제736조는 임의규정이라고 해석하여야 할 것이고, 철회불능의 수익자 지정의 의사표시에는 보험금청구권뿐만 아니라 해지환급금도 보험수익자에게 귀속시킨다는 처분의 의사표시가 묵시적으로 포함되어 있다고 보아야 할 것이다. 왜냐하면 이렇게 해석하지 아니할 경우에 우회적으로 보험수익자의 권리가 침해되는 것을 저지할 수 없기 때문이다.

　그리고 이에 관하여 생명보험약관상의 조항[196]을 근거로 보험계약자가 지정변경권을 포기하더라도 해지환급금은 항상 보험계약자에게 귀속된다고 보는 견해도 있다.[197] 그러나 이러한 견해에 따르면 보험계약자가 저축적 기능을 포기하고 오로지 보장목적을 중시한 계약을 체결하는 것은 사실상 불가능하다. 현재 생명보험표준약관 제20조에서는 "계약자는 보험금지급사유가 발생하기 전에는 언제든지 계약을 해지할 수 있으며, 이 경우에 회사는 해지환급금을 드립니다"라고 규정하고 있는데, 이 규정은 해지권의 주체를 보험계약자로 하고 있을 뿐 해지환급금의 귀속주체까지 밝히고 있는 것은 아니라고 해석하여야 할 것이다.[198]

　이렇게 해석하면 물론 철회불능의 경우에 보험계약자는 보험계약상의 권리를 자신의 이익을 위하여 이용할 수 없다. 그러나 이는 보험계약자의 철회권 포기의 의사에 저촉되지 아니하기 때문에, 철회불능의 경우에는 보험계약자의 저축적 기능보다 보험수익자의 보장적 기능을 보다 중시하여 해석하는 것이 타당할 것이다.

　이상과 같은 해석론에 따르면 비록 보험계약자가 해지권을 행사하더라도 철회불능의 경우에 해지환급금은 보험수익자에게 귀속되게 된다.

　보험증권대부청구권에 관하여 생명보험표준약관 제21조에서는 보험계약자는 해지환급금의 범위 내에서 약관대출을 받을 수 있으며, 그 상환은 언

---

196) 생명보험표준약관 제20조 참조.
197) 손주찬, 앞의 책, 674면; 이상수, 앞의 논문, 175면.
198) 이는 약관상으로 이익배당청구권이나 보험증권대부청구권의 귀속주체를 보험계약자로 명시하고 있는 것과 다르다(현실적으로 전자를 계약자배당청구권, 후자를 계약자대부청구권이라고 하고 있다).

제든지 할 수 있고 상환하지 않으면 보험금 또는 해지환급금에서 상계한다는 점을 명시하고 있다. 이 규정에서 볼 때 보험계약자의 대부청구권의 행사는 보험수익자의 수익권을 침해할 수 있다. 따라서 보험수익자의 동의가 없는 한, 보험증권대부권을 행사할 수 없다고 보아야 할 것이다.

이익배당청구권과 관련하여 생명보험표준약관 제7조에서 이익배당금은 보험계약자에게 지급한다고 하고 있다. 따라서 이익배당금은 원칙적으로 보험계약자에게 귀속된다고 보아야 할 것이다. 즉, 이익배당금이 현금으로 지급되거나 보험료채권과 상계되는 경우에는 보험계약자에게 귀속된다고 보아야 할 것이다. 이렇게 보더라도 보험수익자의 수익권을 침해하는 것은 아니기 때문이다. 그러나 이익배당이 보험금에 부가되는 경우에는 보험계약자의 의사가 보험금과 배당금의 운명을 같이 하는 데 있다고 보아야 할 것이므로 이익배당청구권은 보험금귀속주체인 보험수익자에게 귀속된다고 보아야 할 것이다.

3) 取得權利의 處分可能性

전술한 보험계약상의 권리는 그 귀속주체가 보험계약자이든 보험수익자이든 일신전속적인 권리가 아닌 한 원칙적으로 처분할 수 있다.

보험사고가 발생하여 보험수익자에게 구체적 보험금청구권이 발생하였을 때는 철회가능의 유무와 관계없이 보험수익자는 구체적인 보험금청구권을 자유로이 양도 또는 입질할 수 있고, 보험계약자의 처분권은 상실된다. 또한 보험금청구권은 보험수익자의 채권자의 강제집행의 대상이 되고 보험수익자의 파산재단에도 귀속된다. 해지환급금도 철회가능한 지정의 경우에는 보험계약자에게, 철회불능의 경우에는 보험수익자에게 귀속되기 때문에, 원칙적으로 보험계약자가 해지권을 행사하여 구체적인 해지환급금청구권이 발생한 때에는 전자의 경우는 보험계약자, 후자의 경우에는 보험수익자가 이에 대한 처분권을 가지는 것은 당연하다. 그러나 보험사고발생 이전(또는 보험계약자의 해지권행사 이전)의 수익권의 처분가능성에는 문제가 있다.

가) 撤回可能한 경우

보험계약자는 언제든지 보험수익자를 변경할 수 있으므로 보험사고가 발생하기 이전에 추상적인 조건부 보험금청구권에 대하여 처분권을 가진다. 기타 보험계약상의 권리에 대한 처분권도 보험계약자에게 귀속된다. 보험수익자도 보험사고발생 이전에 이러한 조건부 권리를 양도하거나 입질함으로써 처분할 수 있다. 그러나 이는 보험계약자의 처분권에 의하여 제한받기 때문에 실질적으로는 큰 의미가 없다고 할 것이다.

보험사고 이전의 추상적 보험금청구권은 상속될 수가 없고 보험사고 이후의 구체적 보험금청구권은 상속된다. 왜냐하면 보험수익자가 보험사고발생 이전에 사망한 경우에는 수익자 지정의 효력은 상실되고, 보험계약자는 보험수익자를 새로 지정할 수 있기 때문이다(상법 제733조 3항199)).

나) 撤回不能의 경우

보험수익자는 보험사고의 발생으로 구체적인 보험금청구권이 발생하면 이를 처분, 즉 양도하거나 입질할 수 있는 것은 당연하다. 그리고 보험사고 (피보험자의 사망 또는 계약의 만기)발생 이전이라도 추상적인 보험금청구권은 보험수익자의 고유의 권리이다. 따라서 보험수익자는 추상적인 보험금청구권에 대하여 원칙적으로 양도 또는 입질함으로써 처분할 수 있다. 해지환급금청구권의 경우에도 마찬가지이다.

그러나 상법 제733조 3항 1문에서는 보험사고발생 이전에 보험수익자가 먼저 사망한 경우에 보험계약자에게 다시 재지정권을 부여하고 있다. 보험수익자의 수익권이 보험수익자의 선사망을 해제조건으로 하고 있는 것이다. 따라서 현행 상법상 철회불능의 지정인 경우에도 수익권의 양도는 큰

---

199) 이 규정에 대하여 현재 해석론상으로는 지정변경권이 유보되지 아니한 경우(양승규, 앞의 책, 441면; 최기원, 앞의 책, 474면) 또는 지정변경권이 소멸된 경우(채이식, 앞의 책, 636면)에 국한하여 해석하고 있다. 그러나 이 규정은 철회불능의 지정과 철회가능한 지정을 불문하고 적용된다고 보아야 할 것이다.

의미가 없고, 보험수익자의 수익권은 보험사고발생 이전에는 상속도 될 수 없다.

　다만 보험계약자가 재지정을 행사하기 전에 사망한 경우에는 보험수익자의 상속인이 그 지위를 대신한다(상법 제733조 3항 2문). 이때에 상속인의 권리취득은 상속에 기한 것이 아니라 수익자 지정에 기한 것이다. 그러나 보험사고발생 이후에 보험수익자가 사망한 경우에는 당연히 보험수익자의 보험금청구권은 상속된다.

第4章 保險契約上의 權利의 讓渡와 保險受益者의 地位

생명보험계약상의 권리의 양도(Assignment of Life Insurance; Abtretung von Rechten und Ansprüchen aus eimem Lebensversicherungsvertrag)는 보험계약상의 권리 또는 이익을 타인에게 이전하는 것을 의미한다.[1] 생명 보험계약상의 권리는 재산적 가치를 가지고 있기 때문에 이러한 권리가 양 도되거나 채권의 담보로 이용될 가능성이 있다. 우리 상법 제731조 2항에 서도 보험계약으로 인하여 생긴 권리를 피보험자가 아닌 자에게 양도하는 경우에는 피보험자의 서면동의를 얻도록 하고 있는데, 이는 보험계약상의 권리에 대하여 원칙적으로 재산적 가치를 인정하고 이러한 권리의 양도성 을 전제하고 있는 것이다. 또한 현실적으로도 신용사회의 발달로 재산적 가치를 지니는 보험계약상의 권리를 양도하거나 이를 담보로 신용을 창조 할 필요성은 있다. 다만 생명보험계약의 사행계약적 특성으로 인하여 양도 또는 권리의 담보화에 문제점이 없는 것은 아니다. 제외국에서는 생명보험 계약상의 권리를 증여의 목적으로 양도하거나 주택구입자금을 대출받기 위 하여 담보로 제공하는 등의 경우와 같이 생명보험계약상의 권리의 재산적

---

[1] 영미에서는 보험계약상의 권리 또는 이익을 타인에게 포괄적으로 양도하는 것을 전제로 생명보험계약의 양도(Assignment of Life Insurance; 엄밀한 의미에서는 이러한 권리를 포괄하고 있는 보험증권에 대한 소유권의 이전 을 말한다)라고 하고 있고, 독일에서는 보험계약상의 권리의 개별적 처분 가능성을 전제로 보험계약상의 제 권리의 양도(Abtretung von Rechten und Ansprüchen aus eimem Lebensversicherungsvertrag)라고 하고 있다. 물론 현실적으로 보험계약상의 권리의 포괄적 양도가 일반적으로 이용되든 개별적 양도가 일반적으로 이용되든 간에 생명보험계약상의 권리는 전부 또는 일부를 언제든지 처분가능하다는 점은 동일하다. 따라서 이하에서는 특별한 언급이 없는 한 양자를 구별하지 않기로 한다.

가치가 일반적으로 이용되고 있다. 특히 미국의 경우에는 담보를 위하여 생명보험계약상의 권리를 양도하는 경우가 일반화된 서면에 의하여 널리 이용되고 있다.

우리나라에서는 보험계약상의 권리의 처분가능성이 인정됨에도 불구하고 현실적으로는 양도 또는 담보가 일반적으로 이용되고 있지는 않고 있다. 그러나 보험계약상의 권리가 양도되거나 이러한 권리에 담보권이 설정될 경우에는 일반 민법이론에 따를 수밖에 없는데, 문제는 당해 보험계약이 보험수익자가 지정되어 있는 타인을 위한 보험계약인 경우에 보험계약상의 권리에 대한 처분과 보험수익자 지정 간의 긴장관계이다. 특히 담보를 위한 양도의 경우에는 양도계약 당사자 간에 보험계약상의 권리의 양도에 시간적 제한이 일반적으로 설정되기 때문에 보험수익자의 지위에 여러 가지 문제가 발생한다.

이와 같이 보험계약상의 권리의 양도가 보험수익자의 지위에 어떠한 영향을 미치느냐는 점, 즉 보험계약상의 권리의 처분으로 인한 보험계약자와 보험수익자 간의 이해충돌과 그 법률적 문제를 검토하기 위하여서는 양도효과가 각기 다른 보험계약상의 권리의 양도형태와 양도가 유효하기 위한 요건 등의 문제가 먼저 다루어져야 할 것이다.

따라서 이하에서는 생명보험계약상의 권리의 재산적 가치가 일반적으로 이용되고 있는 미국과 독일을 중심으로 양도의 유효요건과 양도의 효과 중에 양도 후 보험수익자의 법적 지위에 관하여 검토한 후에 우리나라에서의 해석론을 모색해 보고자 한다.

I. 保險契約上의 權利의 讓渡制度의 沿革 및 類型

1. 保險契約上의 權利의 讓渡制度의 沿革

1) 美國의 Assignment 制度의 沿革

미국에서 생명보험계약은 일종의 Chose in action(소송상의 동산[2])으로 인정되고, 그 권리자(owner, Policyholder)는 이를 일종의 동산과 같이 양도할 수 있는 것이다. 이는 일반원칙이기 때문에 보험약관상에 양도조항이 있는지 유무와는 관계없이 권리자는 양도처분권을 가진다.

그런데 생명보험계약이 일종의 재산권으로서 양도될 수 있다는 것은 이미 19세기말 내지는 20세기 초에 발전된 것이다. 19세기의 생명보험계약에서는 원래 단지 사망보험금청구권만 인정될 뿐 보험수익자의 지정변경제도가 없었기 때문에 보험계약자는 보험계약에 관하여 지배권을 가지고 있지 못하였다.[3] 요컨대, 초기 보험계약상의 수익자조항은 간단한 것이었기 때문에 만일 자신이 사망한 경우에 보험금을 보험수익자에게 지급하도록 하는 보험계약자와 보험자 간의 계약에 불과하였다. 그 후 책임준비금제도의 발달로 해지환급금청구권과 같은 권리가 보험계약자 측에서 이용할 수 있게 되었지만, 당시는 보험계약의 만기 전 권리는 모두 보험수익자 또는 그의 상속재산에 귀속된다고 보았기 때문에 보험계약자의 보험계약에 대한 소유권 개념은 존재하지 않았다. 보험수익자는 보험계약의 절대적 소유자로 보고, 보험계약자에 의한 보험계약의 양도를 인정할 여지는 없었다.[4]

---

2) Chose in possession(유체동산)과 달리 소송상 실현될 수 있는 권리를 의미한다.

3) COMMENT, The Assignment of Life Insurance as Collater Security for Bank Loans, 58 Yale L. J., p.744.

4) 이 당시에는 보험계약상의 청구권은 보험증권이 발행되는 즉시 보험수익자로 지정된 자에게 귀속되고, 보험계약자는 유언이나 양도증서 등의 행위에 의하

20세기에 접어들면서 보험계약자의 보험수익자 지정변경권이 인정되면서, 보험계약의 만기 전에 보험계약상의 권리는 보험계약자와 보험수익자에게 공동으로 귀속되고, 만기 이후에는 보험수익자에게 단독으로 귀속된다고 보았다. 그 후 보험계약의 소유권 개념도 계속 수정되었고 오늘날에는 보험계약의 양도권은 보험계약상의 주요 권리 중의 하나로 인정되고 있다.

2) 獨逸에서의 讓渡의 沿革[5]

초기 독일 생명보험회사는 1828년 이래로 통일적인 법적 기초하에서 생명보험계약을 체결하기 시작하였다. 즉 보험계약에서 보험계약자와 보험자 간의 권리의무가 보험약관으로 규율되게 되었으며, 이 시기가 독일에서 근대 생명보험시대의 출발점이 되었다. 이미 이때부터 보험계약자에게 생명보험계약상의 권리를 환가할 수 있는 가능성을 부여하고 있었다. 1828년의 Gotha 생명보험약관에서 이미 보험을 제3자에게 절대적으로 양도할 수 있는 가능성을 보험계약자에게 부여하고 있다. 초기 생명보험 발달단계에서는 "증권에 대한 소유권을 제3자에게 이전할 수 있다"는 약관의 규정으로부터 보험계약상의 권리의 양도가능성에 대한 근거를 찾았다. 즉, 보험증권의 소유권을 이전함으로써 보험계약자의 지위가 변경되어 채권자 내지 보증인이 보험계약자가 되고, 신 증권소유자는 처음부터 타인을 위한 보험계약을 체결한 보험계약자와 동일한 지위에 서게 된다.

1830년 Leipzig 생명보험약관 제4조에서는 보험증권은 보험기간 중에 양도함으로써 제3자에게 이전할 수 있다고 규정하고 있다. 또한 1853년 Mecklenburg 생명보험 및 금융약관에서는 감독관청에 대한 통지 없이 보험증권을 양도 또

여 수익자의 권리를 타인에게 이전할 수 없는 것이 원칙이라고 이해했다 (Note, The Effect of Assignment upon the Interest of a Life Insurance, 47 Virgnia L. Rev. p.91).

5) 자세한 내용은 Joseph, U., Lebensversicherung und abtretung, Peterlang, Frankfurt, 1990, S. 3 ff.; Brecher, Die Interessenconflicte bezüglich der Lebensversicherungssumme, Wien, 1902, S. 50 ff. 참조.

는 입질할 수 있는 권리를 보험계약자에게 부여하고 있다.

그러나 생명보험계약상의 청구권을 양도 또는 입질할 수 있는 권리는 초기 독일의 생명보험회사의 모든 약관에서 인정되는 것은 아니었고, 독일 생명보험협회 소속 생명보험회사의 보통보험약관에는 양도나 질권설정에 관한 규정은 없었다.

여기서는 단순한 보험계약상의 권리의 양도만이 문제가 아니라 보험계약자의 지위의 이전도 문제된다. 보험계약상의 권리의 양도의 경우에는 보험자의 거절권이 인정되지 않지만, 보험계약자의 지위이전의 경우에는 보험자가 이전에 대한 승인을 거절할 수 있었다.[6]

많은 보험약관에서는 양도와 입질에 관한 특별한 규정은 없는 데 반하여 보험계약자의 지위의 교체에 관하여서는 규정하고 있었다.[7] 지위이전의 근거는 1828년 Gotha 생명보험약관에서 이미 명시적으로 채권과 담보권이라고 규정하고 있었다. 그러나 양도의 가능성에 대하여서는 명시적으로 나타나 있지 않았다. 그러나 이에 대하여 약관상에는 언급이 없다할지라도 보험계약상의 청구권의 양도는 가능하다고 보았다.[8] 그 후 양도가 채권담보의 수단으로 이용되게 되었고, 1844년 Frankfurt 생명보험회사 약관에서는 양도인과 양수인에 의한 양도의 통지를 요구하게 되었다.[9]

1910년의 생명보험보통약관에서도 양도자체의 허용성에 관한 규정은 아니지만 이를 전제로 '보험계약상의 제 청구권의 양도 또는 입질은 처분권자가 보험자에 대한 서면통지가 도달하였을 때에 유효하다(동 약관 16조)고 규정하고 있다.[10] 이는 오늘날 신 보통보험약관의 양도에 관한 규정(동 약관 13조 3항)에 상응하는 규정이다.

---

6) Joseph, a.a.O., S. 6.
7) Brecher, a.a.O., S. 50.
8) Brecher, a.a.O., S. 122.
9) Joseph, a.a.O., S. 8.
10) Bruck-Möller-Winter, Kommentar zum Versicherungsvertragsgesetz und zu den Allgemeinen Versicherungsbedingungen unter Einschluß des Versicherungsmittlerrechts, Bd.5/2, 8 Aufl., Berlin, 1988, S. 153 참조

2. 保險契約上의 權利讓渡의 類型

1) 擔保를 위한 讓渡(Collateral Assignment; Sicherungszession)

미국에서 생명보험계약의 양도는 기존채무의 담보를 위하여 또는 대부채무(예컨대 보험료대부)를 담보하기 위하여 행해지는 담보적 양도가 가장 많이 이용되고 있다.[11] 생명보험은 기존채무나 대부채무를 담보하기 위하여 철회불능의 보험수익자를 지정하는 경우도 있다. 그러나 채권자의 입장에서는 피보험자의 사망으로 인한 사망보험금(the death benifit)뿐만 아니라 해지환급금(cash surrender value)에 대한 권리도 주어지는 담보를 위한 양도방법을 선호하고 있다.[12] 담보적 양도는 일종의 보험계약상의 권리에 대한 질권설정(pledge)으로 보기 때문에 질권에 관한 원칙이 적용된다. 따라서 양도인과 양수인 간의 관계에서 본다면 질권설정자인 양도인이 채무를 소정의 기간 내에 변제한다면 양도관계는 소멸하고 보험계약관계는 당해 양도가 있기 전의 상태로 복원되지만 이에 반하여 채무가 변제되지 아니하면 질권자인 양수인은 법원의 판결 또는 당사자 간의 질권설정계약에 따라서 담보된 보험계약의 재산가치에서 채권의 만족을 얻을 수 있다.

그런데 질권자인 양수인의 보험계약에 대한 권리는 피담보채권의 범위 내로 한정되고 질권설정자인 양도인의 채무불이행을 정지조건으로 하기 때문에 한정적이고, 잠정적인 권리라고 할 수 있다. 따라서 담보를 위한 양도가 행하여진 경우에는 보험계약상의 어떠한 권리(Power)가 질권자에게 인정되는지 여부가 가장 문제이다. 미국은행협회(American Bankers Association) 표준양식인 소위 ABA Form이 작성사용되기까지는 일반적인

---

11) W. R. Vance, Law of Insurance, 3rd. ed.(St. Paul, Minn: West Publishing Co.), 1951, p.765.

12) M.L. Crawford, Law and the Life Insurance Contract(7ed.), IRWIN, 1994, pp.338-339; 미국에서는 철회불능의 경우에 해지환급금은 보험계약자에게 귀속되는 것으로 본다.

담보를 위한 양도는 양수인에게 보험계약상의 특별한 권리를 부여하지 아니하였다. 양수인이 보험계약의 해지를 청구하면 대개 보험자는 보험계약상의 권리자의 참가(joinder)를 구하였다. 물론 담보를 위한 양도의 표준서식인 ABA Form을 채택하면서 담보를 위한 양도로 발생하는 문제는 거의 없어졌다고 할 수 있다.[13]

2) 絶對的 讓渡(Absolute Assignment; Vollzession)

절대적 양도는 양도인이 소유하는 계약상의 모든 권리를 양수인에게 이전하는 양도형태이다. 즉, 양수인으로 하여금 보험계약상의 제 권리를 취득하게 하는 양도이다. 따라서 양도인이 모든 보험계약상의 권리를 가지는 경우, 보험계약상의 모든 권리자가 양도에 참가하는 경우에는 양수인은 양도권리에 대한 새로운 권리자가 되고, 어떠한 자의 동의 없이도 양도권리를 행사할 수 있다.

절대적 양도는 무상적 양도(Gifts: 제3자에 대한 증여)와 유상적 양도(Sales: 대가를 취득하고 양도하는 경우)로 나누어 볼 수 있다.[14]

무상의 절대적 양도는 철회불능의 보험수익자를 지정한 경우와 실질적으로는 유사하다. 그러나 철회불능의 보험수익자는 원칙적으로 보험계약의 해지권 또는 보험증권대부청구권을 가지지 아니하지만, 절대적 양도에서 양수인은 이러한 권리를 가진다는 점에서 양자는 다르다.[15]

또한 보험계약자가 무자력(Insolvency)의 채무자인 경우에는 보험계약자의 채권자의 권리에 대한 사해행위를 방지하기 위하여 무상의 절대적 양도는 인정되지 아니한다. 따라서 양도인이 지급능력이 있고 악의가 아닌 한, 무상양도라 할지라도 양수인은 확정적 수익자(vested beneficiary)로서 모든 권리를 취득하는 것이다.

---

13) W. R. Vance, op. cit., p.765.

14) Crawford, op. cit., pp.337-338.

15) Greider-Beadles, Law and the Life Insurance Contract, 4th ed., IRWIN, Illinois, 1978, p.286.

유상의 절대적 양도는 생명보험계약의 재산권적 성격에서 일반적으로
인정되고 있지만 투기적 거래(wagering transaction)에 이용될 수 있기 때
문에 악의 또는 선량한 풍속 기타 사회질서(Public Policy)에 반하는 경우
에는 이를 인정하지 아니한다.

유상의 절대적 양도는 양수인은 피보험이익을 가지지 아니한다는 이유
에서 거의 인정되지 아니하였지만, 1911년 Grigsby v. Russel사건[16]에서 연
방대법원은 이를 긍정하였다. 이 판결은 생명보험계약에 재산적 성격을 인
정하는 것이 바람직하고, 피보험이익을 가지지 아니한다고 양도를 부정하
면 보험계약자의 보험계약상의 권리에 대한 운용가치가 감소하게 된다는
점을 그 근거로 하고 있다. 또한 보험계약의 법적 구조에서 이 판례에 찬
성하는 학설도 있다.[17]

---

16) Grigsby v. Russel, 222 U.S. 149, 32 Sup. Ct. 58, 56 L. Ed. 133(1911)사건
  은 Buchard가 자신의 사망보험계약을 체결한 후 2회 보험료를 지급한 후
  에 자금의 필요로 인하여 보험계약을 100달러로 Grigsby에게 양도하였다.
  그 후 보험사고가 발생하여 보험금에 대하여 Buchard의 상속인과 양수인
  Grigsby가 다툰 사건이다. 이 건에서 연방대법원은 양도가 도박적 성격이
  없고 선량한 풍속 기타 사회질서에 반하는 것도 아니라는 이유로 양도의
  유효성을 인정하였다.

17) Dechert, Assignment of Life Insurance Polices, 1948, p.33-34에 따르면 원
  래 보험계약의 양수인에 대하여 피보험이익을 요하는 것은 타인의 생명보
  험에서 보험계약자가 타인의 생명에 대하여 피보험이익을 가져야 한다는
  취지이며, 소위 피보험자에 대한 모살의 위험을 방지하는 데 있다고 한다.
  그런데 보험계약자가 피보험이익의 문제와는 관계없이 보험수익자를 지정
  할 수 있다면 보험계약자가 자신의 선택에 따라 양수인에게 양도하고자 하
  는데 피보험이익을 문제시하는 것은 타당하지 못하다고 한다.

II. 讓渡의 要件

1. 美國法上의 要件

1) 實質的 要件

보험계약의 양도는 보험계약상의 권리 또는 이익의 양도를 의미하기 때문에 계약상의 권리양도에 적용되는 일반원칙이 당연히 보험계약에도 적용된다. 따라서 법률 또는 약관에 양도를 금지하는 규정이 없어야 하고, 양도로 인하여 보험자의 의무 또는 보험수익자의 확정적 권리에 영향을 미쳐서는 안 된다는 점, 그리고 양도 자체가 선량한 풍속 기타 사회질서에 반하여서는 안 된다는 점 등이 실질적인 요건이 될 것이다.

또한 보험계약의 특수성에서 볼 때 보험수익자의 동의가 필요한지 여부, 양수인에게 피보험이익을 요구할 것인지 여부 등이 문제된다. 먼저 보험수익자의 동의여부는 수익자의 지정이 철회가능한 경우에는 보험수익자의 동의는 필요하지 아니하고 수익자 지정이 철회불능인 경우에는 수익자의 동의가 필요할 것이다.[18]

그리고 양수인이 피보험자의 생명에 대하여 피보험이익을 가져야 하는지 여부는 절대적 양도의 경우에만 문제된다. 담보적 양도의 경우에는 판례는 양수인의 피보험이익의 흠결을 이유로 무효라고 판시하고 있지는 않다. 절대적 양도의 경우에 양도가 피보험자의 생명을 도박으로 이용할 의도 없이 선의로(in Good Faith) 이루어졌다면 비록 양수인이 피보험자의 생명에 관하여 피보험이익을 가지지 않는다 할지라도 양도는 유효하다는 것이 다수 주법원의 입장이다.[19] 즉, 피보험이익이 있는 자가 보험계약체

---

18) Crawford, op. cit., p.347.
19) 김문환, 생명보험계약에 있어서 피보험이익, 상사법의 현대적 과제(춘강 손주찬교수화갑기념논문집), 356면.

결 후에 피보험이익이 없는 자에게 양도할 목적이 없이 보험계약이 체결된 경우에 보험증권소지인은 보험계약을 양도할 수 있다는 것이다. 이러한 입장은 Butterworth v. Mississipi Valley Trust Co. 사건[20]에서 잘 나타나고 있다. 이 사건에서 법원은 "보험수익자가 피보험이익을 가지고 있고, 보험수익자의 보험계약의 양도가 선의이고 도박을 은폐하기 위한 것이 아니라면 비록 피보험이익이 없는 자에게 양도되었다 할지라도 양도는 유효하다"고 하여 양수인의 피보험자에 대한 피보험이익이 생명보험계약의 양도에서 필수요건이 아니라는 원칙을 확고히 하고 있다. 이 판결은 오늘날 상업시대에서 상관행으로 볼 때 양도권이 없다면 생명보험의 많은 가치를 상실하게 된다는 점을 그 근거로 하고 있다.

소수 주에서는 선의로 양도되었다 할지라도 절대적 양도에서 양수인은 피보험자의 생명에 대하여 피보험이익을 가져야 한다고 한다.[21] 그 근거로서는 피보험이익이 없는 양수인이나 보험수익자에 의한 고의에 의한 살해의 위험성은 마찬가지라는 점을 들고 있다.

그러나 처음부터 피보험이익이 없는 자에게 보험계약을 양도할 목적이 있는 경우에는 즉 악의인 경우에는 보험계약 자체는 유효할지라도 보험계약의 양도는 무효이다.

---

20) 이 사건에서 원고 Butterworth는 자신을 피보험자로 보험계약을 체결한 후, 1935년에 채권자인 Tarlton을 보험수익자로 지정하고 보험증권을 양도하였고, Tarlton은 다음 해 이를 Tarlton재단에 재양도하였다. 보험료는 양수인이 지급하던 중에 1947년에 피보험자인 Butterworth가 사망하여 보험금이 Tarlton재단에 지급되었다. 이에 원고는 Tarlton재단은 피보험이익을 가지지 아니하기 때문에 선량한 풍속 기타 사회질서(Public Policy)에 반하는 도박거래라고 주장하여 소를 제기한 사건이다(240 S.W 2d 676 1951, 30 A.L.R. 2d 1298(1953)).

21) Taxas 주 법원에서는 양수인에게도 피보험이익을 요건으로 하여 피보험이익이 없는 자에게 양도한 계약은 무효라고 한다. 대표적인 판례로는 E.g., Griffin v. McCoach, 123 F. 2d 550(5th Cir.), cert. deneid., 316 U.S. 683(1941)판결이 있다. 이에 관한 자세한 내용은 Keeton, Casebook, 1988, pp.184-187 참조.

2) 形式的 要件

먼저 보험계약의 양도는 서면에 의하여야 하는지가 문제된다. 일반적으로 계약의 양도는 법률 또는 약관에 특별한 규정이 없는 한 반드시 서면에 의할 필요는 없고 구두라도 무방하다.[22] 그러나 보험약관에는 일반적으로 서면에 의한 통지를 보험자에 대한 대항요건으로 하고 있다. 다만, 서면에 의한 양도를 요하는 경우에도 보험증권의 현실적 교부가 있다면 정황에 따라 유효한 양도가 성립하는 경우도 있다.[23]

그리고 유효한 보험계약을 양도하기 위하여서는 보험증권 또는 양도증서(written assignment)를 양수인에게 교부할 필요가 있다.[24] 그러나 다수의 판례는 양도가 정당하게 이루어지면 보험증권의 교부가 반드시 양도의 효력발생요건은 아니라고 한다.[25] 물론 보험증권의 교부가 없기 때문에 이중양도가 발생하는 경우에 제1양수인은 양도사실로써 보험계약자에게는 대항할 수 있지만, 선의의 제2, 제3양수인에 대하여서는 대항할 수 없다.[26]

---

22) Crawford, op. cit., p.347.

23) Sundstorm v. Sundstorm, 15 Wash, 2d 103, 129p.2d, p 783(1942) 판례가 전형적인 예이다. 이 사례에서는 보험계약자(피보험자)는 모를 보험수익자로 하여 자신의 생명에 대하여 보험계약을 체결하였다. 그 후 보험계약자는 자신의 병으로 인하여 처가 생계를 돕고 있었기 때문에 보험수익자를 처로 변경하고 보험증권을 처에게 교부하였다. 그 후 처가 교통사고로 상해를 입자 보험계약자는 보험증권을 양친에게 이전하였다. 처는 이혼소송을 제기하였지만, 법원의 판결이 있기 전에 피보험자가 사망하였다. 이때에 당해 보험계약에서 보험수익자는 계약자의 모로 되어 있었다. 이러한 사건에서 법원은 처에게 형평법상의 양도(equitable assignment)가 있다고 판시하였다. 보험증권 교부 당시의 정황으로 보아 보험계약자는 보험금 전부에 대한 소유권을 처에게 귀속시키고자 하였기에 보험증권의 양도는 약관에서 요하는 증권면에 행하지 아니하였다 할지라도 유효하다고 보았다 (Greider-Beadles, op. cit, pp.278-280).

24) Crawford, op. cit., p.347.

25) E. W. Patterson, Essencial of Insurance Law, 2d., New York, 1957, p.217.

26) Stuart Schwarzschild, Right of Creditors in Life Insurance Policies, 1963, p.103.

또한 The Restatement of Contract § 174에서는 복수의 양수인이 존재하는 경우에는 보험증권의 소지인이 우선권을 가진다고 규정하고 있다.[27]

다음으로 보험자에게 통지하여야 하는지 여부에 관한 문제이다. 일반적으로 약관상에서 서면으로 보험자에게 통지하지 않는 한 보험자는 보험계약의 양도에 관하여 구속받지 아니한다고 규정하고 있지만, 이는 통상 보험자의 이익을 위한 규정이라고 보며, 계약양도의 효력발생요건이라고 보지는 않는다. 따라서 보험자에게 통지하지 아니하여도 보험계약의 양도는 당사자 간에 유효하게 성립한다. 다만 양도사실로써 보험자에 대항하기 위하여서는 보험자에 대하여 통지 하지 않으면 안 된다. 또 보험자에의 통지는 보험자의 이익을 위한 규정이라고 보기 때문에 보험자는 그 절차의 이행의 요구를 포기할 수 있다.[28] 이 경우에 보험수익자(제3자)는 보험자에게 통지되지 아니하였다는 이유로써 양도를 무효라고 주장할 수 없다.

보험자에의 통지와 관련하여 분쟁이 발생하는 것은 단순히 보험수익자와 보험계약자 간에만 발생하는 것이 아니고 보험증권의 이중양도가 있는 경우에는 다수의 양수인 간에 있어서도 분쟁이 발생할 수 있다. 가장 전형적인 예로서, 양수인이 보험증권을 교부받지 아니하였는데, 보험증권이 이중으로 양도되었고, 그 후에 양수인이 보험자에 양도통지를 한 경우이다. 이 경우에 해결방법이 미국과 영국의 경우가 다르다. 영국에서는 통지주의를 취하고 있기 때문에 먼저 보험자에 대하여 통지한 양수인이 우선권(Prior claim)을 가진다. 그러나 이 양수인이 자기보다 먼저 미통지의 양도를 받은 사실을 알고 보험증권을 양수하였다면 이 양수인은 사기죄(guilty of fraud)에 해당한다.

그러나 미국에서는 행위주의를 취하고 있기 때문에, 먼저 양도받은 양수인이 우선권을 가지게 된다. 그러나 예외적으로 먼저 양도받은 자가 보험증권의 교부청구를 해태하였기 때문에 양수인이 선의로 양수하고 보험자에게 먼저 통지한 경우에는 후의 양수인이 우선권을 가진다고 한다. 이러한

---

27) Greider-Beadles, op. cit., p.280.
28) Greider-Beadles, op. cit., p.280.

입장이 미국의 대다수의 주법원에서 채택하고 있다.[29]

또한 다수의 양수인 간 또는 양수인과 보험수익자 간에 분쟁이 발생하여 보험자가 진정한 권리자를 확인하기 곤란한 경우에는 보험자는 보험금을 공탁하여 소위 경쟁권리자확인절차(interpleader)에 따라 처리할 수 있다.[30]

2. 獨逸法上의 要件

1) 實質的 要件

보험계약의 양도는 보험계약상의 제 권리의 양도를 의미하기 때문에 계약상의 채권양도에 적용되는 일반원칙도 당연히 보험계약에도 적용된다. 따라서 법률 또는 약관에 양도를 금지하는 규정이 없어야 하고, 양도로 인하여 보험자의 의무 또는 보험수익자의 확정적 권리에 영향을 미쳐서는 안 된다는 점, 그리고 양도 자체가 선량한 풍속 기타 사회질서에 반하여서는 안 된다는 점 등은 미국에서와 마찬가지이다.

타인의 생명보험계약이 체결되는 경우에는 피보험자의 동의를 요하고 있는데(보험계약법 제159조 2항), 보험계약상의 청구권을 양도할 경우에도 피보험자의 동의가 필요한지 여부가 의문이다.

그런데 법규정상으로 동의를 요구하는 경우는 타인의 생명에 대하여 보험계약을 체결하는 경우뿐이며 보험금청구권이 양도되는 경우에는 포함되지 않고 있다. 그리고 동 조항이 피보험자의 동의를 요하는 것은 타인의 생명이 투기로 이용되는 것을 방지하고 도덕적 위험의 발생을 배제하고자 하는 데 그 목적이 있다. 보험계약자(＝피보험자)에 대하여 채권을 가지고 있는 채권자에게는 투기의 폐해가 없고, 집행절차가 공적이기 때문에 도덕적 위험은 적다. 따라서 보험계약상의 권리의 양도에는 피보험자의 동의를 요하지 아니한다고 한다.[31] 현재 독일에서는 계약체결 후에 보험금청구권

---

29) Crawford, op. cit., p.348.

30) Vance, op. cit., p.690.

을 양도하는 경우에는 임의양도이더라도 피보험자의 동의를 요하지 아니한
다는 입장이 일반적이다.[32]

또한 보험계약의 특수성에서 볼 때 보험수익자의 동의가 필요한지 여부
도 문제될 수 있으나, 원칙적으로 보험수익자의 동의는 요하지 않는다. 다
만 후술하는 바와 같이 철회불능의 수익자 지정이 있는 경우에 원칙적인
처분권은 보험수익자가 가진다고 보면, 이익배당과 관련하여서는 철회불능
의 수익자 지정의 경우에 보험계약자는 원칙적으로 생명보험의 저축적 기
능과 담보적 기능을 활용할 수는 없게 된다. 따라서 보험계약자가 급박한
자금이 필요한 경우에는 철회불능의 수익자로 지정되어 있는 수익자에게
철회불능의 수익자 지정을 취소하거나 불가피한 담보를 위한 양도는 철회
불능의 수익권보다 우선한다는 데 동의할 의무가 법률적으로 부과되는 경
우[33]가 있다 예컨대 조합법(BGB 제744조 2항), 부부재산법(BGB 제1365
조 2항, 제1369조 2항, 제1451-2조), 그리고 상속법(BGB 제2038조 1항, 제
2206조 2항)에서 찾아 볼 수 있다.

보험수익자가 이와 같은 동의할 의무를 지지 아니하는 경우에도 보험수
익자가 철회불능의 수익자 지정을 취소하는 데에 동의함으로써 양도의 길

---

31) Schulz, Wieweit unterliegen die Rechte des Versicherungsnehmers dem
    Lebensversicherungsvertrg bei seiner Lebzeiten dem Zugriff der
    gläubiger?, Dissertation Leipzig, 1914, S.281.
32) v. Gierke, Der Lebensversicherungsvertrag zugunsten Dritter nach
    deutschem und ausländischem Recht, Stuttgart, 1936, S. 336; Fuchs, Die
    Gefahrsperson im Versicherungsrecht, Inaugural Dissertation, Berlin, 1973,
    S. 83; Bruck-Möller-Winter, VVG Komm., Bd 5/2, S. 1065; Prölss-
    Martin, Versicherungsvertragsgesetz mit Erläuterungen zu den wichtigsten
    Versicherungsbedinungen, 24. Aufl., München, 1988, § 159 Anm. 2A, S.
    701; RG 9.5. 1937, RGZ 154, 155.
33) 이것은 보험계약자를 경제적 파산으로부터 보호하기 위하여 긴급한 재정적
    필요를 요하는 경우에만 적용되는 것이 아니라 예컨대 자신과 가족을 위하
    여 건축하거나 주택을 구입하는 경우에 담보제공을 위하여 보험계약자가
    보험을 이용하는 경우에도 적용된다.

을 제공할 것인지는 전적으로 보험수익자의 재량에 달려있는 것이다.[34]

그리고 독일에서는 이익주의를 취하지 아니하기 때문에 영미에서와 같이 양수인의 피보험이익 문제는 없다.

2) 形式的 要件

형식적 요건과 관련하여 먼저 보험계약의 양도는 보험자에게 통지를 요하는지가 문제된다.

생명보험보통약관(ALB) 제13조 3에서는 양도의 통지를 양도의 유효요건으로 하고 있는데, 이에 따르면 보험계약상의 청구권의 양도는 철회가능한 수익자의 지정 또는 철회나 질권설정의 경우와 마찬가지로 처분권자가 이를 서면으로 통지한 경우에만 비로소 보험자에 대하여 효력이 있다.

양도의 통지가 없는 경우에 미통지의 효과가 문제되는데, 이는 실제적으로 중요한 의미를 가진다. 왜냐하면 이에 관하여 판례는 일관된 견해를 제시하고 있지 못하기 때문이다.[35] 생명보험계약상의 청구권의 양도는 보험자에 대한 통지 없이는 절대적 무효인지 아니면 상대적 무효인지 즉 무효가 대세적인지 아니면 보험자와 처분권자 간에만 무효인지 여부에 관하여 견해가 대립되어 있다.[36] 만약 상대적 무효라고 한다면 오직 보험자만이 무효를 주장할 수 있게 되는 것이다. 보험자가 무효라고 주장하지 않으면 양도인, 양수인뿐만 아니라 제3자는 양도가 유효한 것이라고 받아들여야 하고, 따라서 상대적 무효라는 항변이 제3자에게는 허용되지 않는 항변이다.[37]

---

34) Winter, Interessenkonflikte bei der Lebensversicherung zugunsten Angehöriger, 1990, S. 22.

35) 비교적 근래의 판례로는 OLG München 13.6.1986(VersR 1987, S. 810-811); OLG Karlsruhe 16.3. 1988(VersR 1989, S. 34); LG Köln 27.3.1985(VersR 1986, S. 649).

36) 학설의 대립에 관한 자세한 내용은 Bruck-Möller-Winter, a.a.O., S.1169 ff.; Kuhnert, Die Funktion der Abtretungsanzeige in der Lebensversicherung, VersR 1988, S. 1218 ff. 참조

37) Bruck-Dörstling, Das Recht des Lebensversicherungsvertrages, 2. Aufl.,

138

특히 1986년 OLG München 판결[38]은 통지의 흠결이 상대적 무효인지 절대적 무효인지 라는 문제에 다시 혼선을 가중시키게 되었다. 왜냐하면 1985년 LG Köln 판결에서는 생명보험계약상의 권리(청구권)양도의 효력은 보험계약자가 보험자에게 양도를 통지하였는지와는 무관하다고 판시하였으나,[39] 이 판결은 양도가 보험자에게 통지되지 않은 경우에 양도는 절대적 무효라고 하여 이전의 판례에 대하여 명시적으로 반대하고 있기 때문이다.

연방대법원판례(BGH)는 통지를 결한 양도의 효력에 관하여 1977년 판결[40]을 제외하고는 상대적 무효라는 입장을 취하고 있다.[41]

그리고 보험증권의 교부가 양도의 요건인지 여부가 문제이나, 독일에서 보험증권의 교부는 생명보험에서 계약상의 권리양도의 유효요건으로 요구되고 있지는 않다.[42] 그러나 보험증권의 교부가 요건은 아닐지라도 현실적으로는 양수인은 보통보험약관 제11조의 소지자조항과 관련하여 보험증권의 인도를 요구한다. 왜냐하면 동 약관 제11조에 따르면 보험자가 보험증권소지자에게 급부를 행한 경우에는 면책력이 인정되기 때문이다.

Mannheim-Berlin- Leipzig, 1933, S. 255.
38) OLG München 13. 6. 1986(VersR 1987, S. 810-811).
39) LG Köln 27.3.1985(VersR 1986, S. 649).
40) BGH 4.5.1977(MDR 1977, S. 1012-1013).
41) BGH 26.10.1965, NJW, 1966, S.157-158; BGH 24.4.1978, VersR 1978, S. 915-916.
42) Joseph, a.a.O., S. 46.

III. 保險契約의 讓渡後 保險受益者의 地位

1. 美國法上의 地位

전술한 바와 같이 보험계약의 양도는 절대적 양도와 담보를 위한 양도 등의 유형이 있기 때문에 그 효과도 각 유형에 따라 다르다.[43] 투기적 양도(Wagering assignment[44])는 일반적으로 인정되지 아니하기 때문에 이러한 양도는 무효이다. 또한 담보적 양도에 관하여서는 ABA Form에 규정되어 있기 때문에 크게 문제되지 않는다. 즉, ABA Form에는 보험수익자의 서명란을 두어 담보를 위한 양도에 보험수익자의 동의를 요하고 있다. 이러한 동의는 보험수익자와 양수인 간의 보험금청구권에 대한 갈등을 예방해 주고, 양수인이 만기도래 전의 권리를 행사하고자 할 때에 보험수익자의 동의요건을 배제시켜 주는 의미를 가진다. 보험수익자가 담보를 위한 양도에 동의하면 보험수익자 지정이 철회가능한지 여부를 불문하고 양수인은 보험계약상의 권리 또는 이익에 대하여 피담보채권의 범위 내에서 보험수익자의 권리보다 우선한다.

---

43) 그러나 이하에서는 비교법상의 편의를 위하여 수익자 지정의 철회가 가능한지 여부에 따라 그 효과를 고찰한다.

44) 타인의 생명에 대하여 보험계약을 체결할 때에는 피보험이익이 존재하여야 하는데, 이러한 제약에 대한 탈법행위로서 Assignment가 이용되는 경우가 있다. 즉 타인으로 하여금 직접 보험계약을 체결하도록 하고, 보험계약을 양도받는 방법이 행해지고 있다. 이러한 양도를 투기적 양도(Wagering assignment)라고 한다.

1) 撤回可能한 指定

가) 絶對的 讓渡의 경우

철회가능한 지정의 경우에 보험수익자의 권리는 조건부 보험금청구권이며, 기타 보험계약상의 제 권리는 당연히 보험계약자에게 귀속되기 때문에 원칙적으로 보험계약자는 자유로이 보험계약을 양도할 수 있다. 그리고 보험수익자의 권리는 이 양도로써 구속된다. 그러나 보험수익자의 권리는 조건부 권리이지만, 보험수익자는 이미 지정된 권리자이다. 따라서 보험계약자가 미리 지정을 변경 또는 철회한다면 문제는 없지만, 그렇지 않고 직접 계약을 양도한 경우에 보험수익자의 권리는 어떠한 영향을 받는지에 관하여서는 판례의 입장은 나뉘어 있다.

제1설은 보험수익자를 변경을 하지 않는 한, 보험계약의 양도는 보험수익자의 권리에 영향을 미치지 아니한다는 견해[45]이다. 이 견해의 이론적 근거는 보험수익자의 지정이 철회가능하다 하더라도 보험수익자는 보험금에 대하여 확정적 권리를 가지지만 박탈될 수 있는 권리(vested intrested subject to divestment)를 가진다는 점이다. 결국 보험수익자의 권리는 약관의 규정에 따라서 보험수익자의 지정이 변경된 경우에 한하여 박탈될 수 있다고 주장하는 것이다. 이 설은 일반적으로 New Jersey Rule이라고도 하지만, 오늘날 뉴저지주 외에 콜로라도주, 메사츄세츠주에서만 적용되고 그 내용도 상당히 수정되어 있다.[46]

제2설은 계약의 양도는 동시에 보험수익자의 변경을 초래한다(assignment

---

45) Continnental Assurance. Co. v. Conroy 209 F. 2d 539(3d Cir. 1954);
    Rountree v. Frazee, 209 So. 2d 424(Ala. 1968).

46) 수정의 내용을 살펴보면 (1) 약관상으로 양도와 동시에 보험수익자의 권리
    가 이전된다는 규정이 있는 경우에는 양도는 보험수익자의 권리에 영향을
    미치며, (2) 보험계약자의 estate(상속재산)가 보험수익자로 지정되어 있는
    경우에는 양수인은 보험계약자의 권리뿐만 아니라 보험수익자의 권리도 양
    수받고, (3) 보험계약자가 대부의 담보를 위하여 보험자에게 양도한 경우에
    보험자의 권리는 보험수익자의 권리보다 우선한다.

equivalent to change of beneficiary)고 보고, 보험수익자의 권리는 보험계약을 양도함으로써 당연히 영향을 받는다는 견해47)이다. 이 견해의 이론적 근거는 다음과 같다. 첫째, 보험계약의 양도인은 많은 경우에 양수인에 대하여 보다 우선적인 권리를 부여할 의도가 있기 때문에 보험계약의 양도와 동시에 보험수익자 지정이 변경된다고 해석하는 것이 보험계약자의 의도에 부합하는 것이다. 둘째, 보험수익자의 변경에 관한 약관규정은 보험자의 이익을 위한 규정이고 보험자 이외의 자는 이에 대하여 다른 문구를 정할 수 없는 것이다.

그런데 이 설은 이론상으로 보험계약의 양도와 보험수익자의 변경을 혼돈하고 있다는 비판을 면하지 못할 것이다. 결국 보험계약의 양도는 보험계약상의 권리를 타인에게 이전하는 것이며 이는 계약으로 행할 수 있는 것이다. 이에 대하여 보험수익자 지정변경은 보험수익자를 다시 지정할 수 있는 권리(the power to appoint)이며 보험계약상의 방법으로 행하지 않으면 안 된다. 따라서 보험계약의 양도와 동시에 보험수익자의 변경이 있었다고 할 수는 없을 것이다.

제3절은 양수인은 보험수익자보다 우선적인 권리를 가진다는 견해이다. 이 견해는 수익자 지정이 변경가능한 경우에 보험계약자는 보험계약에 대하여 당연한 지배권을 가지고 있다는 점을 그 근거로 하고 있다. 판례는 이 보험수익자의 권리를 잠정적(contingent), 미완의(incohoate) 또는 기대적(expectency) 권리라고 하고 있다.48) 이 견해가 지배적 견해이다.49)

나) 擔保를 위한 讓渡의 경우

철회가능한 경우에는 보험계약상의 권리 또는 이익에 대하여 양수인의 권리가 보험수익자의 권리에 우선한다는 것이 지배적 견해이다.50) 법원은

---

47) Penn Mutual Life Insurance. Co. v. Forbes, 200 Ⅲ. App.441(1916).
48) Davis v. ModernIndustrial Bank, 18 N.E. 2d 639(N.Y. 1939).
49) Crawford, op. cit., p.340.
50) Crawford, op. cit., p.341.

Davis v. Modern Industrial Bank 사건[51]에서 "보험계약상에 보험수익자변경과 보험계약의 양도를 모두 인정하고 있는 경우에 보험계약의 양수인은 보험수익자보다 우선적 권리를 가진다고 보는 것이 타당하다. 왜냐하면 보험수익자의 동의가 없는 경우에 양수인이 우선적 권리를 취득하지 못한다면 어떤 사정으로 보험수익자변경을 할 수 없는 경우에는 보험계약자가 무자력이라도 보험증권담보대출을 받을 수 없기 때문이다"고 하여 이러한 입장을 지지하고 있다.

그러나 일부 주에서는 철회가능한 경우에 관하여 법원은 『보험수익자가 확정적 권리를 가지지만 박탈가능한 권리(subject to being divested)를 가진다. 즉 보험수익자는 사망보험금에 대하여 권리를 가지지만, 이는 보험계약자가 단지 보험수익자의 지정을 변경하거나 양도에 보험수익자가 동의한 경우에는 그 권리가 박탈되는 것이다. 따라서 이러한 주에서는 철회가능한 경우에 담보적 양도에 동의하지 않는다면 보험계약자로서는 보험수익자를 변경할 수밖에 없는 것이다』라고 하고 있다.

양도로 인한 양수인의 권리는 피담보채권의 범위 내로 한정된다는 명문의 약정이 있는 경우에는 보험수익자는 사망보험금에서 양수인의 채권을 변제한 후 잔여부분에 대하여 권리를 가진다.[52]

그러나 담보를 위하여 절대적 양도를 한 경우 즉 실질적 의사는 담보를 위한 양도이지만 형식적으로는 절대적 양도의 형식을 취한 경우에, 그 법적 효력에 관하여 판례는 이러한 사실이 입증되면 그 법적 효과는 담보적 양도의 법적 효과와 동일하다고 판시하고 있다.[53]

---

51) Davis v. ModernIndustrial Bank, 18 N.E. 2d 639(N.Y. 1939).
52) Crawford, op. cit., p.341.
53) Albrent v. Spencer, 81 N.W. 2d 585(Wis. 1957).

2) 撤回不能의 指定

가) 絶對的 讓渡의 경우

철회불능의 지정의 경우에는 보험수익자의 권리는 일종의 확정적 권리이기 때문에 그 권리는 계약의 양도에 따라 영향을 받지 아니한다.[54] 비록 보험계약자가 자유로이 계약을 양도할 수 있다하여도 양수인의 권리는 보험수익자의 권리를 해하지 못한다.

나) 擔保를 위한 讓渡의 경우

철회불능의 지정의 경우에는 보험증권에 특별한 규정이 없는 한 보험수익자가 양도에 동의하지 아니하면 보험수익자의 권리는 담보적 양도에서 양수인의 권리보다 우선한다. 따라서 양수인이 해지환급금이나 사망보험금에서 채권의 만족을 얻을 수 없게 될 것이다. 다시 말하면 이와 같이 양수인이 수익자의 동의 없이는 취득할 수 없는 보험계약상의 권리는 보험수익자가 가진다.

물론 보험수익자가 담보를 위한 양도에 동의하면 양수인은 보험계약상의 권리 또는 이익에 대하여 피담보채권의 범위 내에서 보험수익자의 권리보다 우선한다.

3) 讓渡禁止約定의 效力

물론 양도금지의 약정이 있는 경우에는 양도를 할 수 없다. 양도금지에도 불구하고 보험계약자가 양도를 하는 경우에는 양도는 효력이 없고 보험청구권은 보험계약자의 재산으로 귀속된다.[55] 미국에서는 가계보험(home service policy)과 같이 보험금액이 소액인 경우에는 약관에 양도금지조항을 포함하고 있는 경우도 있다. 이는 법률상 양도금지를 금하지 않는 한 이 조항은 유효하다고 본다.

---

54) M.L. Crawford, op. cit., p.338.
55) Crawford, op. cit., p.343.

2. 獨逸法上의 地位

1) 撤回可能한 指定

보험계약자의 보험청구권의 양도는 철회가능한 수익자 지정의 경우에 보험수익자의 법적 지위에 어떠한 영향을 미치는지에 관한 문제는 양도가 절대적 양도 즉 순수한 양도인지, 담보를 위한 양도 즉 신탁적 양도인지 여부에 따라 구별되어야 한다.[56]

가) 絕對的 讓渡에서 受益者指定의 確定的 撤回

절대적 양도의 경우에는 담보를 위한 양도의 경우와는 달리 당사자의 의사표시가 있은 후에는 양수인에게 보험급부에 대하여 제한 없이 권리자로서의 지위가 인정되고, 수익자 지정은 확정적으로 철회된다. 철회가능한 수익자 지정이 존속한다는 것은 양수인이 의도한 법적 지위와는 모순되기 때문에 일반적으로 보험자에게 양도를 통지한 경우에 이 통지에 수익자 지정을 확정적으로 철회한다는 의사표시를 포함하고 있다고 보아야 할 것이다. 이러한 견해는 절대적 양도의 경우에 통설[57]이다.

그러나 양도에 철회의 의사표시가 내포되어 있다고 주장하기 위하여서는 그 의사표시가 보험자에게 도달하여야 한다. 이러한 도달요건은 "보험계약체결 시나 그 후에 보험자에 대한 의사표시나 통지는 그 의사표시가 서면으로 도달된 경우에만 보험자에 대하여 효력을 가진다"라고 규정하고

---

56) 절대적 양도(순수한 양도)와 담보를 위한 양도 간의 구별에 대하여서는 Bruck-Möller-Winter, Kommentar VVG Bd. 5/ 2, S. 1168 이하 참조.

57) Miller, Lebensversicherung und Gläubiger nach deutschem und schweizerischgem Recht, 1914, Bern, S.28-29; v Gierke, a.a.O., S. 1936, S. 40; Hasse, Interessenkonflikte bei der Lebensversicherung zugunsten Dritter, Hamburg Reihe A, Karlsruhe(Dissertation Hamburg), 1981, S. 64; Prölss-Martin, a.a.O., S. 1296, 1303; Heilmann, Die Begünstigung in der Kapitallebensversicherung, VersR 1972, S. 1000; Winter, Die Rechte Dritter gegen den Versicherer (Lebensversicherung), ZversWiss 1970, S. 50.

있는 보통보험약관(ALB) 제13조 3항에서 직접 발생한다. 도달을 기본요건으로 하는 것은 예외가 있을 수 없다. 왜냐하면 양도함으로써 묵시적으로 수익자 지정의 철회의 효과가 발생되기 때문이다.[58]

나) 擔保를 위한 讓渡에서 受益權의 停止(再讓受 후의 復活)

담보를 위한 양도의 경우에는 기존의 수익자 지정이 철회되느냐에 관하여 절대적 양도의 경우와 다른 원칙이 적용된다.

담보를 위한 양도에 관한 일부 판례에서는 담보를 위한 양도가 당연히 수익자 지정의 철회를 초래하는 것은 아니라고 한다.[59] 그러나 다수설은 담보를 위한 양도의 경우에도 양도는 보험수익자 지정의 철회를 의미하고, 명시적인 철회의 의사표시를 하지 아니하더라도 양도를 통지함으로써 보험자에 대하여 지정의 철회의 효력이 있다고 한다.[60]

그러나 담보를 위한 양도의 경우에서 지정철회의 효력이 있다하더라도 양도는 수익자 지정을 확정적으로 철회하는 것인지 아니면 담보를 위한 양도기간 내에서만 철회의 효력이 있고 재양수(Rückabtretung)받으면 원시적 지정이 다시 부활하는지 여부도 문제된다.[61]

담보를 위한 양도의 목적은 보험계약자가 양수인에게 보험계약상의 제 권리를 양도함으로써 담보사고(Sicherungsfall) 시에 양수인이 채권만족을 위하여 양수한 권리를 행사할 수 있도록 하는 데 있다. 이러한 경제적 목적은 양수인이 보험급부의 이행기에 보험계약자의 관여 없이 보험자에 대

---

58) RG 12. 1. 1937, RGZ 153, 220, 225-226(VersR 1959, S. 797); Prölss-Martin, a.a.O., S. 1297.

59) RG 12.1.1937, RGZ 153, 220, 226; OLG Karlsruhe, 20.10.1983, VersR 1985, S. 958.

60) OLG Hamm, 6.1.1971, VersR 1971, 246, 247; LG Stade, 24.10.1953, VersR 1954, S. 457; Bruck-Möller-Winter, a.a.O., S. 1132; Prölss-Martin, a.a.O., 1303; Bruck-Dörstling, a.a.O., S. 249; Winter, a.a.O.(ZVersWiss 1970), S. 50; Hasse, a.a.O., S. 64.

61) 이에 관하여서는 Bruck-Möller-Winter, a.a.O., S. 1132 ff.참조.

하여 급부청구권을 행사할 수 있을 때에 비로소 달성된다. 담보를 위한 양도를 한 경우에 기존의 수익자 지정이 철회되지 않는다면 이러한 목적은 달성될 수 없는 것이다. 왜냐하면 비록 양도되었다고 할지라도 보험급부의 지급시기가 도래하면 보험급부는 보험수익자에게 귀속되기 때문이다.

근시의 판례[62]에서는 보험계약자가 수익자 지정의 철회를 의도한 경우[63]나 명시적인 철회의 의사표시가 보험자에게 도달한 경우에만 양도로 인해 보험수익자 지정이 철회된 것으로 본다는 입장을 취하였다. 그러나 보험계약자가 담보권자인 양수인에게 다른 담보 없이 보험계약상의 권리를 양도함으로써 유효한 담보를 제공하고자 한 때에는 언제든지 철회를 의도하였다고 보아야 하기 때문에 이러한 판례의 입장은 비판받고 있다.[64] 또한 담보를 위한 양도의 경우에 원칙적으로 수익자 지정의 철회를 전제하지 아니한다고 하면 양수인은 보험사고가 발생하더라도 양수로 인하여 어떠한 채권만족도 얻지 못한다. 왜냐하면 보험사고 시에 담보권자인 양수인에게 어떠한 권리도 귀속되지 아니하고 오히려 양도로 철회가능한 보험수익자의 기대권이 완전한 권리로 강화되기 때문이다. 이러한 양도라면 담보권자로서는 담보를 위한 양도를 이용하지 아니할 것이다.

다수설에서 담보를 위한 양도는 결과적으로 수익자 지정의 철회를 수반한다는 점에서 출발하고 있는 것도 무제한적으로 보험수익자 지정을 존속시키는 것은 담보를 위한 양도의 목적에 부합하지 아니하기 때문이다.

그러나 담보를 위한 양도에서는 절대적 양도에서와 달리 일반적인 경우에는 수익자 지정이 확정적으로 철회되는 것은 아니다. 담보의 목적이 실

---

62) OLG Karlsruhe, 20.10.1983, VersR 1985, S. 958.

63) Winter는 이와 관련하여 보험계약자가 철회를 의도하였는지 의심스러운 경우에는 양수인은 양수 후에 명시적으로 철회하여야 한다고 하고 있다 (Bruck-Möller-Winter, a.a.O., S. 1132).

64) Bruck-Möller-Winter, a.a.O., S. 1132에서는 양도함으로써 발생하는 양수인의 완전한 권리자로서의 지위에 주안하여 보험수익자 지정의 존속은 일반적으로 양수인의 이러한 법적 지위와는 양립할 수 없다는 점을 전제하고 있다.

현되어 양도가 실효되고 재양수 후에는 원시수익자의 권리가 다시 부활하게 된다.[65]

담보를 위한 양도에서 보험금청구권은 피담보채권의 범위 내에서만 담보로 제공되고 양수인은 보험계약자가 내부관계에서 채무이행을 하지 아니한 경우에만 보험급부청구권을 행사할 수 있어야 한다. 이러한 특징에 비추어 볼 때에 절대적 양도의 경우에서와 마찬가지로 수익권이 확정적으로 철회되는 것으로 보는 것은 양도담보의 목적에 부합되지 아니한다. 보험계약자는 내부관계에서 채권자에게 보험계약상의 권리를 처분하는데, 이 처분은 양 당사자가 담보목적이 소멸될 때까지라는 시간적 제한과 담보사고가 발생한 때에는 양수인의 채권의 범위 내라는 금액적 제한을 전제하고 있다. 양도가 담보목적의 소멸로 실효된 경우에도 보험계약은 양도 전과 같이 존속되기 때문에 보험계약자는 수익권이 원시적 수익자에게 있다는 점을 일반적으로 전제하고 있다. 따라서 보험계약자에게는 원칙적으로 이에 상응하는 의사가 있다고 보아야 할 것이다.[66]

수익권이 확정적으로 철회된다고 정한 경우와 같이 예외적인 경우를 제외하고는 일반적으로 위와 같은 설명이 적용된다면, 수익자 지정철회와 관련하여 개별적인 경우를 구별하여 해석해 보면 다음과 같다.

첫째, 양도의 의사표시나 양도의 통지에 철회에 관한 언급이 없는 경우이다. 이 경우에는 양도기간 동안에는 철회된다는 것을 전제하고 있다고 보아야 한다. 따라서 재양수시점에서 원시적으로 지정된 수익권은 정지되었다가 부활하게 되는 것이다. 이 경우에는 재양수 또는 재양수의 통지를 해제조건으로 한 묵시적 권리가 존재하는 것이다.[67]

철회권(형성권)은 원칙적으로 조건과 친하지 아니한 권리이지만, 형성권의 행사로 인해 의사표시의 상대방인 보험자의 법적 지위가 불안정해지는

---

65) Bruck-Möller-Winter, a.a.O., S. 1132; Prölss-Martin, a.a.O., S. 1303; Bruck-Dörstling, a.a.O., S. 249.

66) Joseph, a.a.O., S. 183.

67) OLG Karlsruhe 20. 10. 1983, Vers 1985, S. 958.

것이 아니기 때문에 해제조건부 철회는 예외적으로 인정된다. 왜냐하면 단독행위에서 의사표시의 상대방의 지위를 불안정하게 하지 아니하는 조건은 무방하기 때문이다. 이 경우에도 재양수의 통지가 없으면 보험자에게는 양도된 것으로 효력이 그대로 존속될 것이고 보험자는 재양수의 통지가 있을 때에 양도의 효력이 실효되기 때문에 의사표시의 상대방인 보험자는 불안정한 지위에 있지는 않다. 따라서 이 경우에는 재양수 또는 재양수의 통지를 해제조건으로 한 묵시적 권리가 존재한다고 보아야 할 것이다

둘째, 양도의 의사표시나 양도의 통지에서 양도기간 내에만 수익자 지정이 철회된다고 한 경우에도 전자의 경우와 마찬가지이다. 양도통지에 양도기간 내에만 수익자 지정이 철회된다는 서면규정이 있는 경우라면 명시적인 해제조건부 철회가 존재하는 것이다. 이때에 재양수와 함께 원시적으로 지정된 수익자의 수익권도 부활하게 된다.[68]

셋째, 양도의 의사표시와 양도의 통지에서 아무런 제한 없이 보험수익자의 지정철회를 규정하는 경우이다. 종국적인 철회를 의미한다는 문언이 이 경우에 해당한다. 이 경우는 아무런 제한 없는 확정적 철회이기 때문에, 문언상으로 보아 보험수익자의 수익권이 다시 부활되어야 한다고 해석할 수는 없다.[69] 한편 담보를 위한 양도의 경우에는 반드시 필요한 경우에 한하여만 양도담보가 보험관계에 개입되어야 한다는 점이 담보를 위한 양도의 목적상 도출될 수 없는 것인지가 문제된다. 그러나 이 점에 관하여서는 특별한 논의를 찾아볼 수 없으므로 종국적인 철회를 전제한다고 보아야 할 것이다.

넷째, 양수인의 권리에 배치되는 한도에서는 보험수익자의 지정은 철회되는 것으로 본다는 약정이 있는 경우이다.[70] 이 경우에 보험수익자 지정은 완전히 철회되는 것이 아니고 시간적으로 제한되어 철회되는 것

---

68) Bruck-Möller-Winter, a.a.O., S. 1132.
69) Winter, Interessenkonflikte bei der Lebensversicherung zugunsten Angehöriger, Mannheimer Verträge zur Versicherungswissenschaft, Karlsruhe, 1989, S. 20.
70) Joseph, a.a.O., S. 186.

이다. 그러므로 보험수익자의 지정은 보험계약자와 양수인 간의 원인관계(Kausalverhältnis)에 종속되어 있고 보험수익자의 지정은 양도담보계약상의 양수인의 권리에 따라 달라진다. 보험계약자가 먼저 사망한 경우에 양수인 또는 보험계약자의 상속인이 보험자에게 보험금청구권을 포기하였다 하더라도 보험자는 보험금을 양수인에게 지급하여야 한다. 보험급부가 양수인에게 필요 없는 경우에는 보험급부는 보험수익자에게 지급되어야 한다.[71]

요컨대, 철회가능한 수익자 지정의 경우에 보험계약자는 보험의 채권담보기능과 관련하여 자신의 이익과 자신의 부양목적을 추구할 수 있다는 점은 명확하다. 보험계약자가 자신이 사망한 후에 일정한 범위의 친족관계에 있는 자를 부양하고자 하는 경우에도 보험계약자는 보험사고 발생 시까지는 예컨대 담보를 위한 양도방법에 의하여 보험금청구권을 처분할 수 있다. 보험계약자는 자신의 생명보험의 현재가치를 해지환급금이나 대부금의 형태로 환가할 수도 있다. 이를 위하여 수익자 지정을 제한하거나 수익자 지정을 취소(aufhebung)할 필요가 있는 경우에는 보험계약자는 원칙적으로 처분권을 가지는 것이다.[72]

2) 撤回不能의 指定

가) 保險契約者에 의한 讓渡性排除

생존보험의 경우이든 사망보험의 경우이든 간에 철회불능의 경우에는 보험수익자는 수익자 지정과 동시에 다른 요건을 구비할 필요 없이 보험자에 대하여 청구권을 취득한다.[73] 또한 보험사고발생 이후에도 마찬가지이다. 이러한 철회불능의 보험수익자의 법적 지위는 양도로 인하여 위태롭게 되어서는 안 되기 때문에 철회불능의 수익자 지정이 존속하는 한 보험계약

---

71) BGH 19. 11. 1985, VersR 1986, S. 232.

72) Winter, a.a.O., S. 20.

73) Bruck-Möller-Winter, a.a.O., S. 1117; Prölss-Martin, a.a.O., S. 1298; Bruck-Dörstling, a.a.O., S. 238; Hasse, a.a.O., S. 51.

상의 제 권리는 보험계약자의 처분권의 대상이 될 수 없으며 양도되더라도 효력이 없다. 따라서 철회불능의 경우에 보험수익자의 법적 지위는 원칙적으로 양도로 인하여 영향을 받지 아니한다.

나) 利益配當請求權의 경우

독일에서는 보험계약자가 철회불능의 수익권을 보험수익자에게 부여하였다 할지라도 이익배당청구권을 어느 정도까지 양도할 수 있느냐가 문제된다.

보험계약자와 보험자 간에 보험계약자가 이익배당청구권을 가진다는 명시적인 합의가 있는 경우에는 비록 수익자 지정이 철회불능이라 하더라도 보험계약자에게 이익배당청구권에 대한 양도가능성은 인정되고 있다. 예컨대 보험료납입기일에 보험계약자와 보험자 간에 이익배당금을 보험료로 대체한다(verrechnen)는 약정이 미리 존재하는 경우[74]에는 보험수익자는 이익배당청구권의 양도로부터 보호할 필요가 없고, 보험계약자는 구체적인 이익배당청구권에 대하여서는 양도할 수 있다고 본다. 이러한 경우에도 보험계약자에게 구체적인 이익배당청구권이 박탈된다면 오히려 철회불능의 보험수익자의 지위는 사실상 침해받을 수 있게 된다. 왜냐하면 보험자가 보험료납입지체를 이유로 보험계약을 해지하는 경우에 철회불능의 보험수익자는 최악의 경우에 해지환급금 내지 납필보험에 만족하여야 하기 때문이다. 물론 보험계약자는 보험계약의 당사자이므로, 철회불능의 보험수익자 지정이 있다하더라도 해지권을 행사할 수 있다.[75] 보험계약자는 직접 보험계약을 해지하더라도 철회불능의 보험수익자는 보험계약으로부터 단지 해지환급금만 취득하게 되는 것은 마찬가지이다.

---

74) 이러한 약정이 있는 경우에는 이익배당청구권을 보험수익자에게 귀속시키지 아니하고 보험계약자 자신에게 귀속시키는 것을 전제하고 있다고 본다 (LG München, 18.1.1962, VersR 1963, S. 965-966).

75) BGH 12.3. 1964, VersR 1964, 497-499; BGH 17.2. 1966, BGHZ 45, 162-167; Prölss-Martin, S. 1299.

따라서 철회불능의 수익자 지정에도 불구하고 비록 부분적일지라도 보험계약자가 이익배당금에 관하여 청구권이 있는 것으로 본다는 명시적인 약정이 보험계약자와 보험자 사이에 있는 경우에는 그 범위 내에서 보험계약자는 이익배당청구권을 양도할 수 있다고 본다.[76]

그러나 보험계약자에게 이익배당금을 귀속시킨다는 명시적인 약정이 없는 경우에 보험계약자에 의한 이익배당청구권의 양도가능성에 관하여서는 학설의 대립이 있다.

이익배당청구권은 당사자의 약정유무와 관계없이 항상 보험계약자에게 귀속시켜야 한다는 견해[77]는 이익배당이 고유의 보험급부에 관한 문제가 아니라 단지 지급보험료 중 미경과보험료의 환급에 관한 문제라는 점과 이익배당은 보험료지급과 관련된 것이고, 이에 대한 권리는 보험료납입의무자에게 귀속되어야 한다는 점에 그 근거를 두고 있다. 일반적으로 보험료는 보험사업의 안정성을 고려하여 산정하므로 예정률과 실제 손해율에는 차이가 있다. 실제 수익이 계산상의 이율보다 높고, 실제상의 비용이 계산상의 비용보다 적다. 여기서 잉여금이 발생하게 되고 이는 계약자에게 이익배당의 형태로 귀속되는 것이다. 따라서 첫 번째 근거는 타당하다. 그러나 두 번째 근거에 대하여서는 비판이 있다.[78] 이에 따르면, 이익배당은 경제적으로는 지급보험료를 정산하는 역할을 수행하나, 법적으로는 보험자의 대차대조표상의 잉여금을 배당하는 것이고 이는 결국 보험계약법(VVG) 166조 2항의 보험자의 급부[79]인 동시에 경제적으로 수익권에 포함[80]되기 때문에 두 번째 근거는 법적으로는 타당하다고 볼 수 없다고 한다.

---

76) Winter, a.a.O., S. 21 ; Joseph, a.a.O., S. 195.

77) Kühlmorgen, Die Lebensversicherungsverträge zugunsten Dritter, Leipzig, 1927, S. 76 ; Krumbholz, Der Dividendenanspruch des Versicherungsnehmers in der Lebensversicherung, Diss. Hamburg, 1950, S. 104.

78) Winter, a.a.O., S. 22.

79) Hassen, Das Recht auf den Überschuß bei den privaten Versicherungsgesellschaften, Stuttgart, 1955, S. 77.

80) Hasse, a.a.O., S. 52 ; Hassen, a.a.O., S. 77.

152

여기서 이익배당청구권은 보험자의 급부의 구성부분이고 원칙적으로 철
회불능의 보험수익자에게 귀속된다는 견해[81]가 나타나게 되고 보험계약자
가 보험수익자를 지정할 때에 이익배당청구권을 보험수익자에게 귀속시키
지 않기 위하여 이익배당청구권만은 처분하지 않았는지 여부가 문제되게
되었다.[82]

이와 같이 철회불능의 경우에 이익배당금이 보험수익자에게 귀속된다고
보면 이러한 귀속을 배제할 때에는 명시적인 의사표시가 있어야 한다.[83]
따라서 보험계약체결 시에 이익배당을 보험료로 대체한다는 약정이 있을
때에는 보험계약자는 이익배당청구권을 보험수익자에게 처분하지 아니하였
고, 구체적인 이익배당청구권을 자신이 가지는 것으로 보아야 한다.[84] 그
러나 수익자 지정 이전에 이익배당금을 보험료지급에 대체한다는 보험자와
의 약정이 없고, 보험수익자에게 철회불능의 수익권이 부여된 경우에 보험
수익자가 처분권을 가진다.[85] 그리고 이미 보험계약자가 철회불능의 보험
수익자에게 이익배당청구권을 처분한 경우에는 보험계약자는 사후에 이익
배당청구권을 처분할 수는 없다고 한다. 즉, 보험계약자가 이익배당청구권
을 임의로 다시 자신의 처분권에 귀속시키는 권리 즉 임의처분권은 인정되
지 않는다. 왜냐하면 이러한 임의처분권은 철회불능의 보험수익자의 법적
지위와는 모순되기 때문이다.

---

81) 이 견해에서는 수익권은 의심스러운 경우에는 지급기일이 도래한 보험계약
상의 모든 청구권에 미치기 때문에 이익배당청구권도 철회불능의 보험수익
자에게 박탈할 수 없는 권리로 출연된 경우에는 수익권에 포함된다고 한다
(Hasse, a.a.O., S. 52; Diekmann, Der Anspruch auf die Gewinnanteile in
der Lebensversicherung, VersR 1963, S. 1006).

82) Hassen, a.a.O., S. 66-77; LG München 18.1.1962, VersR 1963, S. 965-966.

83) 이익배당에 관한 예외적인 합의를 전혀 무시한다면 철회불능의 수익자 지
정의 경우에 보험계약자는 일반적으로 생명보험의 저축적 기능과 담보적
기능을 활용할 수는 없게 된다.

84) Diekmann, Der Anspruch auf die Gewinnanteile in der Leben-
sversicherung, VersR 1963, S. 1006; Hassen, a.a.O., S. 67-77.

85) Hasse, a.a.O., S. 52.

따라서 보험계약자가 이익배당청구권을 명시적으로 유보하고 있는 경우나 보험료지급에 대체한다는 약정이 있고 이러한 약정이 당사자 간에 취소되지 아니한 경우에만 보험계약자는 이익배당청구권에 관하여 양도할 수 있다.[86]

3) 讓渡禁止約定의 效力

청구권의 양도가능성은 채권자는 채무자와의 합의로 양도를 배제한 경우에는 양도할 수 없다고 규정하고 있는 독일 민법 제399조에 따라 채권자와 채무자 간의 약정으로 배제할 수도 있지만, 생명보험 실무상으로는 이러한 약정은 거의 없다. 그러나 단체생명보험에서 예외적으로 노후보장개선법에 의하여 보험급부청구권이 피보험자에게 귀속되고 양도가 금지되는 경우는 있다. 양도금지에도 불구하고 보험계약자가 양도를 하는 경우에는 양도는 효력이 없고[87] 보험청구권은 보험계약자의 재산으로 귀속된다. 그러나 약정이 있는 경우에는 보험자는 사후에 양도를 추인할 수 있고 보험자가 사후적으로 추인한 경우에 양도는 유효하다고 본다.[88]

Ⅳ. 우리나라法上의 解釋論

1. 保險契約上의 權利의 讓渡性

상법은 보험계약상의 권리에 대하여 원칙적으로 재산적 가치를 인정하여 보험계약상 권리의 양도가능성을 인정하고 있다[89](상법 제731조 2항).

---

86) A.a.O., S. 53.
87) BGH 14.10. 1963, BGHZ 40, 159.
88) 자세한 내용은 Joseph, a.a.O., S. 100-111 참조.

또한 현실적으로도 오늘날 생명보험은 투자와 저축의 수단으로 많이 이용되고 있다. 그러므로 생명보험계약상의 권리에 재산적 가치가 인정되면 이러한 권리를 보험수익자의 권리를 해하지 않는 범위 내에서는 양도성을 인정하여야 할 것이다.[90] 그러나 이러한 권리 중에 보험계약자의 일신전속권이 있다면 이는 양도할 수 없을 것이다. 이러하다면 보험계약상의 권리 중어떠한 권리가 양도가능한지, 보험계약상의 권리만 포괄적으로 양도가능한지 여부가 문제된다.

1) 個別的 讓渡可能性

가) 請求權

(1) 保險金請求權

구체적인 보험금청구권은 보험사고 시에 확정되기 때문에 수익자는 확정된 금전채권인 보험금청구권을 양도할 수 있는 것은 명백하다. 여기서 문제되는 것은 보험사고발생 이전의 추상적 보험금청구권이다.

이러한 추상적 보험금청구권은 법률 또는 약관에 특별히 양도금지규정이 없는 한, 원칙적으로 이를 단독으로 양도할 수 있다.[91] 다만 수익자 지정의 유형에 따라 보험금청구권의 양도권자가 다르거나 양도조건이 바뀔 수 있다. 보험수익자 지정이 철회가능한 경우에 보험계약자는 보험금청구

---

89) 보험계약상의 권리의 처분을 논할 때는 일반적으로 양도와 입질가능성을 함께 논하는 것이 거의 통례이다. 그렇다면 상법상으로는 보험계약상의 권리에 대하여 양도가능성뿐만 아니라 입질가능성도 인정하고 있다고 할 것이다.

90) 보험계약상의 권리담보화도 일반적으로 이용되고 있지는 않지만 채권자와 채무자(=보험계약자)가 질권설정계약을 체결하고 이를 보험자에게 통지한 경우에는 보험계약상의 권리에 대한 질권은 유효하게 성립되고 대항요건도 갖추게 된다.

91) 서돈각, 제3전정 상법강의(하), 법문사, 1985, 399면; 채이식, 상법강의(하), 박영사, 1992, 519면; 서울고법 86. 6. 3. 선고, 85 가합 6301 판결.

권을 절대적으로 상실하는 것이 아니고, 적어도 보험사고(피보험자의 사망, 또는 계약의 만기)가 발생하기 전에 보험수익자의 지정변경에 따라 자기에게 보험금청구권을 귀속시킬 수 있는 지위를 가지고 있기 때문에 당연히 보험금청구권의 양도권자이다. 또한 독일의 통설과 같이 보험수익자의 권리를 단순한 기대로 본다면 보험수익자는 보험계약상의 권리의 양도권자는 아니지만, 지정 즉시 보험계약자의 해지 또는 지정철회를 해제조건으로 추상적 보험금청구권을 가진다고 보면 비록 불확정적 지위이지만 보험수익자에 의한 양도가능성을 부정할 수는 없을 것이다. 다만 이는 보험계약자의 처분권에 의하여 제한을 받기 때문에 실질적인 의미는 없을 것이다.

보험수익자 지정이 철회불능인 경우에는 보험금청구권은 보험계약자의 재산에서 이탈되어 보험수익자의 고유의 권리가 된다. 이 경우에는 원칙적으로 보험계약자는 보험수익자의 동의를 얻지 못하는 한 보험금청구권에 대하여 양도권을 가지지 못한다고 본다. 그리고 이 경우에 보험수익자는 보험금청구권의 양도권자가 된다.

이상은 보험계약자와 피보험자가 동일인인 경우를 전제로 하였지만, 타인의 생명보험인 경우에는 보험금청구권의 양도에 관하여 타인의 동의가 문제된다.

(2) 解止還給金請求權

해지환급금청구권은 생명보험계약상의 주급부청구권으로서 독립적으로 재산적 가치를 지니므로 양도가능하나, 문제는 양도의 주체이다.

일반적으로 보험약관에는 보험계약자는 보험금지급사유가 발생하기 전에는 언제든지 보험계약을 해지할 수 있고 이 경우에 해지환급금을 청구할 수 있다고 규정하고 있다(생명보험표준약관 제20조). 따라서 우리나라의 통설은 자기를 위한 보험인지, 타인을 위한 보험인지 여부와 보험수익자 지정이 변경가능한지 여부를 불문하고 해지환급금청구권은 보험계약자에게 귀속된다고 본다. 이에 따르면 해지환급금청구권의 양도권자는 보험계약자에 한한다.[92] 그러나 통설과 같이 수익자 지정의 변경가능 여부와 관계없

이 해지환급금청구권이 보험계약자에게 귀속된다고 보면 만약 보험계약자
의 채권자가 철회불능의 보험수익자로 지정되어 있는 경우에도 보험계약자
는 무제한적으로 해지환급금청구권을 양도할 수 있게 되고 이는 보험계약
의 채권담보적 기능이 전혀 무시되어 부당하다. 예컨대 보험계약자가 채권
자를 수익자로 지정한 경우에 해지환급금청구권을 보험계약자가 양도할 수
있다면 철회불능의 수익자 지정을 한 의미가 상실되게 된다.

　따라서 약관상의 규정은 반드시 해지환급금의 귀속주체를 밝히고 있는
것은 아니며, 만약 귀속주체를 밝히고 있다고 보더라도 보험수익자 지정이
철회가능한 경우가 원칙이기 때문에 이를 전제로 한 것이라고 보아야 할
것이다. 그러므로 보험계약자가 지정변경권을 포기한 경우에는 전술한 바
와 같이 보험금청구권과 함께 해지환급금청구권도 보험수익자에게 귀속되
어야 할 것이다.

　이렇게 본다면 철회가능한 경우에는 해지환급금청구권의 양도권자는 보
험계약자이지만 철회불능의 경우에는 보험수익자가 양도권자로 된다고 보
아야 할 것이다.

　그리고 일본에서는 해지환급금청구권의 단독양도가능성에 관하여 해지환
급금청구권은 보험금청구권을 전제로 하는 권리라는 점을 이유로 보험금청
구권과 분리하여 양도할 수 없다는 설[93]과 해지환급금청구권은 조건부 권
리로서 존재하고 그 내용은 특정시점에서 특정되어 있거나 특정할 수 있는
것이기 때문에 이를 처분 또는 양도할 수 있다는 설[94]이 대립하고 있다.

---

92) 우리나라에서는 아직까지 상법 제731조 2항에서 보험계약상 권리의 양도
　　가능성을 인정하고 있는데, 대부분 보험금청구권에 한하여 설명하고 해지
　　환급금 등에 관하여서는 언급이 없다(채이식, 앞의 책, 박영사, 1992, 519
　　면; 양승규, 보험법, 삼지원, 1992, 434면; 최기원, 보험법, 박영사, 1993,
　　465면).

93) 河合篤, 『生命保險契約に因りて生じた權利讓渡』, 民・商法雜誌 第4卷(1936),
　　494面.

94) 大森忠夫, 『生命保險契約にもとつく權利に對する强制執行』, (大森忠夫・三宅
　　一夫, 生命保險契約法の諸問題), 有斐閣, 1958, 110面.

해지환급금은 보험금청구권과 함께 주급부청구권으로서 보험금청구권의 변형물적 성격을 가지고 있다고 할 수 있으며 양 청구권중 어느 청구권이 구체화되면 다른 청구권은 소멸되기 때문에 실제로 단독양도의 가능성은 거의 없다. 그러나 양도계약의 당사자의 합의로 단독으로 양도되는 것까지 막을 이유는 없기 때문에 해석론상으로는 후설이 타당하다고 생각한다.

또한 해지환급금청구권은 해지권행사로 구체화되는 청구권이므로 해지환급금청구권이 양도된 경우에는 해지권도 양도된 것으로 보아야 한다는 견해[95]가 있다. 이는 해지환급금청구권은 언제나 보험계약자에게 귀속된다는 것을 전제로 하고 있기 때문이다. 그러나 철회불능의 경우에 해지환급금청구권은 보험수익자에게 귀속되더라도 해지권은 보험계약자의 권리로 보면 반드시 타당하다고 볼 수는 없다.

(3) 利益配當請求權 및 保險證券貸付請求權

이익배당청구권은 일반채권과 마찬가지로 재산적 가치를 지니고 있으므로 이론상 독립적 양도성을 지니고 있다. 그리고 이익배당청구권은 철회불능의 수익자 지정의 경우라도 보험계약자에 계속된다고 보았기 때문에 양도권자는 보험계약자이다. 그런데 현실적으로는 이익배당금을 계약자에게 지급하는 것이 아니라 대개 보험료로 충당하거나 보험금 또는 해지환급금에 부가하고 있다. 따라서 이익배당청구권의 양도는 실제적으로는 거의 문제되지 않는다.

보험증권대부청구권은 보험계약자가 해지환급금의 범위 내에서 보험자로부터 대부를 받을 수 있는 권리이다. 보험증권대부청구권의 성질을 어떻게 보든지 간에 계약자가 그 권리를 행사함으로써 대부금을 이용할 수 있다. 다만 수익자 지정이 철회불능인 경우에는 보험수익자의 수익권을 침해할 수 있으므로 보험수익자의 동의 없이는 대부권을 행사할 수 없다고 보아야 할 것이다. 그럼에도 불구하고 보험계약자 입장에서 보면 보험증권대부청구권은 일종의 금전급부를 목적으로 하는 채권이다. 따라서 보험증권

---

95) 大森忠夫, 앞의 논문, 113面.

대부청구권은 일종의 재산권으로서 양도성을 가진다고 할 수 있다.

그러나 보험증권대부청구권은 해지환급금의 범위 내로 제한될 뿐만 아니라 최종적으로는 보험금이 그 반환의 담보가 되기 때문에 해지환급금청구권 또는 보험금청구권을 침해하는 경우에는 보험증권대부청구권의 양도를 인정할 수 없을 것이다. 예컨대 보험계약자(철회가능한 경우) 또는 보험수익자(철회불능의 경우)가 이미 보험금청구권이나 해지환급금청구권을 양도한 경우에는 보험증권대부청구권을 양도할 수 없다고 해석하여야 할 것이다.

나) 形成權

형성권은 비록 일종의 재산적 가치를 지니는 권리라고 할지라도, 이와 결부된 청구권 기타 보험계약자적 지위와 관련하여 재산적 가치를 지니기 때문에 원칙적으로 단독적인 양도가능성은 배제된다.

(1) 解止權

보험계약자는 보험사고발생 이전에는 언제든지 보험계약의 전부 또는 일부에 대하여 해지할 수 있다. 이러한 보험계약자의 해지권은 보험계약을 장래에 대하여 소멸시키는 해지권 일반의 기능을 가지는 동시에 해지환급금청구권을 구체화시키는 보험계약상의 특유의 기능을 가지고 있다. 후자의 의미에서 해지권은 일종의 재산적 가치를 가지는 권리라고 할 수 있기 때문에 그 양도성을 인정하여야 할 것이다. 그러나 해지권은 형성권이므로 단독으로 양도할 수는 없다.

따라서 수익자 지정이 철회가능한 경우에는 보험계약자는 해지환급금청구권을 양도할 수 있는데, 이때에 해지환급금청구권의 양도를 전제로 하여 해지권을 양도하지 않으면 의미가 없다.

그러나 전술한 바와 같이 수익자 지정이 철회불능의 경우에 해지권은 보험계약자에게 귀속되고 해지권행사로 인한 해지환급금청구권은 보험수익자에게 귀속된다고 보면, 철회불능의 경우에 보험계약자는 해지환급금청구권을 양도할 수 없고, 보험수익자가 양도할 수 있지만, 해지권은 보험계약자에게 그대로 남아 있게 된다고 보아야 할 것이다.

(2) 保險受益者의 指定·變更權

보험계약자의 보험수익자 지정변경권을 계약자의 일신전속권으로 보면 양도를 인정할 수 없을 것이고, 비일신전속권으로 보면 양도를 인정하여야 할 것이다.

보험수익자의 지정변경권의 행사는 보험급부에 대한 처분행위이기 때문에 광의의 의미에서 이 권리는 재산적 가치를 가지고 있다고 볼 수 있고, 누구나 자기의 권리를 행사 또는 처분할 수 있다는 견지에서 보면 보험수익자 지정변경권의 양도를 인정하지 않을 이유는 없을 것이다.

그러나 보험수익자 지정변경권을 처분가능한 권리라고 하더라도 단독으로는 재산적 가치를 가지는 것이 아니고 소위 보험계약상의 채권자적 지위(보험계약상의 모든 권리를 보유하는 지위)의 일부분으로서만 재산적 가치를 지닌다는 점을 간과해서는 안 된다. 따라서 보험수익자 지정변경권의 양도는 이상의 지위와 분리되어 단독적으로 행해지는 것은 아니고, 오히려 이상의 지위가 양도된 경우 즉 보험계약상의 모든 권리가 포괄적으로 양도되는 경우에 이 권리도 양도된 것으로 해석하여야 할 것이다.

(3) 保險契約內容變更權

생명보험약관에서는 보험계약자에게 보험료지급방법과 기간변경권, 보험기간 변경권, 보험의 감액권, 납필보험 또는 연장보험으로의 변경권 등 보험계약의 변경권을 인정하고 있다. 이러한 권리는 일응 보험계약자의 지위에 수반되는 권리라고 하지만, 보험금액을 감액한다거나 납필보험 또는 연장보험으로 변경할 수 있는 권리 등은 보험계약의 재산적 가치와 밀접한 관련을 가지고 있는 것이며, 계약(상의 권리)이 양도된 경우에 이러한 권리의 귀속에 관하여서는 검토의 여지가 있다고 생각한다. 즉, 이러한 변경권의 양도성을 인정할 수 없다고 하더라도 만약 보험계약이 양도된 경우에는 보험계약자는 이러한 변경청구권을 행사할 수는 없다고 보아야 할 것이다.

2) 包括的讓渡可能性

생명보험계약상의 권리의 개별적 양도가능성을 전제로 보면 보험계약상의 권리 또는 이익을 포괄적으로 타인에게 이전하는 의미의 보험계약의 양도를 당연히 생각할 수 있다. 그러나 현실적으로는 미국에서와 같은 보험계약상의 권리의 포괄적 양도는 있지 않고, 실무상으로는 보험계약자명의변경만 이용되고 있다(생명보험표준약관 제19조). 보험계약자 명의변경은 다음의 점에서 보험계약의 양도와 차이가 있다.

보험계약의 양도는 계약상의 권리 또는 이익만을 이전하는 데 반하여 계약자명의변경은 보험계약자인 지위의 완전한 승계이다. 또한 전자의 경우에 양도권자는 보험계약에 대하여 권리를 가지는 자임에 대하여 후자의 경우에 명의변경청구권자는 보험계약자에 한정된다. 그리고 효과면에서도 차이가 있다. 보험계약의 양도에서 보험계약자는 보험계약상의 채권자적 지위를 상실하지만 보험계약관계에서 탈퇴하지는 않는다. 물론 권리의 일부양도나 담보적 양도인 경우에도 채권자적 지위를 완전히 상실하는 것은 아니다. 그러나 계약자명의변경의 경우에 보험계약자는 원칙적으로 당해 보험계약관계에서 탈퇴한다. 그리고 전자의 경우에는 양수인은 양도인의 채권자적 지위를 전부 양수받을 수도 있고, 그 권리 중 일부를 양수받을 수도 있지만, 후자의 경우에는 보험계약을 승계한 새로운 계약자는 보험계약상의 권리의무 일체를 승계받는다는 점에서 차이가 있다.

그러면 실제로 계약자명의변경 외에 보험계약의 양도를 인정할 필요가 있는지 여부에 관하여 살펴보고자 한다.

계약자명의변경은 보험계약자의 권리의무를 포괄적으로 타인에게 양도하는 경우에 실무상으로 처리하는 방법이지만, 대부분 특별한 사정에 의하여 이루어지고 있다.

보험계약자가 사망한 경우에 보험계약자의 권리의무는 상속에 의하여 상속인에게 승계되기 때문에 이 경우에 보험계약자명의변경이 필요하다. 그리고 단체보험에서 단체소속의 종업원이 퇴직 기타의 사유로 피보험단체

를 탈퇴할 경우에 보험계약자와 보험자의 승낙을 얻어 그 피보험자를 계약
자로 하는 개별적 양로보험계약으로 변경하여 명의변경되는 경우도 있다.

이 밖에도 외국에서는 보험계약자가 보험수익자를 배우자 또는 일정한
친족관계에 있는 자로 지정한 경우에 지급보험료의 일정액까지 소득세의
대상에서 공제할 수 있기 때문에 무소득자인 계약자에서 유소득자인 배우
자 등으로 계약자를 명의변경하는 경우도 있다. 예컨대 일정한 소득이 있
던 부가 무소득자로 된 경우에 유소득자인 배우자의 명의로 변경하여 세제
상의 혜택을 받으려는 목적에서도 행하여지고 있다

그리고 채권담보를 위하여 채무자의 명의인 보험계약을 채권자의 명의
로 변경하는 경우가 있다. 이 경우에 채권자는 신보험계약자가 되기 때문
에 보험수익자를 자신으로 지정할 수 있을 뿐만 아니라 채무자에 의한 해
지 등을 방지할 수 있다는 점에서 이러한 명의변경이 행해지고 있다.

위 경우 중에서 채권담보를 목적으로 한 계약자명의변경을 제외하고는
보험계약을 일종의 재산권으로서 의식적으로 이용한 경우는 아니라고 할
수 있다. 그러나 채권담보를 목적으로 하는 경우에 통상의 명의변경과 동
일하게 취급할 경우에 일정한 문제점이 생긴다.

먼저 보험료지급은 보험계약자의 의무이기 때문에 신보험계약자인 채권
자가 보험료를 지급하여야 하나 실제로는 원채무자인 채무자가 지급하고
있다. 이는 본래의 계약자명의변경이 아니며, 법률적으로는 보험계약상의
권리에 대하여 질권을 설정하거나 담보적 양도의 형태를 취하여야 하는 것
이다.

또한 이 경우에 비록 채권담보를 위하여 계약자의 명의를 변경하는 것
을 보험자가 승낙한 경우라도 채권자가 보험계약자이기 때문에 채권자는
계약을 해지하여 해지환급금을 취득하거나 보험증권대부를 청구할 수도 있
을 뿐만 아니라 최종적으로는 보험금청구권도 취득할 수 있다. 이 경우에
원계약자, 신계약자, 보험자 간에 보험계약상의 권리의무관계가 명확하게
약정되어 있다면 이는 계약자명의변경이 아니라 오히려 일종의 보험계약
(상의 권리)의 담보적 양도라고 보아야 할 것이다.

그리고 채권담보를 위하여 계약자의 명의가 변경된 경우에 만약 보험사고가 채무의 변제기 이전에 발생하였다면 보험수익자의 권리와 관련하여 여러 가지 문제가 발생하게 된다. 즉, 채권자인 신계약자는 철회불능의 지정이 아닌 한 보험수익자의 지정변경권을 가지기 때문에 채권자는 보험사고발생 이전에는 자신을 보험수익자로 변경할 수 있다. 그렇게 되면 원수익자의 권리는 박탈되게 된다. 예컨대 채권자가 보험금으로부터 채권만족을 얻고도 잔액이 남는 경우라도 그 잔액은 원수익자와 무관하여 원보험계약자에게 교부되게 된다. 이 경우에 타인을 위한 보험이 되는 경우나 원계약자, 원수익자, 피보험자가 각기 다른 경우에는 문제가 발생한다. 즉, 전자의 경우에 잔액은 원계약자의 상속재산에 귀속되고 상속인은 물론 원계약자의 채권자도 그 분배에 참가할 수 있게 된다. 이러한 결과는 많은 경우에 보험금을 일정한 수익자에게 귀속시키려는 보험계약자의 의사에 반하게 된다. 또한 후자의 경우에는 잔액이 원계약자에게 지급되고 다시 보험수익자에게 교부되면 원수익자의 이익은 영향을 받지 않는 것 같지만, 이 경우의 수익자는 보험금에 대한 권리자로서 그 잔액을 수령하는 것이 아니고, 보험계약관계의 원인관계인 증여를 받았을 뿐이다. 따라서 이론적으로는 이러한 잔액의 지급은 증여에 관한 민법규정이 적용되어야 한다. 또 원계약자가 파산한 경우에는 어떤 증여도 부인될 가능성이 있다. 이러한 결과도 결코 보험계약자의 일반적 의사에 일치한다고 볼 수가 없는 것이다.

이상의 검토를 토대로 보면 계약자명의변경만으로 보험계약의 재산적 가치를 충분히 이용할 수 없다고 생각된다. 따라서 보험계약자의 명의변경 이외에 보험계약상의 권리의 포괄적인 양도를 논할 필요성이 있다고 생각된다.

계약자명의변경제도는 보험계약자의 권리의무를 포괄적으로 양도하는 실무상의 제도이기 때문에 여기서 말하는 보험계약상의 권리의 포괄적 양도는 그 성질이 다르다. 또 이러한 제도는 특수한 사정하에서 보험계약자의 편의를 도모하고 그 실용성을 지니고 있다. 보험계약의 양도를 인정한다 하더라도 계약자의 명의변경제도는 병존할 수 있으며 그 필요성도 있을 것이다.[96)]

우리나라 실무상으로는 사망보험계약에서는 약관상으로 계약자의 명의 변경은 사망, 파산, 이민 또는 이혼 등의 불가피한 사유로 계약을 유지할 수 없는 경우에 가능하다고 일반적으로 규정하고 있다. 따라서 계약자명의 변경제도는 제한적으로 이용되고 있을 뿐이다. 따라서 보험계약상의 권리에 대하여 재산적 가치가 인정되고, 이것이 일신전속권이 아닌 한 양도할 수 있다고 보면, 이러한 권리를 포괄적으로 양도하는 보험계약의 양도를 부정할 필요는 없을 것이다. 다만 법률적으로나 현실적으로 포괄적인 보험계약의 양도가 이용되고 있지 않는 한 보험계약상의 권리양도의 한 유형으로 보아야 할 것이다.

2. 保險契約上의 權利의 讓渡의 要件

1) 讓渡權者

우리나라에서는 상법상으로 보험계약상의 권리의 양도성만 인정할 뿐 이에 대한 요건 또는 효과에 관한 규정은 없다. 그리고 약관상으로도 명시적으로 양도에 관한 규정은 없다. 따라서 이에 대한 해석론은 민법의 일반원칙과 약관에 의할 수밖에 없다.

현재 우리나라에서는 상법 제731조 2항과 관련하여 보험계약상의 권리의 양도주체를 보험수익자로 보고 있다.[97] 이는 우리나라 통설이 수익자 지정의 유형과 관계없이 보험수익자를 보험금청구권자로 보기 때문이다. 그러나 보험계약상의 권리는 수익자 지정의 유형에 따라 그 귀속주체가 다를 수 있다는 점은 전술한 바와 같다. 그러므로 상법 제731조 2항은 보험계약의 권리의 양도성을 전제하면서도 양도권자를 명시하고 있지 않고 있

---

96) 이에 대하여 보험계약상의 권리의 개별적 양도성은 인정하고 미국에서와 같은 포괄적인 양도형태는 계약자명의변경제도가 인정되는 이상 굳이 인정할 필요가 없다는 견해도 있다(藤田友敬, 保險金受取人の法的地位(1), 法學協會雜誌 第109卷 5號, 731面).

97) 채이식, 앞의 책, 636면; 최기원, 앞의 책, 465면.

다. 이는 보험계약상의 권리의 양도권자는 경우에 따라 다를 수 있다는 점을 전제하고 있는 것이다.

가) 保險契約者

원칙적으로 보험계약상의 권리자는 보험계약자이므로 양도권자는 보험계약자이다. 그러나 경우에 따라서는 보험계약상의 권리에 대한 처분권자가 보험수익자일 수도 있다. 따라서 보험계약의 양도권자는 반드시 보험계약자에 한하는 것은 아니다. 독일의 통설과 같이 수익자 지정이 철회가능한 경우에는 보험수익자의 권리는 단순한 기대라고 보면 보험계약자가 당연히 양도권자라고 보아야 할 것이고, 권리로 보더라도 철회가능의 경우에 보험계약해지권 등의 처분권이 보험계약자에게 남아 있으므로 양도권자는 보험계약자라고 보아야 할 것이다. 다만 보험수익자도 불확정적인 지위는 이전시킬 수 있지만, 보험계약자의 처분권에 제한을 받기 때문에 실질적인 의미는 적다.

수익자 지정이 철회불능인 경우에는 보험수익자는 확정적인 수익권자이기 때문에 원칙적으로 보험계약상의 권리의 양도권자는 보험수익자이다. 그러나 철회불능의 경우라도 이익배당청구권에 관하여서는 문제가 있다.[98]

나) 保險受益者

보험수익자는 보험계약상의 이익을 받는 자이기 때문에 보험계약상의 권리를 양도할 수도 있다. 먼저 보험금청구권이 피보험자의 사망 또는 보험계약의 만기에 의하여 구체화된다면 보험수익자가 이를 자유로이 양도할 수 있다는 것은 당연하다. 그러나 구체적 보험금청구권이 아닌 보험사고발생 전의 추상적인 보험금청구권도 철회불능의 경우에는 보험수익자가 양도권자이다.

물론 통설과 같이 해지환급금청구권을 보험계약자의 권리라고 보면 보험수익자는 이에 대하여 양도할 수 없지만, 해지환급금청구권도 보험금청구권과 같이 보험계약자의 주급부청구권으로 보고 철회불능의 경우에 보험수익자에게 귀속된다고 보면 보험수익자는 이에 대한 양도권도 가진다. 다

---

98) 이 문제는 4. 2)에서 논하기로 한다.

만 이 경우에도 해지권은 보험계약자에게 남아 있다고 보아야 한다. 왜냐하면 양수인이 보험수익자의 권리보다 강화된 권리를 양수받을 수 없기 때문이다. 그러나 법령이나 약관상으로 양도를 금지하는 경우에는 철회불능의 수익자 지정의 경우라도 역시 제한을 받는다고 보아야 할 것이다.

2) 讓渡의 有效要件에 관한 問題

가) 被保險者의 同意

상법 제731조에서는 보험계약으로 인하여 생긴 권리를 피보험자 아닌 자에게 양도하는 경우에 피보험자의 서면동의를 얻어야 한다고 한다. 여기서 동의는 양도계약의 성립요건이 아니고 효력발생요건인 것이다.[99] 이러한 동의요건은 보험사고발생 이후의 구체적 보험금청구권에는 적용될 여지가 없기 때문에 보험사고발생 이전의 권리양도에 한한다.

그런데 상법 제731조 1항에서는 타인의 생명에 대하여 사망보험계약을 체결하는 경우에 타인의 서면동의를 요하고 있지만, 2항에서는 보험계약상의 권리의 양도 시에 피보험자의 서면동의를 요하고 있다. 여기서 문제는 1항에서는 사망보험에 한정하고 있고, 2항에서는 사망보험에 한정하는 문구가 없다. 따라서 생존보험의 경우에도 양도 시에 서면동의를 요하느냐가 문제되나, 생존보험에서는 도박과 투기의 대상이 될 우려가 없기 때문에 피보험자의 동의를 요하지 아니한다고 보아야 할 것이다.

이와 같이 보험계약상의 권리의 양도에 피보험자의 동의를 요한다 하더라도 본 연구가 기본모델로 하고 있는 보험계약자 자신이 피보험자인 경우에는 양도의 의사 자체가 동의를 전제하기 때문에 피보험자의 동의는 별문제가 되지 않는다고 할 것이다.

그리고 생명보험계약상의 권리양도에 피보험자의 동의를 요하는 것은 입법론적으로는 재고의 여지가 있다.

왜냐하면 타인의 생명보험계약에서는 피보험자의 동의는 계약의 효력발

---

99) 양승규, 앞의 책, 434면.

생요건이지 계약의 존속요건은 아니기 때문이다. 타인의 생명보험계약에서 피보험자의 동의를 요하는 것은 보험계약체결단계에서 보험의 도박화·투기화를 방지하자는 데 주목적이 있기 때문에 피보험자의 동의에 의하여 보험계약이 유효하게 성립한 이상 보험계약상의 권리는 보험계약자 또는 보험수익자의 고유재산에 귀속되는 것이고, 이에 대한 자유로운 처분권을 인정하는 것이 보험계약상의 권리의 다양한 이용 예컨대 채권담보를 위한 이용 등에 이바지할 수 있다고 생각한다.

나) 保險者에 대한 通知 또는 承認背書問題

약관상으로는 계약자명의변경이나 기타 계약내용의 변경에는 보험자의 서면통지 내지는 승낙배서를 받을 것을 요건으로 하고 있고, 양도에 관하여서는 특별한 언급이 없다. 상법상으로 보험계약상의 권리를 양도할 때에 타인의 생명보험의 경우에 타인의 동의를 요할 뿐 다른 언급은 없다. 그러면 보험계약상의 권리의 양도에도 보험자에 대한 통지나 보험자의 승인배서 등이 필요하지 여부가 문제될 수 있다.

보험계약상의 권리의 양도는 직접적으로 권리의 이전을 내용으로 하는 양도인 및 양수인 간의 계약이다[100]. 이러한 점에서 준물권계약의 성질을 가지는 일반채권양도계약과 다를 바가 없다.[101] 우리 민법은 지명채권의 양도는 양도인이 채무자에게 통지하거나 채무자가 승낙하지 아니하면 채무자 기타 제3자에게 대항할 수 없다고 한다(민법 제450조). 따라서 채권양도의 경우에는 당사자 간의 의사의 합치만으로 성립하고 다만 통지 또는

---

100) 우리나라에서는 보험계약상의 권리의 처분가능성이 인정됨에도 불구하고 현실적으로는 양도 또는 담보가 일반적으로 이용되고 있지는 않고 있다. 이러한 권리가 이용된다고 하더라도 현실적으로는 민법상의 채권양도나 채권질에 관한 규정을 적용할 수밖에 없다.

101) 양도계약과 매매, 증여 등 양도의 원인인 채권계약과의 관계 즉 양도계약은 유인행위인지 무인행위인지에 관하여도 일반의 채권양도에 관한 이론에 따라 원칙적으로는 무인이지만, 당사자의 의사로 이를 배제할 수 있는 相對的 無因行爲라고 보아야 할 것이다.

승낙을 대항요건으로 한다고 보아야 할 것이다.[102] 이렇게 볼 때에 보험자에 대한 통지나 보험자의 승인배서 등은 보험계약상의 권리양도의 효력에 영향을 미치지 아니한다고 할 것이다. 그리고 계약자명의변경의 경우에 약관상으로 보험자에 대한 통지나 보험자의 승인배서를 요하는 것도 보험자에 대한 대항요건을 규정한 것으로 보아야 할 것이다.

다) 保險證券의 交付

보험계약상의 권리의 양도는 원칙적으로 당사자 사이의 의사의 합치만으로 양도의 효력이 발생하기 때문에 양도계약은 불요식계약이다. 따라서 법률이나 약관의 규정이 없는 한 반드시 서면에 의할 필요는 없고 구두로도 무방하다고 할 것이다. 비록 양도증서가 작성되었다 하더라도 양도의 요건은 아니며 보험증권의 교부도 양도의 요건이 아니다. 왜냐하면 보험증권은 단지 증거증권에 불과하기 때문이다. 그러나 보험증권은 자격증권이기 때문에 양도 후에는 보험증권에 대한 소유권은 양수인에게 이전된다.

라) 被保險利益이 없는 자에게의 讓渡 問題

미국에서는 보험계약자가 자신을 피보험자로 한 생명보험에서 피보험이익을 가지지 않는 자에게 보험계약을 양도한 경우에 극소수의 판례를 제외하고는 그 양도를 유효한 것으로 보고 있다. 다만 보험계약자와 피보험자가 동일인이라도 보험계약체결 후 피보험이익이 없는 자에게 양도할 의도가 있었다면 이는 선량한 풍속 기타 사회질서에 반하여 무효가 되는 경우는 있다.

우리나라에서는 동의주의를 취하고 있고, 생명보험의 도박화 방지 내지 인위적인 보험사고의 방지를 위한 제 규정이 있으므로 양수인에게 피보험이익을 요할 필요는 없다. 현실적으로도 오늘날 생명보험이 투자나 저축의 수단으로 많이 이용되고 있기 때문에 생명보험계약에 일반적으로 재산적 성격을 부여하는 것이 바람직 할 것이다. 특히 생명보험계약체결에서 피보험이익의 존재를 인정하고 있는 미국에서도 보험계약의 양도와 관련하여

---

102) 채이식, 앞의 책, 636면.

양수인에게 피보험이익의 존재를 요하지 않는 것도 이러한 기능 때문이다. 그렇다면 생명보험계약상의 권리는 피보험이익 유무와는 관계없이 양도가 능하다고 할 수 있다. 다만 그 양도계약이 선량한 풍속 기타 사회질서에 반하면 무효인 것은 당연하다.

3. 讓渡後 保險受益者의 地位

우리나라 통설에서와 같이 보험금청구권을 제외한 모든 계약상의 권리는 수익자 지정변경권의 유보와 관계없이 보험계약자에게 귀속된다고 본다면, 이러한 권리에 대한 양도권자는 비록 수익자 지정변경권을 포기한 경우(철회불능)라도 보험계약자가 된다. 따라서 통설에 따르면 보험계약자의 양도로부터 보험수익자를 보호하는 데 기본적인 한계가 설정된다. 물론 보험사고의 발생으로 구체적인 보험금청구권이 발생하면 이에 대한 권리는 보험수익자가 가지므로, 보험계약자에 의한 양도성이 배제되는 것은 당연하다. 그러나 수익자 지정이 철회불능인 경우에는 보험수익자의 지위가 확정적이고, 보험수익자의 권리도 보험금청구권에 한하지 아니한다고 보면 보험계약상의 제 권리에 대한 보험계약자의 양도권은 배제되기 때문에 이 범위 내에서 보험수익자의 권리는 보호되게 된다.

따라서 이하에서는 이러한 이론구성에 따라 보험사고발생 이전에 보험계약상의 제 권리가 양도된 경우에 양도가 구체적으로 보험수익자의 지위에 미치는 영향에 대하여 해석론을 모색해 보고자 한다.

1) 철회가능한 지정의 경우[103]

수익자 지정이 철회가능한 경우라도 보험수익자는 수익자 지정 즉시 추상적인 수익권을 취득하고, 단지 보험사고 발생 시 구체적인 보험금청구권

---

103) 이하에서는 철회가능한 지정의 경우에 권리귀속관계에 관하여서는 제3장 Ⅳ. 3. 2) 가) 부분의 해석론을 전제로 한다.

을 행사할 수 있을 뿐이다.

그러나 수익자 지정이 철회가능한 경우에 보험계약자는 보험사고발생 이전에는 언제든지 지정을 변경할 수 있으므로, 추상적 보험금청구권에 대하여도 처분권을 가진다. 기타 모든 청구권 즉, 해지환급금, 보험증권대부청구권, 이익배당청구권에 대한 처분권도 보험계약자에게 귀속된다. 다만 이익배당을 이자부로 적립하여 보험금에 부가하는 경우에는 보험사고의 발생과 함께 보험수익자에게 급부되지만, 보험사고발생 이전에는 보험수익자는 이들 급부에 대하여 어떠한 권리를 가지지 못한다. 따라서 보험수익자는 보험사고발생 이후에 구체적인 금전채권으로써 양도할 수 있을 뿐이다. 물론 보험수익자도 보험사고발생 이전에 이러한 조건부 권리를 전혀 양도할 수 없는 것은 아니다. 보험계약자에 의하여 언제든지 박탈될 수 있는 불확정적인 지위를 이전시킬 수 있지만, 보험계약자의 처분권에 의하여 제한받기 때문에 실질적으로는 의미가 없다고 할 것이다.

이렇게 본다면 보험계약자의 보험계약상의 제 권리의 양도는 보험수익자의 법적 지위에 어떠한 영향을 미치는지가 문제된다.

절대적 양도의 경우에는 당사자의 의사표시의 합치로 양수인은 보험계약상의 권리자가 되는데, 이때에 철회가능한 수익자 지정의 존속을 인정하는 것은 양도인과 양수인의 의사에 반하기 때문에 양도에는 수익자 지정을 확정적으로 철회한다는 의사표시가 있는 것으로 보아야 할 것이다. 이때 양도계약은 일반채권양도계약과 다를 바 없기 때문에 채무자(보험자)에게 양도를 통지하거나 보험자의 승낙이 있는 경우에는 보험자에 대하여서는 수익자 지정을 확정적으로 철회한 것이 된다(민법 제450조).

이러한 해석에 대하여서는 보험수익자 지정변경권의 행사와 양도계약은 다른 법률행위이고, 보험수익자 지정변경의 방법에 따라 행하여야 한다는 점에서 의문이 있을 수 있다. 그러나 수익자 지정행위를 상대방 없는 일방적 의사표시라고 보면 양도 또는 양도의 통지의 의사표시에 묵시적인 철회의 의사표시가 있었다고 해석할 수 있을 것이다.[104]

담보를 위한 양도에도 양도를 통지함으로써 보험자에 대하여 지정의 철회의 효력이 있으나, 이러한 철회의 효력은 담보를 위한 양도기간 내에서만 있기 때문에 수익자 지정이 확정적으로 철회된다고는 볼 수 없을 것이다.

담보를 위한 양도는 보험계약자가 채무를 변제하지 아니하는 경우에 양수인이 채권만족을 위하여 양수한 보험계약상의 권리를 행사할 수 있도록 하기 위한 것이므로 만약 수익자 지정이 철회되지 않는다면 담보권자인 양수인에게 어떠한 권리도 귀속되지 아니하고 보험사고가 발생하더라도 양수로 인하여 어떠한 채권만족도 얻지 못한다. 그렇다고 무제한적으로 보험수익자 지정을 존속시키는 것도 담보를 위한 양도의 목적에 부합되지 않는다.

따라서 담보를 위한 양도에서는 절대적 양도에서와 달리 일반적인 경우에는 수익자 지정이 확정적으로 철회되는 것이 아니라 담보의 목적이 실현되어 양도가 실효되고 재양수 후에는 원시수익자의 권리가 다시 부활하게 된다고 보아야 할 것이다. 이렇게 본다면 담보를 위한 양도가 담보목적의 소멸로 실효된 경우에도 보험계약은 양도 전과 같이 존속되기 때문에 보험계약상의 수익권도 원시수익자에게 있는 것이다. 이렇게 해석하는 것이 보험계약자의 의사에도 부합할 것이다.

이상과 같은 시간적 제한 이외에도 담보를 위한 양도에서는 보험계약상의 권리가 피담보채권의 범위 내에서만 담보로 제공되기 때문에 양수인의 채권의 범위 내라는 금액적 제한을 받는다. 따라서 담보권이 실행되어 보험급부청구권에 대하여 압류한다고 할지라도 보험사고발생 이후 집행 시에는 피담보채권내에서만 가능하기 때문에 잔여부분에 대하여서는 보험수익자에게 귀속되어야 하는 것이다.

그리고 수익자 지정철회권을 비일신전속권으로 보고, 지정변경행위를 상대방 없는 일방적 의사표시라고 보면 양도계약이나 양도의 통지에 수익자 지정철회와 관련하여 명시적인 의사가 있으면 이에 따라야 할 것이고, 명

---

104) 보험계약자가 수익자 지정을 철회한 후 양도하거나 보험계약상의 권리가 포괄적으로 양도되어 보험수익자 지정변경권이 양수인에게 이전된 경우에는 양수인이 보험수익자 지정을 철회하여야 한다면 사무처리상에서도 간편함을 도모할 수 없을 것이다.

시적인 의사가 없거나 불명확한 경우에는 양도기간 동안에만 철회된다고
보아야 할 것이다

2) 철회불능의 지정의 경우105)

철회불능의 경우에는 보험수익자는 수익자 지정과 동시에 수익권을 취
득한다.

따라서 보험수익자는 지정과 함께 당연히 추상적인 보험금청구권, 해지
환급금을 취득한다고 보면, 이에 관한 처분권자는 보험수익자이다.106) 그리
고 이들 권리에 대하여 보험계약자의 양도권은 배제된다고 보아야 할 것이
다. 또한 보험수익자의 동의가 없는 한, 보험계약자는 보험증권대부권을 행
사할 수 없다고 보면 이에 대하여도 역시 보험계약자는 양도할 수 없다.

따라서 철회불능의 수익자 지정이 존속하는 한 보험계약상의 제 권리는
보험계약자의 처분권의 대상이 될 수 없으며 양도되더라도 무효라고 보아
야 할 것이다. 왜냐하면 이러한 철회불능의 보험수익자의 법적 지위는 양
도로 인하여 위태롭게 되어서는 안 되기 때문이다. 이렇게 볼 때에 철회불
능의 경우에 보험수익자의 법적 지위는 원칙적으로 양도로 인하여 영향을
받지 않게 된다.

그러나 이익배당청구권에 관하여서는 문제의 소지가 있다. 왜냐하면 이
익배당청구권은 보험료 산정과 관련된 부수적인 청구권이기 때문에 이에
대하여서는 보험계약자에게 귀속시킨다고 하여 보험수익자의 권리를 크게
침해하지 아니하기 때문이다. 따라서 이익배당금의 경우에도 이익배당금이
현금으로 지급하거나 보험료채권과 상계하기로 하는 명시적인 약정이 있는
경우에는 보험계약자에게 귀속된다고 보아야 할 것이고, 이익배당금이 보
험금 또는 해지환급금에 부가된다는 약정이 있는 경우에는 보험금귀속주체

---

105) 이하에서는 철회불능의 경우에 권리귀속관계에 관하여서는 제3장 Ⅳ. 3.
2) 나) 부분의 해석론을 전제로 한다.
106) 그러나 계약상의 권리양도가 보험수익자의 지위에 미치는 영향을 고찰하
기 때문에 보험수익자에 의한 처분부분은 논외로 하기로 한다.

인 보험수익자에게 귀속된다고 보아야 할 것이다.

그런데 문제는 이익배당금에 대하여 보험계약자와 보험자 간에 명시적인 약정이 없는 경우이다. 이는 이익배당청구권이 원칙적으로 보험수익자에게 귀속된다고 보느냐, 보험계약자에게 귀속된다고 보느냐에 따라 다르다. 이익배당청구권이 원칙적으로 보험수익자에게 귀속된다고 보면 명시적인 약정이 없는 한 보험계약자의 처분권은 배제될 것이고, 보험계약자에게 귀속된다고 보면 이에 대한 보험계약자의 처분권이 인정된다고 할 것이다.

생각건대, 이익배당청구권은 보험료 산정상에 예정률과 실제의 손해율과의 차이에서 발생되는 잉여금이 이익배당의 형태로 분배되는 것이기 때문에 원칙적으로 보험계약자에게 분배되어야 할 것이다. 생명보험표준약관 제7조에서도 이익배당금은 보험계약자에게 지급한다고 하고 있다. 또한 이익배당청구권을 보험계약자에게 귀속시키고, 이의 처분을 허용한다고 하여 철회불능의 수익자 지정에서 보험수익자의 보장적 기능이 공동화되는 것도 아니다. 왜냐하면 철회불능의 수익자는 보험계약상의 주급부청구권에 대한 수익권을 취득하고 있기 때문에 이익배당청구권을 보험계약자에게 귀속시킨다고 하여 보험수익자의 수익권을 침해한다고 볼 수는 없다. 그리고 보험수익자의 보장적 기능을 해하지 않는 한, 보험계약자가 생명보험의 저축적 기능 내지 채권담보적 기능을 활용할 수 있는 기회를 봉쇄할 필요는 없다고 생각한다. 따라서 당사자 간에 의사가 불명확한 경우에는 철회불능의 경우라도 원칙적으로 이익배당청구권의 처분권은 보험계약자에게 귀속된다고 하여야 할 것이다. 그러나 현실적으로는 이익배당금을 계약자에게 지급하는 것이 아니라 대개 보험료로 충당하거나 보험금 또는 해지환급금에 부가하고 있기 때문에 실제적으로는 거의 문제되지 않는다.

第5章 保險契約者의 債權者로부터의 保險受益者 保護

　　보험계약자의 채권자는 간접적일지라도 채무자의 보험료지급을 가능하게 한 점에서 보험계약상의 권리에 대하여 이해관계를 가지며 언제든지 금전적 가치를 지니는 보험금청구권에 대하여 강제 집행할 수 있다. 그러나 경제적으로는 보장적 기능과 저축적 기능을 가지고 있는 생명보험계약에서 제3자가 보험수익자로 지정되어 있는 경우에 보험계약자의 채권자의 채권만족을 위한 강제집행은 근본적으로 보험수익자의 보장적 이익(생사혼합보험의 경우에는 보험계약자 자신의 노후보장)과 충돌할 우려가 있다. 따라서 이러한 경우에 단순히 보장적 기능의 확보를 위하여 채권자의 집행을 배제하는 것도 적절하지 않고, 그렇다고 하여 채권자의 강제집행을 전면적으로 인정할 경우에는 보험수익자 보장적 기능이 공동화될 가능성이 있다. 이러한 점이 생명보험계약을 둘러싼 이해조정을 어렵게 하는 요소이다.

　　현재 우리나라에서의 채권법의 일반원칙에 따르면 보험계약자의 채권자의 강제집행으로부터 보험수익자는 거의 보호받지 못하고 있는 실정이다. 보험수익자보호의 필요성을 감안할 때에 생명보험계약의 보장적 기능에 입각하여 사회정책적 측면에서 이들의 이해관계를 조정할 필요가 있다. 즉, 보험수익자의 보장적 이익을 관철하기 위해서는 보험수익자와 보험계약자에게 채권자의 집행으로부터 보호되는 법적 지위를 부여하는 것이 필요할 것이다. 그렇다면 보험계약자의 채권자의 강제집행가능성이 생명보험의 보장적 기능에 비추어 제한될 수 있는지, 제한된다면 어느 정도까지 제한할 수 있는지 여부가 검토되어야 할 것이다.

　　따라서 이하에서는 보험계약자의 채권자와 보험수익자 간의 이해조정에 관하여 보험사고발생 이전과 보험사고발생 이후로 나누어 비교법적 측면에서 외국의 입법례를 고찰한 후에, 이를 바탕으로 우리나라에서의 해석론 내지 입법론을 모색하고자 한다. 그리고 이러한 보험계약자의 채권자와 보험수익자 간의 이해조정을 검토하기 위한 전제로서 보험수익자의 지정이 없는 경우에 보험계약상의 제 권리에 대한 집행방법에 관하여 일반적인 고찰을 먼저 하고자 한다.

Ⅰ. 保險契約上의 權利에 대한 執行方法

1. 獨逸法上의 執行方法

1) 個別的 執行

가) 契約上의 權利에 대한 押留可能性

보험계약상의 청구권은 기한부 권리든 조건부 권리든 간에 원칙적으로 압류할 수 있다.[1] 그런데 보험계약상의 청구권중 압류가능성이 논란의 대상이 되고 있는 것은 보험금청구권, 이익배당청구권이다.

보험금청구권의 압류가능성에 관하여서는 타인의 생명에 대한 보험계약을 체결할 때에 타인의 서면동의를 요하는 독일 보험계약법 제159조 2항과 관련하여 논란이 되었다. 이 규정과 관련하여 보험금청구권의 압류가능성을 부정하는 견해도 있었다.[2] 이 견해에서는 타인의 생명에 관하여 보험계

---

1) Baumbach-Lauterbach, Zivilprozeßordnung, 35. Aufl., München, 1977, Anm.1 A zu §829 S. 1553 참조.

2) Blumhardt, Abtretung und Verpfändung in Lebensversicherung, JRPV 1927, S.189; Grimm, Der Anspruch auf die Unfallversicherungssumme in Konkurs des Versicherungsnehmers, Hanseatische Rechts- und Gerichtszeitschrift, 1930, Teil A, S. 246. 여기서 문제시 된 것은 보험금청구권을

약을 체결함에 있어서 피보험자의 동의를 요하는 것은 타인의 생명에 대한 투기를 방지하는 동시에 피보험자의 생명이 위기에 처하는 것을 배제하기 위한 것인데,[3] 만약 보험금청구권에 대하여 압류를 자유로이 인정한다면 이는 이 규정의 취지에 반한다는 점을 그 근거로 하고 있다.

그러나 이에 대하여 보험계약법 제159조 2항을 이유로 압류가능성을 부정하는 것이 타당하지 못하다는 견해도 제기되었다.[4] 이 견해에서는 법규정상으로 동의를 요하는 것은 타인의 생명에 대하여 보험계약을 체결하는 경우뿐이며 보험금청구권이 양도되는 경우에는 포함되지 않고 있다는 점과 보험계약자(＝피보험자)에 대하여 채권을 가지고 있는 채권자에게는 투기의 폐해가 없고, 집행절차가 공적이기 때문에 도덕적 위험이 적을 뿐 아니라 오히려 채권자의 정당한 이익도 고려하여야 한다고 하는 점을 그 근거로 하고 있다. 현재 독일에서는 보험금청구권의 압류가능성에 관하여 보험계약법 제159조 2항은 보험금청구권의 압류가능성에 거의 영향을 미치지 못한다는 점에는 이론이 없다.[5]

그리고 부분적이지만 현행법상으로도 보험금청구권에 관하여 정책적으로 압류를 금지 또는 제한하는 규정이 있다. 먼저 보험금이 정기적으로 지급되는 보험계약 즉 연금보험은 압류가 제한되고 있으며(민사소송법 제850조 3항 b), 보험금이 일시금으로 지급되는 보험계약(자금보험)이라도 보험금액 8,500 DM를 초과하지 않는 사망보험계약에 관하여서는 압류가 금지된다(동법 제850조 4호). 또 수공업자가 의무보험을 면하기 위하여 체결한 생명보

압류한 후에 피보험자의 승낙 없이 보험계약을 계속하는 경우이며, 해지환급금은 압류할 수 있다.

3) 피보험자의 법적 지위에 관한 자세한 것은 Fuchs, Die Gefahrsperson im Versicherungsrecht, Inaugural-Dissertation, Berlin, 1973, S.173 이하 참조.

4) Schulz, Wieweit unterliegen die Rechte des Versicherungsnehmers dem Lebenversicherungs vertrg bei seiner Lebzeiten dem Zugriff der gläubiger?, Dissertation Leipzig, 1914, S.281.

5) Bruck-Möller-Winter, V.V.G. Kommentar Bd.5/2, 8 Aufl., Berlin, 1988. S. 1152.

험에 관하여서는 일시금보험이라도 10,000 DM까지 압류가 제한된다.

위 일시금보험은 압류가 일반적으로 제한된다는 견해도 있지만,[6] 현재는 일시금보험에 대하여서는 민사소송법 제850조 4호 이외에 압류의 제한은 없다고 보는 것이 통설이다.[7] 이와 함께 해지환급금청구권을 압류할 수 있다는 점에 관하여서는 거의 이론이 없다.[8] 그러나 해지환급금청구권을 압류할 수 있다고 하더라도 채권자가 해지를 강제할 수 없다면 해지환급금을 압류할 수 있다는 의의는 반감될 것이다.[9]

이익배당청구권도 압류의 대상이 된다. 물론 현금으로 배당되는 경우는 드물고 보험료지급에 대체되거나 이자부로 적립되는 경우가 통례이다. 이익배당이 현금으로 지급되지 않고 약정에 따라 보험료로 지급되거나 이자부로 적립되는 경우에 압류명령 송달 이전에 이미 발생한 이익배당청구권은 압류의 대상이 되지 아니한다(BGB 제389조, 제607조). 왜냐하면 이익

---

6) Sieg는 민사소송법(ZPO) 제850조 i는 근로에 대하여 정기적으로 지급되지 않는 보수는 압류를 제한하고 있는데, ZPO 제850조 3항 b가 정기적으로 지급되는 보험금을 근로소득으로 간주하기 때문에, 일시금보험계약은 ZPO 제850조 i에서 말하는 '정기적으로 지급되지 않는 보수'로 보아야 한다고 하고 있다(Sieg, Kritische Betrachtung zum Recht der Zwangsvollstreckung in Lebensversicherungsforderungen, Festschrift für Klingmüller, 1974, S. 449ff.; ders., Die Lebensversicherung als Versorgungsinstrument, Kritische Betrachtung zum juristischen Befund, ZverWiss. 1974, S. 99-100).

7) Hasse, Interessenkonflikte bei der Lebensversicherung zugunsten Dritter, Dissertation Hamburg, 1981, S. 195

8) Bruck-Möller-Winter, a.a.O., S. 1152; Bruck-Döstling, Das Recht des Lebensversicherungsvertrages, 2.Aufl., Mannheim-Berlin-Leipzig, 1933, S. 102; Niewisch, Die Zwangsvollstreckung in die Rechte aus einem Lebensversicherungsvertrag, Hamburg, 1939, S. 25; Decker, Zwangszugriff der Gläubiger des Versicherungsnehmers auf die rückaufsfähige Lebensversicherung im Wege der Einzelvollstreckung, Dissertation Leipzig, 1938, S. 20; Sieg도 해지환급금에 관하여서는 압류할 수 있다고 본다(Sieg, ZverWiss. 1974, S. 99-100).

9) 이 점에 관하여서는 후술하는 해지권에 대한 압류가능성 부분 참조.

배당청구권은 상계는 상계시점에서 상계채권상당이 소멸된다는 독일 민법 제389조에 따라 발생과 동시에 소멸되거나 독일 민법 제607조(소비대차)에 기한 청구권으로 변경되기 때문이다. 그러나 구체적인 청구권이 발생하지 않는 장래채권으로서 이익배당청구권은 압류시점에 이미 변제기에 달해 있고, 보험료채권에 충당한다는 약정이 없는 한 압류할 수 있다(BGB 제392조 준용).

독일에서는 보험계약상의 권리는 청구권뿐만 아니라 형성권도 압류에 구속된다는 것이 통설·판례의 입장이다.[10] 그러나 해지권의 압류가능성을 부정하는 견해도 있었다. 이 견해에서는 해지권 자체는 계약관계를 변경시킬 뿐이며 재산권이라고 말할 수 없다는 점[11]과 해지권은 일신전속권이라는 두 가지 점[12]을 그 근거로 하고 있다.[13] 그러나 이에 대하여 통설·판례는 해지권 자체가 재산적 가치가 없다는 점을 인정하고, 해지권은 단독

---

10) Hasse, a.a.O., S. 97; Heilmann, Die Begrünstigung in der Kapital- versicherung, VersR 1972, S. 1000; Niewisch, a.a.O., S. 18 이하; Bruck-Möller-Winter, a.a.O., S. 1152; Prölss-Martin Versicherung- svertragsgesetz, 21. Aufl., München 1977, ALB § 15 Anm. 8, S. 1305; BGH 17.2.1966, BGHZ 45, 162. 이에 대하여 우리나라에서는 형성권은 독립적으로 처분하여 환가할 수 없다는 이유로 형성권 자체에 대한 압류는 인정되고 있지 않고 있다(박두환, 신강제집행법, 고시계, 1992, 222면; 방순원·김광년, 민사소송법(하), 한국사법행정학회, 1993, 289면).

11) Decker, a.a.O., S. 23; Ehrenzweig, Kleine Beiträge zum Deutschen Versicherungsvertragsrecht, VersR 1951 S. 93.

12) Ehrenberg, Wichtge Probleme des Lebensversicherungsrechts insbesondere der Anspruch auf die Lebensversicherungssumme, JhJb Bd 41 S.376; Emminghaus Die Ansprüche der Ehefrau an Lebensversicherungssumme des Ehemannes im Todesfalle und im Nachlass-Konkurs. Gibt es ein Eintrittsrecht der Frau im letzteren Falle?, LZ 1907 S. 38; LG Berlin 21.6.1907, VA 1910, S. 13.

13) 이에 대하여 해지권 자체는 재산적 가치를 지닌다고 할 수 없을지는 모르나 해지환급금청구권의 행사에 필요한 한 광의의 의미에서 재산적 가치를 지닌다고 할 수 있을 것이며, 해지권이 타인의 수중으로 넘어간다고 하여도 그 성질이 변하는 것은 아니라는 비판이 있다(Niewisch, a.a.O., S. 34ff 참조).

으로는 압류의 대상이 되지는 않지만, 해지환급금청구권과 동시에 압류될 수는 있다고 한다.[14]

보험수익자 지정철회권에 관하여도 종래에는 해지권의 경우와 동일한 이유로 압류할 수 없다는 견해가 주장된 적도 있지만[15] 현재에는 압류할 수 있다는 것이 통설이다.[16] 물론 이때에도 해지권의 경우와 마찬가지로 청구권과 동시에만 압류할 수 있다.[17]

보험수익자 지정권 또는 납필보험으로의 전환권은 일반적으로 논의되고 있지 않지만, 수익자 지정철회권이 일신전속권이 아니라는 입장에서는 지정변경권에 관하여도 일신전속성을 부정할 것이다.[18] 그러나 해지권 또는 지정철회권과는 달리 수익자 지정권은 보험계약상의 청구권을 집행하기 위한 전제가 아니기 때문에 통설에서도 수익자 지정권의 압류가능성을 부정하고 있다.[19] 통설에 따르면 납필보험으로 전환할 수 있는 권리도 일신전속권이 아니라고 보지만, 보험계약상의 청구권을 집행하기 위한 전제는 아니라는 이유에서 압류할 수 없다고 본다.[20]

나) 押留의 範圍 및 押留의 效果

압류 시에 보험계약자의 권리를 '모든 권리' '생명보험계약상의 보험계약자의 권리' 등으로 포괄적으로 규정하는 경우에 채권자는 보험금청구권, 해

---

14) Bruck-Möller-Winter, a.a.O., S. 1152; Pröloss-Martin a.a.O, S. 1305; BGH 17.2.1966, BGHZ 45, 162.

15) RG 25.2.1930, JW 1930, S. 3628; RG12.7.1934, JW 1944, S. 2763.

16) Niewisch, a.a.O., S. 37.

17) Niewisch, a.a.O., S.39.

18) Niewisch, a.a.O., S. 40.

19) Niewisch, a.a.O., S. 40; Decker, a.a.O., S. 19; Hasse, a.a.O., S. 100; Gilbert, Zur Zwangsvollstreckung in den Lebensversicherungsanspruch, DR 1941A, S. 2363. 이에 대하여 긍정하는 입장(Prölss-Martin a.a.O, ALB § 15 Anm. 1, S. 1286)도 있다.

20) Hasse, a.a.O., S. 100; Niewisch, a.a.O., S. 41; Gilbert, a.a.O.(DR 1941A) S. 2363.

지환급금청구권, 이익배당청구권뿐만 아니라 각종 형성권을 포함한 모든 권리를 압류할 수 있다.[21]

압류명령에 보험계약상의 개개의 권리가 열거되어 있는 경우에는 원칙적으로 열거된 권리만 압류의 대상이 된다.[22] 예컨대 보험금청구권만 열거하고 있는 경우에는 해지환급금청구권이나 이익배당청구권은 압류할 수 없는 것이다.

그리고 청구권의 내용에 간접적으로 영향을 미치거나 그 행사에 필요한 형성권은 청구권의 압류와 함께 압류된다.[23] 따라서 해지환급금청구권의 압류에는 해지권도 포함되고, 보험증권대부청구권(Vorauszahlungsanspruch)에는 대부권(Beleihungsbefugnis)이 포함된다.

압류명령(Pfändungsbeschluß)을 할 수 있는 압류채권자의 지위는 질권의 만기도래 이전에 있어서의 질권자의 지위와 기본적으로 동일하다. 질권자는 압류함으로써 목적물, 즉 보험계약상의 권리에 관하여 압류채권을 취득한다(ZPO 제804조). 그러나 이 단계에서 압류채권자는 형성권을 행사할 수 없고,[24] 압류질권이 성립되면 보험계약자의 처분권도 이러한 압류채권을 해하지 않는 범위 내에서만 행사할 수 있다. 예컨대 해지권의 행사는 해지환급금이 채무액을 초과하는 범위에 한하여 허용된다.[25] 보험증권대부는 보험증권대부청구권이 압류된 경우에 한하여 할 수 있다.[26]

압류명령은 일반적으로 이부명령(Überweisungsbeschluß)과 동시에 행해지는데,[27] 압류채권자는 이 이부명령에 의하여 채권에 대하여 집행한다.

---

21) Hasse, a.a.O., S. 97-98.

22) Niewisch, a.a.O., S. 43; Bruck-Möller-Winter, a.a.O., S. 1152.

23) Hasse, a.a.O., S. 98; Bruck-Möller-Winter, a.a.O., S. 1152

24) Hasse, a.a.O., S. 98; Niewisch, a.a.O., S. 46; Bruck-Möller-Winter, a.a.O., S. 1153; Prölss-Martin, a.a.O., S. 1305.

25) Decker, a.a.O., S. 48-50.

26) Hasse, a.a.O., S. 99.

27) 그러나 가압류질권(Arrestpfändung)에 관하여서는 양 집행절차에서 법적취급이 달리 규정되어 있다(ZPO 제916, 제930조).

이부명령에는 추심명령과 전부명령이라는 두 가지 유형이 있다.

압류채권자는 추심명령으로 압류할 수 있는 채권을 자기 명의로 추심할 수 있게 된다. 또한 청구권의 발생에 필요한 범위에서 이부된 형성권을 행사할 수도 있게 된다.[28]

전부명령의 경우에 채권자는 채권의 권면액에 대하여 지급을 대신하여 채권을 취득한다. 권면액은 보험사고발생 이전에는 해지환급금이다.[29] 또한 추심명령의 경우와 달리 전부명령은 채권양도와 같은 효과를 가지기 때문에 채권자는 이후 수익자의 지정권도 행사할 수 있다.[30]

2) 保險契約者의 破産

보험계약자가 파산한 경우에는 보험사고발생의 전후를 불문하고 압류가능한 보험계약자의 재산은 파산재단에 귀속되고, 보험계약자는 파산선고와 함께 보험자에게 어떠한 권리도 행사할 수 없다.[31] 형성권을 포함한 모든 권리는 파산관재인에게 이전된다.[32]

보험료채무가 이행된 경우 또는 납필보험으로 전환된 경우에 파산관재인은 직접 보험금청구권을 처분할 수 있다. 보험계약자의 처분권이 모두 파산관재인에게 이전되므로 파산관재인은 보험계약을 해지할 수도 있고 보험수익자도 변경할 수 있을 뿐만 아니라 보험증권대부도 받을 수 있다.[33] 그러나 미이행의 보험료채무가 남아있는 경우에는 파산관재인이 이행할 것인지 여부를 선택할 수 있다[34](파산법 제17조 참조).

---

28) 형성권행사에 관하여서는 압류명령 외에 이부명령을 일반적으로 요한다 (Bruck-Dörstling, a.a.O, S. 260-261).

29) Hasse, a.a.O., S. 100.

30) Niewisch, a.a.O., S. 49.

31) Hasse, a.a.O., S. 79; Bruck-Dörstling, a.a.O., S. 263; Bruck-Möller-Winter, a.a.O., S. 1154.

32) Hasse, a.a.O., S. 108; Bruck-Möller-Winter, a.a.O., S. 1154.

33) Hasse, a.a.O., S. 108; Bruck-Möller-Winter, a.a.O., S. 1154; Gibert, a.a.O.(DR 1941 A), S. 2366 ff.

　파산관재인이 이행을 선택한 경우에는 보험계약상의 모든 권리의무는 파산관재인에게 이전되고, 파산관재인은 모든 형성권을 행사할 수 있다.[35]

　파산관재인이 이행을 거절한다면 거절의 의사표시와 동시에 보험계약관계는 즉시 소멸한다. 이때에 보험자는 해지환급금을 파산관재인에게 반환할 의무를 부담하고, 형성권은 파산관재인에게 이전되지 아니한다.[36] 또한 선택권의 행사 이전에 파산관재인이 형성권을 행사한 경우에는 이행을 선택하였다고 보며 이후에 이행을 거절할 수 없다.[37]

　보험자는 파산관재인에 대하여 선택할 것을 요구할 수 있으며 이 경우에 파산관재인은 지체 없이 답신할 의무를 부담한다. 이때에 답신이 없는 경우에는 거절로 본다(파산법 제17조 2항). 또한 보험계약법 제14조에 의하면, 보험자는 보험계약자에 대하여 파산절차 또는 화의절차가 개시된 경우에 1월의 유예기간을 두고 해지할 권한을 유보할 수 있다. 만약 보험계약자가 이 해지권을 유보한 경우에 보험자는 파산관재인의 선택권과 관계없이 보험계약을 소멸시킬 수 있다. 보험자의 해지권은 파산관재인이 이행의 선택권을 행사한 후에도 행사할 수 있다.[38]

2. 스위스法上의 執行方法

　개별집행·파산절차는 '채무집행과 파산에 관한 연방법률'(Bundesgesets über Schuldbetreibung und Konkurs vom 11. April 1989: 이하에서는 파산법이라 한다)에 기하여 행해지지만, 보험계약상의 권리에 관한 강제집행에 관하여서는 특별법으로서 '보험계약에 관한 법률(1908. 4. 2)에 기한 보

---

34) Hasse, a.a.O., S. 108.
35) 예컨대 가까운 시기에 보험사고의 발생이 예상되는 경우에는 파산관재인은 이행을 선택할 것이다.
36) OLG Nürnberg 18. 10. 1932(JRPV 1932, S. 376); Bruck-Möller-Winter, a.a.O., S. 1154.
37) Hasse, a.a.O., S. 108; Gilbert, a.a.O.(DR 1941 A), S. 2366ff.
38) Ehrenzweig, a.a.O., S. 234.

험청구권에 대한 압류, 가압류, 환가에 관한 연방법원규칙(1910. 5. 10)'(이
하에서는 연방법원규칙이라 한다)이 있다. 다른 나라에서와 달리 생명보험
계약의 집행에 관하여 특별집행절차가 있는 점이 스위스법의 특징이다.

1) 個別的 執行

가) 契約上의 權利에 대한 押留可能性

보험계약상의 모든 청구권(배당청구권도 포함)은 원칙적으로 압류할 수
있으며, 형성권도 원칙적으로 대응하는 청구권과 함께 압류할 수 있다.[39]
그러나 보험수익자 지정권, 해지권은 압류할 수 없다.[40] 이 밖에도 파산법
상 일정한 경우에 압류를 금지 또는 제한하는 경우가 있다.[41]

그러나 비록 보험계약상의 권리에 대하여 압류가능성이 있다고 하더라
도 연방법원규칙 제4조에 따르면 채무자의 다른 재산으로 충분한 변제를
받을 수 없는 경우에만 보험계약상의 권리에 대하여 강제집행이 인정된다.
이 규정에 대하여서는 보험수익자의 지정 유무와 관계없이 적용된다는 설
이 유력하다.[42]

---

39) Gisun, Die betreibungsrechtliche Behandlung der Lebensversicherung-
    sanspruche, dissertation Zürich 1958, S. 50.
40) ibid.
41) 파산법에서는 구제기금, 구병기금, 구빈기금, 상호 부조기금으로부터의 구
    제금은 압류할 수 없고(제92조 9호), 또한 자기를 위한 연금보험계약상의
    급부도 일정한 범위 내에서 압류를 제한하고 있다(제93조) 그리고 스위스
    채무법상으로는 당사자 간의 합의로 압류를 배제할 수 있다(제519조)고 규
    정하고 있다.
42) Gisun, a.a.O., S. 52.(구체적 문헌은 ibid. 각주 6 참조). 그러나 Roelli- Jaeger,
    Kommentar zum schweizerischen Bundesgesetze über den Versiche-
    rungsvertrag vom 2. April 1908, Band Ⅲ, Bern 1933, S. 165-166, 193-194에서
    는 이를 부정하고 있다.

나) 押留의 範圍 및 押留의 效果

해지환급금청구권 등을 개별적으로 압류할 수도 있지만, 통상 보험청구권이 압류의 대상이 될 경우에는 보험계약상의 모든 청구권이 압류의 범위에 속한다.[43] 이 경우에 압류는 변제의 만족을 얻을 수 있는데 필요한 범위 내에서밖에 할 수 없다. 집행법원은 압류한 목적물을 평가하지 않으면 안 된다(파산법 제97조). 집행법원은 보험자로부터 해지환급금액을 제출받고, 만약 해지환급금이 채권액보다 많은 경우에는 그 일부에 대하여 압류할 수 있다.[44]

채권자가 압류하면 압류의 효력으로써 보험계약자(채무자)의 처분권도 제약된다(파산법 제96조 1항). 그러나 압류가 있다고 하더라도 보험계약자에 의한 보험계약의 해지권행사(보험계약법 제89조 2항)는 방해받지 아니한다.[45] 왜냐하면 보험금청구권의 현재가치가 변하는 것이 아니라 장래 보험료지급의무가 소멸할 뿐이기 때문이다. 그러나 전환권의 행사(보험계약법 제90조 1항)와 환매의 요구(보험계약법 제92조 3항), 또는 변제기가 도래한 이익배당을 받거나 보험청구권을 양도 또는 입질하거나 보험수익자를 지정하는 것은 인정되지 아니한다.[46] 집행법원은 압류된 권리의 보존을 위하여 만기가 된 채권의 지급을 청구하여야 하지만(파산법 제100조), 보험계약상의 형성권을 행사할 수 있는 것은 아니다.[47]

다) 換價의 實行

보험사고발생 이전의 환가에 관하여서는 연방법원규칙 제15조 내지 제22조에 특별규정이 있다. 집행법원의 요구가 있으면 보험자는 해지환급금액을 통지하여야 한다(연방법원규칙 제15조). 환가방법에는 경매, 임의매각,

---

43) Roclli-Jaeger, a.a.O., S. 164.
44) A.a.O., S. 166-167.
45) A.a.O., S. 167.
46) A.a.O., S. 167.
47) A.a.O., S. 168.

이부 등이 있다.

먼저 경매의 경우에는 경매절차를 취하기 1월 전에 해지환급금이 공시되어야 한다(연방법원규칙 제16조). 그리고 보험계약법 제86조에 의한 매수권자는 경매기간이 지연되더라도 14일 전까지는 매수권을 행사하여야 한다.

보험계약상의 권리는 경낙인에게 귀속되지만, 보험계약자의 의무는 이전되지 아니한다.[48] 경낙인은 집행법원으로부터 권리이전의 증명서 외에 보험증권을 교부를 받는다.[49] 경낙인은 취득한 권리를 양도하거나 보험계약을 해지하거나 납필보험으로 전환할 수도 있고, 보험증권대부권을 행사할 수도 있다. 경낙인은 보험계약자(＝피보험자)의 동의 없이 보험료를 계속 지급함으로써 보험계약자의 의사에 반하여 계약관계를 계속시킬 수 없다.[50] 이미 만기가 도래한 보험료에 관하여서는 지급할 수 있다.[51]

또한 이해관계인 전원의 동의가 있는 경우에는 보험금청구권을 임의매각할 수도 있는데, 이때에 매수인은 경낙인과 동일한 지위에 있게 된다.[52]

그리고 이부명령에는 지급을 대신한 이부(Überweisung an Zahlungs Statt: 파산법 제131조 1항)와 추심을 위한 이부(Überweisung zur Eintreibung: 파산법 제131조 2항)가 있다. 지급을 대신한 이부를 받는 경우에는 권면액이 환매가액이고, 채권자는 경낙인과 동일한 범위로 청구권·형성권을 행사할 수 있다.[53]

추심을 위한 이부를 받은 경우에 압류채권자는 청구권을 취득하는 것이 아니라 추심권(보험사고발생 이전이라면 해지환급금청구권에 대한 추심권)을 취득할 뿐이나.[54] 또한 이부 이후(단 해지환급금의 청구 이전)에 보험

---

48) Gisun, a.a.O., S. 70.

49) Roelli-Jaeger, a.a.O., S. 171.

50) Roelli-Jaeger, a.a.O., S. 172; Gisun, a.a.O., S. 70.

51) A.a.O., S. 437.

52) Roelli-Jaeger, a.a.O., S. 170-172; Gisun, a.a.O., S. 71.

53) Bühler, Die Familenfürsorge nach dem Bundesgesetz über den Versicherungsvertrag, Zürich, 1971, S. 170-172; Roelli-Jaeger, a.a.O., S. 171-172.

54) Roelli-Jaeger, a.a.O., S. 171.

사고가 발생한 경우에도 압류채권자가 배타적으로 변제를 받을 수 있는 것
은 해지환급금에 한한다. 이를 초과하는 부분에 관하여서는 동일순위의 다
른 채권자와 공동으로 청구할 수 있다.[55]

2) 保險契約者의 破産

파산개시가 선고(파산법 제171조)되면 그 결과 채무자의 재산처분권능
은 상실되고, 보험계약자(채무자)는 이후 해지권 등의 형성권을 행사할 수
없으며 보험금청구권을 양도하거나 입질할 수도 없게 된다.[56] 보험계약자
의 모든 청구권은 파산재단에 귀속되고, 보험증권은 파산재단에 보관된
다[57](파산법 제223조 2항).

파산관재인은 파산개시 이전에 이미 발생한 채무를 포함하여 보험계약
관계를 계속할 수 있다.[58] 해지권 및 전환권은 보험계약법 제86조의 유족
에 의한 매수권의 행사가 없다는 전제하에서 행사할 수 있다.[59] 물론 새로
보험수익자를 지정할 수는 없다.[60]

파산관재인이 환매를 원하지 아니한 경우에는 보험계약자(피보험자)의
배우자·직계비속에 대하여 매수의 기회를 부여한 후 보험청구권을 임의경
매 또는 강제경매할 수 있다(연방법원규칙 제16조, 제21조). 이 경우에는
개별집행에 관하여 서술한 점이 기본적으로 타당하다.[61] 다만 지급을 위한
이부 또는 추심을 위한 이부는 파산절차의 성질상 생각할 수 없다.

---

55) A.a.O., S. 179.
56) A.a.O., S. 172.
57) A.a.O., S. 172-173.
58) Roelli-Jaeger, a.a.O., S. 173; Gisun, a.a.O., S. 58.
59) Roelli-Jaeger, a.a.O., S. 173-174; Bühler, a.a.O., S. 179-180.
60) Gisun, a.a.O., S. 74.
61) Roelli-Jaeger, a.a.O., S. 174; Gisun, a.a.O., S. 74.

3. 프랑스法上의 執行方法

1) 直接的 執行

가) 契約上의 權利에 대한 押留可能性

지급기가 도래한 생명보험계약상의 청구권, 특히 보험사고발생 이후의 보험금청구권은 보험계약자의 상속재산에 귀속되고, 당연히 압류의 대상이 된다. 지급기가 도래한 해지환급금청구권이나 이익배당청구권도 압류할 수 있다.[62] 장래채권도 압류의 대상이 되기 때문에 지급기가 도래하지 아니한 추상적 청구권도 압류할 수 있으며, 따라서 보험사고가 발생한 경우에는 보험계약자의 채권자는 보험자에 대하여 보험금을 자기에게 지급할 것을 청구할 수 있다.[63] 이는 보험수익자가 지정되지 아니한 경우이다.

프랑스에서는 해지권을 일신전속권으로 보기 때문에 보험계약자의 채권자나 파산관재인은 압류할 수 없다고 본다. 그러나 1930년 보험계약법 제정 이전의 판례 중에는 해지권의 일신전속성을 부인하고 보험계약자의 파산관재인에게 귀속된다고 한 적도 있었다.[64]

지정철회권은 보험계약법 L.132-9조 2항에서 철회권은 보험계약자의 채권자 또는 법정대리인이 행사할 수 없다고 명시하고 있기 때문에 역시 압류의 대상이 되지 않는다. 형성권으로서 보험증권대부권이나 수익자 지정변경권도 미친가지로 해석되고 있다.[65]

---

62) Picard-Besson, Les assurances terrestres en droit francais, Tome Ⅰ:Le contrat d'asssurance, 4e éd., Paris 1975, pp.780-782.

63) Tribunal civil de la Seine 4.3.1902 D.p.1903.2.13; Barrère, Du droit des crèanciers et des hèritiers dans un con-trat d'assurance sur la vie, Thèse Toulouse, 1911, p.60; Picard-Besson, Traité général des assurances terrestres en droit français, Tome Ⅳ, Paris 1945(zit.: Picard-Besson, Ⅳ), pp.404-406; Dupuich, l'Assurance-vie, Paris, 1922, p.532.

64) Cass. civ. 8.4.1895, D.p.1895.1, 441.

65) Picard-Besson, op. cit.(IV), pp.370-371(수익자 지정철회권을 일신전속적

나) 押留의 效力

보험계약상의 청구권이 압류되면 보험계약자 또는 그 상속인은 압류채권에 대하여 처분할 수 없고, 보험자도 이들에게 급부하여서는 안 된다. 물론 보험계약상의 청구권이 압류되더라도 보험계약자는 일신전속권인 보험수익자 지정변경권을 행사할 수 있기 때문에, 보험사고발생 이후에도 자신의 채권자로부터의 집행을 막을 수 있다.[66]

그러나 채권자는 비록 보험계약자가 반대할지라도 이해관계인으로서 보험료를 대신 지급하여 보험계약을 유지시킬 수 있다(보험계약법 L.132-19조).[67]

2) 保險契約者의 破産

상인과 사법상의 법인은 무자력이 되면 파산절차를 개시할 수 있다(프랑스 파산법 제1조). 파산절차가 개시되면 채무자는 압류가능한 재산에 대한 처분권을 상실하고, 이러한 처분권은 파산관재인에게 귀속된다(동법 제15조). 파산관재인은 아직 지급기가 도래하지 아니한 추상적인 청구권에 대하여도 권리를 주장할 수 있다. 또한 환가를 위하여 공적 경매절차를 거치거나 일정한 경우에는 법원의 허가를 얻어 경매절차를 거치지 아니하고 매각할 수도 있다(동법 제81조).

권리로 인정하고 있는 보험계약법 L 132-9조 2항을 그 근거로 하고 있다).
66) Barrére, op. cit., pp.60-61.
67) Picard-Besson, op. cit.(Ⅳ), pp.309-310.

II. 保險事故發生 以前의 利害關係調整

1. 독일法上의 調整

1) 一般的 利害調整

가) 撤回不能의 指定

철회불능의 지정이 있는 경우에는 생명보험계약상의 청구권은 원칙적으로 보험수익자에게 귀속되기 때문에, 보험계약자의 채권자는 이에 대하여 강제집행을 할 수 없다. 비록 보험계약의 해지권 등의 형성권은 보험계약자에게 귀속되지만 그 자체 단독으로는 압류의 대상이 되지 아니하고 청구권과 함께 압류할 수 있다.[68] 따라서 수익자 지정이 철회불능인 경우에는 청구권이 보험수익자에게 귀속되기 때문에 보험계약자의 채권자는 형성권에 대하여도 압류할 수 없다.

다만 이익배당청구권은 보험계약자에게 귀속되는 경우에는 압류의 대상이 된다. 이외에는 보험수익자가 보험금수취를 거절하는 경우(BGB 제333조), 보험수익자의 지정이 소멸되는 경우(VVG 제170조 2항) 등을 제외하고 보험계약자의 채권자는 모든 권리를 주장할 수 없다.[69]

이와 같이 철회불능의 지정이 있는 경우에는 이미 제3자를 위하여 출연되어 있어 채권자는 직접적으로 집행할 수 없기 때문에 부인권의 행사가 문제된다. 보험사고발생 이전에도 『파산절차에 의하지 않는 채무자의 법률행위의 부인에 관한 법률(Gesetz betreffend die Anfechtung von Rechtshandlungen eines Schuldners außerhalb des Konkursverfahrens: 이하 否認法(AnfG)이라 한다[70])』에 기한 무상행위의 부인을 주장할 수 있는지 여부에 관하여서는 학설

---

68) BGH 17.2.1966(BGHZ 45, 168); Hasse, a.a.O., S. 115.
69) Bruck-Möller-Winter, a.a.O., S. 1155.

이 대립해 있다.[71] 즉, 보험계약이 해지되어 해지환급금(청구권)이 보험수익자에게 넘어가기까지는 부인할 수 없다는 설[72]도 있지만, 보험수익자에 의한 해지환급금(청구권)의 취득은 부인의 성부와는 무관하기 때문에 부인할 수 있다는 설[73]도 있다.

파산의 경우에 보험계약상의 청구권은 이익배당청구권을 제외하고 원칙적으로 보험수익자에게 귀속되고 파산재단에는 귀속되지 아니한다.[74] 다만 파산관재인은 보험계약자에게 귀속되는 형성권을 행사할 수 있기 때문에 파산재단의 이익을 위하여 보험계약을 해지할 수 있고, 또 파산법 제17조상의 이행 여부의 선택권을 행사할 수도 있다.[75]

나) 撤回可能한 指定

철회가능한 지정이 있는 경우에는 보험수익자는 보험사고발생 이전까지

---

70) Gesetz betreffend die Anfechtung von Rechtshandlungen eines Schuldners außerhalb des Konkursverfahrens은 일정한 채무자의 법률행위에 대하여 취소하여 파산재단에서 배제시키는 권리에 관한 내용으로 우리 파산법 제6장(제64조-제78조)의 부인권에 해당하는 내용이기 때문에 동법을 이하에서는 부인법(AnfG)이라고 약칭한다.

71) 부인법(AnfG)상 부인에는 고의부인(채무자가 객관적으로 채권자를 해할 것을 알고 한 모든 법률행위는 부인할 수 있다; 동법 제3조 1항 1, 2호)과 무상부인(채무자의 무상처분은 부인권 행사 전 1년 이내에, 배우자를 위한 무상처분의 경우에는 부인권 행사 전 2년 이내에 있은 경우에 그 무상처분은 부인할 수 있다; 동법 제3조 1항 3, 4호)이 있다. 채권자가 강제집행과정에서 채무자의 재산으로 충분한 만족을 얻지 못하였거나 못할 염려가 있는 경우에 변제기가 도래한 금전채권에 대하여 채무명의을 얻은 경우에는 채권자는 부인권을 가진다(동법 제2조).

72) Haegele-Heß, Konkurs, Vergleich, Gläubigeranfechtung, Handbuch für die Praxis, 5Aufl., 1990, S. 217; Prölss-Martin, a.a.O., S. 1303

73) Hasse, a.a.O., S. 125; Bruck-Möller-Winter, a.a.O., S. 1158.

74) Hasse, a.a.O., S. 125; Bruck-Dörstling, a.a.O., S. 263.

75) Gilbert, a.a.O.(DR 1941 A), S. 2367; Bruck-Möller-Winter, a.a.O.(Bd. 5/2), S. 1158. 이에 대하여 Sieg, a.a.O.(Festschrift für Klingmüller), S. 459.에서는 파산관재인이 보험계약을 해지할 수 없다고 한다.

는 어떠한 권리를 취득하지도 못하고 보험계약상의 모든 권리는 보험계약자에게 귀속된다. 따라서 보험계약자의 채권자는 보험금청구권, 해지환급금청구권, 이익배당청구권 등 보험계약상의 청구권에 대하여 압류할 수 있을 것이다.[76]

그러나 보험금청구권의 압류가 당연히 보험수익자의 지정의 철회를 초래하는 것은 아니기 때문에[77] 이후에 보험사고가 발생한다면 보험금청구권은 보험수익자에게 귀속되어, 압류가 아무런 의미가 없게 될 가능성이 있다.[78] 따라서 채권자로서는 지체 없이 보험수익자의 지정을 철회해 둘 필요가 있다.[79] 또한 청구권의 압류가 집행에 필요한 한도 내에서는 형성권의 압류를 당연히 포함한다는 점 또 보험수익자의 철회권을 행사하기 위하여서는 이부명령을 해 둘 필요가 있다는 점은 전술한 바와 같다.

추심명령 또는 전부명령이 있는 경우에 채권자는 변제를 받는 데 필요한 한도 내에서 보험수익자의 지정을 철회할 수 있다. 이 결과 보험수익자의 지정이 없는 경우와 마찬가지로 환가할 수 있다. 채권자가 변제받고도 잉여분이 남는 경우에는 이 잉여분은 보험사고발생 이전에서는 보험계약자에게 귀속되고, 보험수익자의 지정철회 후에 보험사고가 발생한다면 보험수익자에게 귀속된다.[80] 왜냐하면 지정의 철회는 변제에 필요한 범위 내에서 이루어졌고 잉여분에 대하여서는 지정이 유효하기 때문이다.

보험계약자가 파산한 경우에는 재산적 가치가 있는 보험계약자의 권리는 형성권을 포함하여 파산재단에 귀속된다.[81] 물론 파산선고가 있더라도

---

76) Bruck-Möller-Winter, a.a.O., S. 1159; Hasse, a.a.O., S. 145-147.

77) OLG München 28.2.1964, BB 1964, S. 990; Bruck-Möller-Winter, a.a.O., S. 1159

78) Bruck-Möller-Winter, a.a.O., S. 1159. 보험계약자의 권리에 대한 압류질권은 보험수익자에게 귀속된 보험금청구권에는 영향을 미치지 못한다. 왜냐하면 보험수익자는 보험계약자의 권리와는 상이한 권리를 원시적으로 취득하기 때문이다.

79) RG 12.1.1931, RGZ Bd 153 S. 223-225; Hasse, a.a.O., S. 145-147.

80) Hasse, a.a.O., S. 147; Bruck-Möller-Winter, a.a.O., S. 1160.

수익자 지정은 당연히 철회되는 것은 아니기 때문에,[82] 파산관재인으로서는 지체 없이 지정을 철회해 두지 않는다면 보험사고가 발생함으로써 보험금청구권이 파산재단에서 이탈해 버릴 가능성이 있다.

보험계약자의 의무가 이미 모두 이행된 경우에는 파산관재인으로서는 지정을 즉시 철회하고 수익자 지정이 없는 보험계약으로서 보험금청구권을 파산재단에 귀속시킬 수 있다.[83] 보험계약자의 의무가 남아있는 경우에는 파산법 제17조에 기하여 선택권을 행사할 수 있지만 이행을 선택한 경우에만 철회권을 행사할 수 있다.[84] 이행을 선택한 후에 해지한 경우에는 동시에 지정을 철회한 것으로 본다. 이행을 거절한 경우에는 해지환급금은 파산재단에 귀속된다. 부인권의 행사는 보험사고발생 이전에는 문제되지 않는다.[85]

2) 介入權制度에 의한 利害調整

가) 介入權規定의 趣旨

독일 보험계약법 제177조에서는 보험금청구권에 관하여 압류, 가압류되거나 보험계약자의 재산에 파산이 개시되는 경우에 개입권자는 보험계약자의 동의를 얻어 보험계약자의 지위에 개입할 수 있다고 규정하여,[86] 보험

---

81) Hasse, a.a.O., S. 176; Bruck-Möller-Winter, a.a.O., S. 1161.

82) Gilbert, a.a.O.(DR 1941 A), S. 2367.

83) Gilbert, a.a.O., S. 2367; Hasse, a.a.O., S. 176; Bruck-Möller-Winter, a.a.O., S. 1161.

84) Hasse, a.a.O., S. 166-167.

85) Hasse, a.a.O., S. 177; Bruck-Möller-Winter, a.a.O., S. 1162.

86) 현행 독일 보험계약법 제177조에 규정하고 있는 개입권제도는 1908년의 동법 성립시점에서는 존재하지 않았다. 이 제도는 1938년 오스트리아 합병과 함께 보험계약법을 통일하기 위하여 1939년 12월 21일 보험계약법을 개정하면서 오스트리아 보험계약법 제150조를 거의 그대로 답습하는 형식으로 도입하였다. 이 오스트리아 보험계약법 제150조(1917년 제정)는 스위스 보험계약법(1908년 제정)을 참조한 것이며 介入權制度는 스위스에서 창설되

수익자에게 개입권을 인정함으로써 보험사고발생 이전에 있어서 보험수익자와 보험계약자의 채권자 간의 이해관계를 조정하고 있다.[87]

만약 보험금청구권에 대한 강제집행절차와 보험계약자의 재산에 대한 파산절차가 개시되면 보험계약이 해지되어 소멸될 위험이 있다. 이때에 보험자가 부담하게 될 해지환급금은 통상 상당히 소액이지만, 보험수익자는 불필요한 손해를 입게 된다. 따라서 이러한 보험수익자의 손실을 막기 위하여 개입권자, 즉 성명으로 지정되어 있는 보험수익자 또는 이러한 자가 없는 경우에는 보험계약자의 배우자와 자에게 계약을 계속할 수 있도록 정하고 있는 것이다.

그러나 이 개입권제도는 유족보장을 위한 최종적인 수단은 아니다.[88] 동법 입법이유서에서도 개입권제도에 대하여 "생명보험계약에서 가족보장(Familienfürsorge)을 위한 일반적인 제도화의 제일단계이다"[89]라고 하고 있는 것도 이를 전제하고 있다고 볼 수 있다.

또한 개입권제도는 그 연혁을 스위스법에 두고 있지만, 후술하는 바와 같이 스위스법은 확실히 독일법의 개입권과 유사한 제도인 매수권제도(스위스 보험계약법 제86조)를 가지고 있다할 지라도 압류금지 등의 다른 규정으로 보험수익자인 가족의 보장을 도모하고 있기 때문에 이 제도는 어디까지나 보충적 지위를 점하고 있을 뿐이다.[90]

어 오스트리아를 거쳐 독일에 도입된 것이다(개입권제도의 연혁에 관한 상세한 설명은 大森忠夫, 保險契約者の破産と受取人の介入權, 生命保險契約の諸問題, 1958, 141面 이하 참조).

87) 大森忠夫, 앞의 논문, 133면 이하에서는 독일의 개입권제도에 관하여서는 당시 문헌을 참조하여 자세한 소개하고 있다.

88) 이와의 관계에서 개입권이 입법된 직후부터 일정한 범위의 부양가족에 대하여서는 무상의 개입을 인정하여야 한다고 주장되기도 하였다.

89) Begründung, Motive zum Versicherungsvertragsgesetz, Neudruck, 1963, S. 646.

90) 후술하는 바와 같이 연혁적으로 보면 스위스의 매수권제도는 사회정책적 배려가 희박한 1896년의 Roelli 초안 단계에서도 이미 있었지만, 그 후 가족보장을 위한 규정의 필요성을 인식하면서 각종의 규정을 두게 되었다. 그

나) 介入權의 要件

개입권자가 개입권을 행사하기 위해서는 먼저 유효한 생명보험계약이 존재하여야 한다.[91] 여기서 생명보험계약은 사망보험, 양로보험, 확정일급 보험계약(Terminfixversicherung)을 말하며, 순수한 생존보험계약은 포함되지 않는다. 생존보험계약에서는 개입권제도가 보호하려고 하는 유족보장적 기능은 2차적인 것으로 되어 있기 때문이다. 연금보험인지 일시금보험인지는 불문한다. 해지환급금이 존재하는 생명보험계약일 필요가 있느냐에 관하여서는 학설·판례의 견해가 나뉘고 있다.[92]

그리고 개입권행사를 위하여서는 보험금청구권이 압류 또는 가압류되거나 보험계약자의 재산에 파산선고가 있어야 한다. 압류의 예고[93]만으로는 부족하고, 화의절차의 개시로도 개입권을 행사할 수 없다.[94] 압류·가압류의 대상은 보험금청구권 또는 해지환급금청구권일 것을 요하고 이익배당청구권에 대하여서는 강제집행만으로 부족하다.[95] 또한 강제집행절차가 중지된 경우에는 개입할 수 없다.[96]

채권자는 압류 또는 가압류나 파산선고가 있었던 사실을 개입권자 또는

결과 스위스법에 있어서는 이미 매수권제도는 유족을 적극적으로 보호하는 제도라고는 보지 않는다.

91) Bruck-Möller-Winter, a.a.O., S. 1140; Laun, Das Eintrittsrecht in der Lebensversicherung, Hamburg, 1940, S. 19.

92) 해지환급금이 존재할 필요가 없다는 견해로는 AG München 1.9.1959, VersR 1960, S. 363; Bruck-Möller-Winter, a.a.O., S. 1140; Laun, a.a.O., S. 20 ff. 이에 대하여 해지환급금이 존재하지 않으면 채권자가 강제집행을 할 이익이 존재하지 않는다는 이유로 해지환급금의 존재를 긍정하는 견해로는 Hasse, a.a.O., S. 196; Prölss- Martin, a.a.O., S. 722 등이 있다.

93) 독일 민사소송법 제845조에서는 채권자가 압류하기 전에 채무명의 (vollstreckbarer Schuldtitle)에 기하여 제3채무자나 채무자에게 압류하겠다는 통지를 할 수 있다고 하고 있다.

94) Prölss-Martin, a.a.O., S. 722; Bruck-Möller-Winter, a.a.O., S. 1141.

95) Hasse, a.a.O., S. 196.

96) Bruck-Möller-Winter, a.a.O., S. 1147.

194

보험자에게 통지할 의무는 없다.97) 그러나 보험계약자가 이러한 사실을 개입권자에게 통지할 의무를 부담하는지에 관하여서는 학설의 다툼이 있다.98)

또한 개입권자가 개입권을 행사하기 위하여서는 보험계약자의 동의가 있어야 한다. 보험계약자의 동의를 요건으로 하는 것은 보험계약자가 계약에 대하여 처분권을 가지고 있고, 또 개입권의 행사로 인하여 자기의 생명에 관한 보험계약이 타인의 생명에 관한 보험계약으로 변경되기 때문이다.99) 수익자의 지정이 없어 배우자와 자가 개입권을 행사하는 경우에도 동의는 필요하다.100)

보험계약자는 동의여부를 임의로 정할 수 있으며,101) 개입권의 일부에만 동의를 한다거나 보험계약의 일부분에 대하여만 동의할 수도 있다.102) 동의권은 보험계약자의 일신전속권에 속하고 압류의 대상이 되지 않으며, 파산절차가 개시됨에 따라 개입권이 행사되는 경우에도 동의하는 자는 보험계약자 본인이지 파산관재인이 아니다.103) 보험계약자의 동의는 부인의 대상이 되지 않는다.104)

보험계약자의 동의는 일방적이고 도달을 요하는 의사표시라고 하지만, 타인의 생명에 관한 보험계약을 체결하는 경우에 있어서의 피보험자의 동의(보험계약법 제159조 2항 참조)와는 달리 서면으로 할 필요는 없다.105)

그리고 개입권자는 해지환급금을 채권자 내지 파산재단에 지급하여야 한다. 보험계약법 제177조 규정 자체에서는 해지환급금의 지급이 개입권의 효과인 것처럼 보이지만, 규정의 연혁이나 실질적인 타당성의 면에서 볼

---

97) Bruck-Möller-Winter, a.a.O., S. 1148; Prölss-Martin, a.a.O., S.. 725.

98) Bruck-Möller-Winter, a.a.O., S. 1147에서는 긍정하고, Prölss-Martin, a.a.O., S. 725에서는 부정하고 있다.

99) Bruck-Möller-Winter, a.a.O., S. 1143; Laun, a.a.O., S. 149.

100) Bruck-Möller-Winter, a.a.O., S. 1143.

101) ibid.

102) Hasse, a.a.O., S.. 196.

103) Bruck-Möller-Winter, a.a.O., S.. 1143.

104) Prölss-Martin, a.a.O., S. 725.

105) Bruck-Möller-Winter, a.a.O., S. 1143..

때 해지환급금의 지급을 요건으로 해석하는 것이 통설이다.106) 이때에 지급되어야 할 해지환급금액은 책임준비금에서 적절한 수수료를 공제한 금액이다.107) 해지환급금 산정의 기준시점은 개입의 효력이 발생하는 보험료기간의 말이다. 개입자가 수인인 경우에는 누구든지 해지환급금을 지급하게 되면 개입할 수 있다.108)

다) 介入權의 行使

보험수익자가 성명으로 지정되어 있는 경우에 보험수익자는 개입할 수 있다(VVG 제177조 1항). 여기서는 성명으로 기재되어야 하기 때문에 단순히 특정가능하다는 것만으로는 부족하다. 예컨대 상속인, 자, 형제, 부모와 같이 특정가능하더라도 추상적으로 지정되어 있는 경우에 보험수익자는 개입할 수 없다.109) 물론 배우자와 자는 보험계약법 제177조 2항에 의하여서는 개입할 수 있다. 철회가능한 경우에는 개입권을 당연히 인정하여야 하지만, 철회불능의 지정이 있는 경우에는 개입권을 인정할 필요가 없다는 견해도 있다.110) 그러나 철회불능의 경우라도 형성권은 보험계약자에게 귀속되어 있기 때문에 보험계약자가 파산한 경우에 파산관재인은 보험계약을 해지할 수 있다. 그러나 이러한 보험계약의 해지는 보험수익자의 의사에 반하므로 철회불능의 경우에도 보험계약법 제177조가 적용된다는 견해가 다수설이다.111)

보험수익자가 성명으로 지정되어 있지 아니한 경우에는 보험계약자의 배우자와 자가 개입할 수 있다(VVG 제177조 2항). 배우자는 개입의 시점에 유효한

---

106) Bruck-Möller-Winter, a.a.O., S. 1145; Prölss-Martin, a.a.O., S. 723; Hasse, a.a.O., S. 196.

107) Laun, a.a.O., S. 59.

108) Prölss-Martin, a.a.O., S. 723.

109) Hasse, a.a.O., S.179.

110) Laun, a.a.O., S. 25; Sieg, a.a.O.(Festschrift für Klingmüller) S. 458.

111) Hasse, a.a.O., S. 197; Bruck-Möller-Winter, a.a.O., S. 1141; Prölss-Martin, a.a.O., S. 724.

혼인관계가 필요하다.[112) 자는 양자라도 상관없으며 비적출자가 당연히 배제되는 것은 아니다. 자의 연령제한은 없고, 부양의무의 존속도 요건이 아니다.[113)

수익자가 성명으로 지정되어 있는 경우에는 동조 2항의 적용은 배제되고 가령 지정된 수익자가 개입권을 행사하지 아니하거나 보험계약자의 동의를 얻지 아니한 경우라도 배우자와 자가 대신 개입할 수는 없다.[114)

그리고 개입권의 행사는 개입권자가 보험자에 대하여 통지함으로써 이루어진다(VVG 제177조 3항). 이 통지는 도달을 요하는 일방적인 의사표시이며 특별한 방식을 요하지 아니한다.[115)

또한 개입권자가 수인인 경우에는 전원이 공동으로 개입할 수도 있고 각자가 개별적으로 개입할 수도 있다. 일부만이 개입하는 경우에는 보험금청구권에 대한 지분은 제167조 1항[116)에 따라 증가된다. 개입분에 관하여서는 1항의 수익자의 경우에는 제167조 1항이 적용되고, 동조 2항[117)의 수익자의 경우에는 제167조 2항이 적용된다.[118)

한편 개입권자가 해지환급금 전액을 조달할 수 없는 경우에 일반적으로 개입할 수 없다고 하는 것은 보험계약법 제177조의 취지에 반하기 때문에 부분적 개입도 인정하는 것으로 보고 있다.[119)

---

112) 다만 개입권 행사 후에 혼인관계가 해소되면 개입에 영향이 없다(Bruck-Möller-Winter, a.a.O., S. 1147).
113) Bruck-Möller-Winter, a.a.O., S. 1142.
114) Hasse, a.a.O., S. 197；Bruck-Möller-Winter, a,a,O,, S,, 1141：Prölss-Martin, a.a.O., S. 724.
115) Prölss-Martin, a.a.O., S. 724.
116) 보험계약법 제167조 1항에서는 "수인이 지분의 정함이 없이 수익자로 지정되어 있는 일시금보험에서는 수익자는 균등하게 수익권을 가진다. 어느 수익자가 취득하지 아니한 지분은 나머지 수익자에게 귀속된다"고 규정하고 있다.
117) 보험계약법 제167조 2항에서는 사망보험금에 대하여 수인의 상속인 간에 그 지분이 의심스러운 경우에는 상속분의 지분에 따라 수익권이 있고, 상속의 포기는 수익권에 영향을 미치지 아니한다고 규정하고 있다.
118) Bruck-Möller-Winter, a.a.O., S. 1142.
119) Bruck-Möller-Winter, a.a.O., S. 1144.

그리고 개입권행사에는 기간의 제한이 있다. 즉, 개입권자는 압류를 안때 또는 파산선고로부터 1월 내에 개입권을 행사하여야 한다(제177조 3항 2문). 조문의 체제상으로 반드시 명확한 것은 아니지만 개입권의 행사에 필요한 보험계약자의 동의, 해지환급금의 변제 등도 모두 이 기간 내에 하여야 할 필요가 있다고 본다.[120]

이 1월의 제한기간을 제1압류채권자 또는 파산관재인이 연장할 수 있는 지에 관하여서는 학설이 대립해 있다. 즉, 법률관계를 조기에 안정시킬 필요가 있다고 하여 연장을 인정하지 아니하는 학설[121]과 개입권자를 보호하는 입법의 취지에 반드시 반하지 아니하고 채권자가 합의한 이상 연장을 인정하여야 한다는 학설[122]이 있다. 제한기간을 단축하는 합의는 물론 인정되지 아니한다.

다음으로 개입권과 관련하여 중요한 문제 중의 하나는 개입권과 강제집행 또는 파산절차와의 관계이다. 특히 압류채권자 또는 파산관재인이나 보험자가 보험계약을 해지한 경우에 개입과 해지 간에 어느 것을 우선시킬 것인지가 문제이다. 이에 관하여서는 학설이 대립해 있다. 먼저 제1설은 개입권의 존재로 채권자와 파산관재인의 해지가 방해받지 않으며 보험자의 해지권(VVG 제14조 1항)도 제한되지 않는다고 하고, 개입권행사 이전에 채권자 또는 파산관재인이 생명보험계약을 해지한 경우 또는 보험계약자가 파산함에 따라 보험자가 보험계약을 해지한 경우에는 이미 개입권을 행사할 여지가 없다고 하는 견해이다.[123] 이 설에 따르면 개입권과 강제집행 또는 파산이 경합할 경우에는 먼저 행하는 것이 우선하게 된다. 그러나 이 설에서도 채권자가 개입권자를 배제할 목적으로 수익자 지정을 철회하는 것은 허용되지 않는다고 해석하고 있다.[124]

---

120) Bruck-Möller-Winter, a.a.O., S. 1145; Prölss-Martin, a.a.O., S. 724.
121) Prölss-Martin, a.a.O., S. 724.
122) Bruck-Möller-Winter, a.a.O., S. 1145.
123) Bruck-Möller-Winter, a.a.O., S. 1141; Prölss-Martin, a.a.O., S. 724.
124) Prölss-Martin, a.a.O., S. 725.

제2설은 제1설과 같은 해석은 보험계약법 제177조의 취지에 반하는 것으로 개입권행사의 제한기간 내에 행한 채권자 또는 파산관재인에 의한 계약해지는 무효라고 한다.[125] 보험자는 개입권행사의 제한기간 내에는 해지환급금의 지급을 거절할 권리가 있을 뿐만 아니라 거절의무를 부담한다고 하고, 만약 해지환급금을 지급하여도 이는 개입권자에 대하여서는 무효라고 한다. 그러나 개입권행사의 제한기간은 개입권자가 압류 또는 가압류가 있었던 사실을 안 시점부터 진행하기 때문에,[126] 이 설에 따르면 채권자의 법적 지위는 불안정하게 된다.[127] 여기서 개입권자의 지 또는 부지를 불문하고 최초의 압류로부터 1월이 경과할 때까지는 강제집행절차는 진행하지 아니하지만, 이 이후에는 개입권을 행사할 수 있는 자가 있다고 하더라도 채권자 또는 파산관재인은 해지환급금에 대하여 집행할 수 있다고 보아야 한다는 주장도 있다.[128]

라) 介入權行使의 效果

개입권자가 개입권을 행사하면 보험계약자는 보험계약관계에서 이탈하고, 보험계약에서 생긴 모든 권리와 의무는 신보험계약자인 개입권자에게 귀속된다. 따라서 보험계약자는 보험계약상 발생하는 모든 권리와 의무를 면하는 것이 되고, 이후에는 단순히 피보험자로 된다.[129]

수인의 개입권자가 개입한 경우에는 그들은 연대채권자·연대채무자가 되며, 보험계약을 처분할 경우 예컨대 보험계약을 해지하거나 보험수익자를 지정하는 경우 등에도 공동으로 하여야 한다(BGB 제432조).[130] 보험자

---

125) Laun, a.a.O., S. 77-78; Bruck-Möller-Winter, a.a.O., S. 1146.

126) Laun도 이 점을 인정하고 있다(Laun, a.a.O., S. 71).

127) 파산의 경우는 파산선고 시점부터 진행하기 때문에 문제는 없다.

128) Hasse, a.a.O., S. 198.

129) Asmus, Zessionar, Pfändgläubiger, PfändungsPfändgläubiger, Eintritts-berechtiger, Policeninhaber, ZversWiss. 1970, S. 56; Bruck-Möller-Winter, a.a.O., S. 1145.

130) Prölss-Martin, a.a.O., S. 725.

의 의사표시는 수인의 개입권자중 1인에 대하여 하여도 무방하다.

보험수익자로 지정된 자가 수인이고 그 일부만이 개입한 경우에 나머지 보험수익자의 지정은 잔존하지만, 개입한 자(신보험계약자)는 이 지정을 철회 또는 변경할 수 있다.[131]

그리고 개입권이 행사되면 비록 해지환급금액이 채권액보다 적다고 하더라도 채권자의 압류질권과 파산재단의 구속 등은 소멸되기 때문에 채권자나 파산관재인은 잔여금액에 대하여 어떠한 권리도 가지지 못한다.[132] 또한 개입권이 행사된 후는 보험수익자 지정에 대하여든 보험료지급에 대하여든 부인은 성립될 수 없다.[133]

마) 介入權制度의 限界

독일의 개입권제도는 법률상 확고한 제도이지만, 개입권제도의 현실적인 실효성에 관하여서는 다음과 같은 점에서 의문이 제기되고 있다.[134]

첫째로 해지환급금이 고액인 경우에는 원래 부양을 요하는 보험수익자가 해지환급금을 조달하는 것은 곤란할 것이기 때문에 개입이 현실적으로 가능한 것은 해지환급금이 거의 없는 경우인데, 이때에도 보험수익자는 장래 장기에 걸쳐 계속적으로 보험료를 지급할 의무를 부담하게 된다는 점이다. 둘째로, 개입권을 행사한 후에 개입권자는 보험증권대부제도를 이용할수도 있지만, 이 경우에도 이자율이 높다. 셋째로, 해지환급금을 채권자에게 변제하여 해지를 포기하도록 하는 것 자체는 개입권을 규정하지 아니하고도 현실적으로는 교섭으로 달성할 수 있는 경우가 많을 것이다.

---

131) Bruck-Möller-Winter, a.a.O., S. 1146.

132) Bruck-Möller-Winter, a.a.O., S. 1147.

133) Hasse, a.a.O., S. 119.

134) 개입권제도의 실효성에 관하여 의문을 제기하는 문헌으로는 Hasse, a.a.O., S. 264; Laun, a.a.O., S.83 ff; Sieg, a.a.O.(ZVersWiss 1974), S. 98.

2. 스위스法上의 調整

스위스에서는 보험계약상의 권리에 대한 채권자의 강제집행과 관련하여
특별법적 규제를 통하여 일반적인 조정을 하고 있을 뿐만 아니라 보험계약
법상으로 채권자와 보험계약자 또는 보험수익자 간의 이해관계의 대립속에
서 보험수익자를 정책적으로 보호하려는 규정을 두고 있다. 그것은 첫째,
특정한 인적범위에 있는 자가 보험수익자로 지정되어 있는 경우에 집행을
제한하는 규정이며, 둘째는 일정한 경우에 보험수익자가 보험계약에 개입
할 수 있는 권리(Eintrittsrecht)이고, 셋째는 일정한 범위의 자가 채권자에
게 해지환급금을 지급함으로써 보험계약을 우선적으로 매수할 수 있는 매
수권(Übernahmsrecht)이다.

1) 債權者의 權利와 一般的 調整

가) 撤回不能의 指定

철회불능의 지정의 경우에 수익으로 인한 청구권은 보험계약자의 채권
자에 의한 강제집행의 목적이 되지 아니한다(보험계약법 제79조 2항). 보
험금청구권은 보험수익자에게 귀속되기 때문에 보험계약자의 채권자는 압
류할 수 없다. 그러나 보험계약법 제79조 2항이 규정하고 있는 수익으로
인한 청구권에 해지환급금청구권이 포함되느냐는 문제이나. 철회불능의 지
정이 있는 경우에 해지환급금청구권의 귀속에 관하여서는 보험수익자에게
귀속된다는 통설의 입장을 취한다면 해지환급금은 압류될 수 없는 것이 된
다.[135] 그러나 해지환급금청구권이 보험계약자에게 귀속된다는 입장을 취

---

135) Kullmann, Die Lebensversicherung im ehelichen Güterrecht, 1919, S.
    36-37; Gaugler, Die paulianische Anfechtung unter besoderer Berück-
    sichtigung der Lebensversicherung, Bd. 2, S. 378-379; Roelli-Jaeger, a.a.O.,
    S. 145-146; Costam, Die rechtliche Stellung der Gläubiger des Versicherten
    im Lebensversicherungsvertrage zugunsten Dritter, Dissertation Zürich,

하면서 압류를 부정하는 견해도 있다.[136] 그리고 이익배당청구권은 보험계약자에게 귀속되는 한 압류할 수 있다.[137]

이와 같이 통설에 따르면 보험사고발생 이전에는 보험계약자가 지정함으로써 즉시 채권자에게 손해가 발생하는 것이 되기 때문에 보험사고발생 이전에는 부인권의 행사가 문제된다. 이에 대하여 연방법원규칙에서는 부인에 관한 규정을 두고 있다((연방법원규칙 제7조). 이에 따르면 부인권의 행사로 보험수익자의 지정이나 보험료지급의 효력을 다툴 수 있다. 그리고 채권자가 압류할 수 있으나, 압류하지 아니한 경우에도 부인권에 기한 청구는 할 수 있으며 이 경우에도 연방법원규칙 제7조가 류추적용된다.[138]

보험사고발생 이전에 부인권의 행사로 인하여 보험수익자의 지정이 철회된 경우에는 통설에 따르면 보험증권이 파산재단 또는 집행법원으로 반환되어 환가되게 된다고 한다.[139] 이에 대하여 해지환급금을 반환하여도 무방하다는 설도 있다.[140] 부인소송중에 보험사고가 발생한 경우는 보험금 전액이 반환되어야 하나, 보험료의 지급이 부인된 경우에는 부인의 대상인 보험료를 지급함으로써 해지환급금이 증액된 부분만 반환된다.[141]

그리고 철회불능의 지정이 있는 경우에는 보험계약상의 청구권을 압류할 수 없지만, 이 지정 자체에 관하여 다툼이 있을 수 있는데, 이에 관하여 연방법원규칙에 특별한 절차가 규정되어 있다.

1909, S. 34; Gisun, a.a.O., S. 64.

136) Beck, Die Versicherung zu Gunsten Dritter, Berner Dissertation, 1910, S. 106-107; Brühlmann, Die Stellung des Begünstigten beim Lebensversicherungsvertrage nach dem neuen schweizerischen Rechte, ZSR Bd 29, S. 109-110; Rubli, Der Anspruchsberechtigte im schweizerischen Versicherungsvertragsgesetz, Winterhur, 1959, S. 54-55.

137) Rubli, a.a.O., S. 54-55.

138) Ibid.

139) Roelli-Jaeger, a.a.O., S. 236-237.

140) Vischer, Lebensversicherung und Gläubiger nach dem Tode des Versicherungsnehmers, ZSR Bd. 35(1913), S. 96.

141) Roelli-Jaeger, a.a.O., S. 237.

먼저 채무자 또는 보험수익자가 지정의 존재를 주장하기 위해서는 보험수익자의 성명과 주소, 보험수익자 지정일시와 형식, 보험수익자에게 보험증권을 교부한 시점에 관한 서면을 집행법원에 제출하여야 한다(연방법원규칙 제16조 1항). 그리고 집행법원은 이러한 서면에 생명보험계약상의 청구권에 관하여서는 채권자가 명시적으로 요구한 경우에만 압류할 수 있다는 취지를 기재하여 채권자에게 송달한다(동조 제2항). 이에 대하여 채권자가 압류하고자 하는 경우에는 압류문서의 송달로부터 10일 이내에 보험수익자에 대하여 그 지정을 다투는 소송을 제기하지 않으면 안 되고, 이 제한기간을 경과함으로써 압류의 효력은 소멸한다(동조 3항). 그러나 지정을 다투는 소를 제기하면 채무자에 의한 보험금청구권의 처분이 금지되고(파산법 제96조), 환가 시까지는 유예기간의 진행(파산법 제116조)도 방해된다(연방법원규칙 제5조 2항).

보험수익자의 지정을 다투는 소송은 절차관계자와 당사자와의 관계에서만 효력이 있지만, 이 소에서는 일반적인 지정의 무효·취소(무능력·사기 등) 뿐만 아니라 지정에 대하여도 부인권을 행사할 수 있다.[142] 또한 소에 의하여 지정이 무효가 된다고 하더라도 이는 채권자의 변제에 필요한 범위 내에서 지정이 소멸될 뿐 절대적으로 소멸되는 것은 아니다.[143]

그리고 보험계약자가 파산한 경우에는 파산관재인은 지정의 무효 또는 부인(파산법 제285조 이하)을 인정하는 판결을 받았을 때만 이 판결로서 압류를 할 수 있게 된다(연방법원규칙 제10조).

나) 撤回可能한 指定

철회가능한 지정이 있는 경우에 보험계약자의 채권자는 보험사고발생 이전에는 모든 청구권에 관하여 압류할 수 있다. 그러나 생명보험계약에서 발생한 청구권에 관하여 보험계약자는 다른 재산에 대하여 압류한 후에야 비로소 압류할 수 있다(연방법원규칙 제4조).

---

142) Roelli-Jaeger, a.a.O., S. 195.
143) Ibid.

그리고 보험계약자의 채권자가 보험금청구권에 대하여 압류하거나 보험
계약자가 파산한 경우에는 압류 또는 파산선고와 동시에 보험수익자 지정
은 소멸한다(보험계약법 제79조 1항 1문).[144] 따라서 압류 또는 파산선고
후와 환가 사이에 보험사고가 발생함으로써 압류의 대상이 된 권리가 소멸
해 버릴 위험성은 배제된다. 물론 보험금청구권의 일부만으로 변제가 가능
한 경우에는 잔여부분에 대하여서는 지정이 존속한다.[145] 그러나 파산선고
가 취소되는 경우에는 지정은 부활된다(보험계약법 제79조 1항 2문). 그리
고 보험금청구권의 환가절차는 보험수익자 지정이 없는 경우와 마찬가지이
다. 만약 환가 후 잔여액이 남는 경우에는 이는 보험수익자에게 귀속된
다.[146] 또한 보험수익자 지정 및 보험료지급에 대한 부인은 직접적 압류의
가능성이 있는 이상 문제되지 않는다.[147]

2) 保險請求權에 대한 押留禁止

전술한 바와 같이 보험청구권이 압류되거나 보험계약자의 재산에 파산
이 선고되면 철회가능한 지정의 효력은 소멸한다(보험계약법 제79조 1항).
그러나 수익자가 보험계약자의 배우자 내지 직계비속인 경우에는 보험계약
법 제80조에 따라 보험청구권은 강제집행의 목적이 되지 않는다. 이 집행
금지는 개입권제도와 매수권제도에 의하여 보충되어 보험수익자 보호에 기
여하고 있다.

가) 要 件

먼저 보험계약자의 배우자 내지 직계비속이 보험수익자로 지정되어 있
어야 한다. 지정이 있는 한 그 지정이 포괄적인 지정이라도 무방하고 반드

---

144) 보험금청구권의 압류에 지정철회의 효력을 인정하지 아니하는 독일과는
이 점에서 차이가 있다.
145) Roelli-Jaeger, a.a.O., S. 179.
146) Roelli-Jaeger, a.a.O., S. 179-180; Gisun, a.a.O., S. 60.
147) Gisun, a.a.O., S. 45.

시 성명으로 지정되어 있어야 하는 것은 아니다.[148] 또 혼외자도 인지되는 경우에는 여기서 말하는 직계비속에 해당한다.[149] 배우자와 직계비속이 공동으로 또는 단독으로 지정되어 있어도 무방하며 수인의 직계비속 중 일부만이 지정되어도 무방하다. 다만 압류 또는 파산선고 이전에 유효한 지정의 의사표시가 있어야 한다. 그리고 배우자는 현재 법률적인 배우자의 지위에 있어야 하며 직계비속도 출생해 있어야 한다.[150]

나) 效 果

이상의 요건이 충족된 때에는 보험수익자 또는 보험계약자가 가지는 보험청구권은 강제집행의 대상이 되지 않는다(보험계약법 제80조). 따라서 철회가능한 지정의 경우에 해지환급금청구권은 통상 압류의 대상이 되지만, 이 규정으로 인하여 보험계약자의 채권자는 해지환급금에 대하여도 압류할 수 없다. 물론 철회불능의 지정의 경우에도 보험계약자의 배우자 또는 직계비속은 보험계약법 제80조의 보호를 받는다.[151] 그리고 지정 자체의 효력에 문제가 있다면, 집행배제의 요건을 충족시키지 못하기 때문에 처음부터 보호되지 않는다.

보험계약법 제80조는 보험계약자의 채권자에 의한 집행만을 배제하는 것은 아니고 보험수익자의 채권자에 의한 집행도 배제하고 있다(압류금지 재산). 이는 보험청구권이 완전히 가족의 부양을 위하여 기여할 수 있도록 하기 위한 것이다. 생사혼합보험에서 생존사고시의 만기보험청구권에 대하여도 보험계약자의 채권자는 압류할 수 없다.[152] 그러나 생사혼합보험에서 생존사고가 압류 또는 파산선고 이전에 발생한 경우라도 보험계약자에게 귀속된 보험금청구권이 압류금지재산인지 여부에 관하여서는 학설의 다툼

---

148) Roelli-Jaeger, a.a.O., S. 181.
149) A.a.O., S. 250.
150) A.a.O., S. 180-182.
151) Roelli-Jaeger, a.a.O., S. 183.
152) BG 17. 2. 1915, BGE 41, 3, 59.

이 있다. 즉, 이 경우에도 채권자에 의한 압류는 배제된다는 견해[153]와 이 경우에는 보험계약법 제80조가 예정하고 있는 유족보장을 요하는 경우가 아니기 때문에 채권자는 압류할 수 있다는 견해[154]가 대립해 있다.

3) 介入權에 의한 調整

가) 制度의 趣旨

보험수익자로 지정된 자가 배우자 또는 직계비속인 경우에는 보험계약자의 채권자는 보험청구권에 관하여 강제 집행할 수 없지만(보험계약법 제80조), 보험계약자는 철회가능한 배우자 또는 직계비속에 관하여 수익자 지정을 언제든지 철회하여 보험청구권을 자유로이 처분할 수 있게 된다. 그러나 보험계약법 제81조에서는 일정한 경우에 보험수익자로 지정된 배우자 내지 직계비속은 보험계약에 개입하여 스스로 보험계약자의 지위가 될 수 있다고 한다.[155]

이 개입권제도는 강제집행 또는 파산절차 종료 후에도 유족보장을 위하여 보험계약자의 처분으로부터 보험수익자를 보호하는 데 그 취지가 있다.[156] 그러나 이것만으로는 왜 강제집행과 파산의 경우에만 보험계약자의 처분으로부터 보호되어야 하는지에 관하여 충분한 설명이 되지 못한다. 다만 이에 대하여서는 다음과 같이 설명할 수 있다. 즉, 보험수익자가 보험계약자의 배우자 또는 직계비속인 경우에 유족보장이라는 목적에서 채권자의

---

153) Bühler, a.a.O., S. 125; Gisun, a.a.O., S. 61.

154) Gaugler, a.a.O., S. 396-397.

155) 개입권에 관한 규정은 1896년 초안(Roelli초안)단계에서는 없었고, 그 후에 의회의 입법위원회단계에서 배우자 또는 직계비속이 보험수익자로 지정된 경우의 압류금지와 동시에 개입권이 제안되게 되었다. 당초는 보험계약자 자체는 변경되지 않고 압류에 의하여 당연히 지정이 철회될 수 없게 된다는 안이었지만, 후에 현행법과 같이 보험계약자의 지위가 권리·의무를 포함하여 포괄적으로 이전하는 형태를 취하게 되었다.

156) Gisun, a.a.O., S. 75.

압류를 배제한 이상 보험계약자가 그 이외의 목적을 위하여 처분하는 것도 금지하여야 할 것이고, 보험계약자가 무자력이 되어 보험계약이 존속할 수 없게 된 경우에 보험계약자의 임의처분으로부터 보험수익자를 보호하여야 한다는 점에서 볼 때에는 권리 · 의무를 보험수익자에게 이전시킴으로써 보험계약이 존속할 수 있는 가능성을 확대시키자는 데 그 취지가 있다고 할 것이다.157)

나) 介入權의 要件

수익자인 보험계약자의 배우자 또는 직계비속은 사망보험과 양로보험을 불문하고 개입을 할 수 있지만, 적어도 보험관계가 종료되어서는 안 된다. 따라서 보험사고발생 이후에는 개입할 수 없다.158) 또 보험계약자의 재산에 대하여 파산이 선고되든지 확정적인 未完納證明書(definiver Verlustschein)가 발행되어야 한다(연방법원규칙 제22조).159) 배우자 또는 직계비속이 수익자로 지정된 이상 그 지정은 포괄적, 일반적이라도 무방하지만, 파산선고 또는 압류 이전에 지정되어야 한다. 또 수익자로 지정된 자중 적어도 1인은 개입시에는 존재하여야 한다.160) 그리고 보험수익자 지정이 유효하여야 한다. 즉, 지정이 없거나 수익자 지정이 있다고 하더라도 판결에 의하여 무효가 된 경우161)에는 개입할 수 없다.162) 한편 보험계약자의 승낙은 요건이 아니다.163)

---

157) Roelli-Jaeger, a.a.O., S. 204.

158) Gisun, a.a.O., S. 76.

159) 그러나 미완납가증명서(Provisorischer Verlustschein)만으로는 불충분하다 (이에 관하여 상세한 것은 Roelli-Jaeger, a.a.O., S. 211 참조).

160) Roelli-Jaeger, a.a.O., S. 207-208; Gisun, a.a.O., S. 76.

161) 보험계약자의 배우자 또는 직계비속이 보험수익자로 지정되어 있어도 채권자는 연방법원규칙상의 절차에 따라 다투어 승소한 경우에는 보험청구권을 압류할 수도 있다(연방법원규칙 제5조). 이에 따라 보험계약자의 채권자가 보험청구권에 대하여 압류하면 부양가족으로서는 보험계약법 제86조상의 매수권에 의한 보호를 주장할 수밖에 없다.

162) Roelli-Jaeger, a.a.O., S. 206.

163) A.a.O., S. 213.

다) 介入權의 行使

확정적인 미완납증명서가 발행되거나 파산이 선고되면 모든 보험계약관계는 법률상 당연히 보험수익자에게 이전한다.[164] 즉, 개입의 효과는 미완납증명서의 교부시나 파산선고 시에 발생한다. 개입의 의사가 있는 보험수익자는 상당한 기간 내에 보험계약의 이전을 보험자에게 통지하여야 한다.[165] 동시에 집행법원이나 파산관재인이 발행하는 확정적인 미완납증명서 또는 파산선고에 관한 증명서를 보험자에게 제출하여야 한다(보험계약법 제81조 2항, 연방법원규칙 제22조). 그러나 이 통지는 개입의 효력발생요건은 아니다.[166] 왜냐하면 개입 자체는 미완납증명서의 교부시나 파산선고시점에 자동적으로 발생하는 것이기 때문이다. 물론 통지하지 않으면 보험자가 보험금을 지급한 경우에 면책되기 때문에(스위스 채무법 제167조) 상당한 시기에 통지하여야 할 것이다.

그러나 보험수익자가 도달을 요하는 명시적 의사표시로서 보험자에 대하여 개입을 거절한 경우에 보험계약관계는 이전되지 않는다(제81조 1항).[167] 거절권행사기간에 관하여서는 규정이 없다. 거절의 의사표시는 보험료지급의 부이행 등과 같은 묵시적 거절로는 부족하다. 그러나 개입의 의사표시는 묵시적인 것이라도 무방하다. 예컨대 자기명의로 보험료를 지급한다든가 보험계약자의 권리인 보험계약의 해지권을 행사한 경우에 그 이후에는 개입을 거절할 수 없다.[168]

개입권자가 수인인 경우에 이 가운데 1인이 거절하더라도 다른 수인은 개입할 수 있다.[169] 보험수익자 전원이 개입을 거절하더라도 보험청구권은

---

164) Gisun, a.a.O., S. 76.

165) Roelli-Jaeger, a.a.O., S. 209.

166) Bühler, a.a.O., S. 120.

167) 이에 대하여 보험자에 대한 거절의 의사표시 외에 집행관청·파산관청에 대한 거절의 의사표시가 필요하다는 견해도 있다(Ostertag Iliestand, a.a.O., S. 57).

168) Bühler, a.a.O., S. 120; Roelli-Jaeger, a.a.O., S. 208.

169) Roelli-Jaeger, a.a.O., S. 213.

이후 채권자의 압류를 면하게 된다.[170]

라) 介入權의 效果

개입권행사로 인하여 종래 보험수익자는 보험계약자의 지위에 있게 되고, 생명보험계약은 타인의 생명에 관한 보험계약(보험계약법 제74조)으로 존속하게 된다.[171]

개입권자는 보험청구권을 자유로이 처분하고 모든 형성권을 행사할 수도 있다.[172] 이때에 보험계약자는 보험증권을 개입자에게 교부하여야 한다. 또 개입자의 채권자는 보험청구권에 대하여 강제 집행할 수 있다.[173]

개입자는 보험수익자로서의 권리의 범위와 관계없이 보험계약상의 모든 권리와 의무를 이전받는다. 예컨대 생사혼합보험에서 사망사고에 관하여만 보험수익자로 지정되어 있다고 하더라도 생존사고에 관하여서도 보험계약 관계를 인수한 것이 된다.[174] 그리고 개입자는 보험계약자의 지위에 있게 되므로 개입 이전에 만기가 도래한 청구권뿐만 아니라 개입 이전에 만기가 도래한 채무도 보험계약자에게 귀속된다.[175]

개입권자가 수인인 경우에 개입은 보험수익자를 지정하면서 정해진 지분에 따라 개입할 수 있고, 이 지분은 보험자에 대하여도 대항할 수 있다. 이 경우에 수인의 개입자는 연대채권자도 연대채무자도 아니다. 다만 해지

---

170) Roelli-Jaeger, a.a.O., S. 210; Gisun, a.a.O., S. 77.

171) 피보험자의 동의 없이도 당연히 타인을 위한 보험이 성립하게 된다 (Gisun, a.a.O., S. 75; Meyer, Essai sur la nature et les effets de la clause bénéficiaire, Thèse Lausanne 1959, p.214).

172) Gisun, a.a.O., S. 77; Mayer, a.a.O., S. 214.

173) Roelli-Jaeger, a.a.O., S. 214, 217. 그러나 이에 대하여 배우자 또는 자가 보험수익자인 경우에 보험금청구권은 압류금지재산이고(보험계약법 제80조), 수익자의 채권자로부터도 보호됨에도 불구하고, 개입권행사하면 오히려 불리하게 되는 결과가 되어 입법상의 과오라고 비판하는 견해도 있다 (Meyer, a.a.O., S. 215).

174) Roelli-Jaeger, a.a.O., S. 205-206.

175) Roelli-Jaeger, a.a.O., S. 217.

권은 공동으로 행사하여야 한다.[176] 이때에는 보험자로부터 통지를 받을
대리인을 선임할 필요가 있다(보험계약법 제81조 2항 2문).

4) 買受權에 의한 調整

가) 立法趣旨

보험계약법 제86조에서는 "보험계약자(채무자)의 생명보험계약상의 청
구권이 환가처분을 받았을 때에 보험계약자의 배우자 또는 직계비속은 보
험계약자의 동의하에 해지환급금을 지급함으로써 보험청구권의 매수를 청
구할 수 있다"고 규정하고 있다. 이 매수권제도는 생명보험의 유족보장적
기능을 보호하는 보험청구권에 대한 압류배제제도(보험계약법 제80조), 개
입권 제도(동법 제81조)를 보충하는 제도이다. 따라서 동법 제80조와 제81
조에 따라 강제집행이 배제되지 아니한 경우라도 보험청구권이 환가된 때
에는 보험계약자의 배우자·직계비속은 보험청구권을 매수할 수 있는 것이
다. 일정 범위의 가족은 보험청구권의 제1매수권을 가지며, 보다 고가의 매
수신청이 있더라도 해지환급금을 지급함으로써 보험청구권을 매수할 수 있
다. 따라서 매수권제도는 특수한 환가형태라고 할 수도 있을 것이다.

이러한 매수권제도는 처음에는 채권자의 이익을 해하지 않는 범위에서
유족보장의 목적을 달성하고자 하는 취지였으나, 이 후에 압류배제와 개입
권제도가 입법화되면서 유족보장을 목적으로 하는 제도로서는 보충적 지위
에 머물게 되었다.

나) 買受權의 要件

먼저 환가의 시점에서 이미 환매가치가 존재하여야 하며, 보험계약자의
생명에 관한 사망보험 내지 양로보험이 존재하여야 한다.[177] 둘째, 채무추
심 또는 파산에 기하여 환가받는 것이 필요하다는 점에서 만기가 도래하지

---

176) Roelli-Jaeger, a.a.O., S. 213-214.
177) Roelli-Jaeger, a.a.O., S. 276; Bühler, a.a.O., S. 166.

않아야 하고, 보험계약법 제80조에 따라 강제집행이 배제된 지정이 없어야 한다.[178] 셋째, 매수에는 보험계약자의 동의가 필요하다. 이때에 보험계약자는 보험청구권의 일부에만 한정하여 동의하거나 조건부로 동의할 수는 없다. 그러나 매수권자가 수인인 경우에는 보험계약자는 일부 매수권자에 대해서만 동의할 수도 있다.[179] 넷째, 매수인은 경매가 예정된 시점까지는 해지환급금을 지급하여야 한다. 전액 현금으로 지급되지 아니하였을 경우에는 매수하지 못한다.[180]

다) 買受權의 效果

매수인은 보험계약자의 승계인이 아니라 청구권의 양수인으로서 그 지위를 취득한다. 매수권행사의 효과로서 청구권의 이전은 법률상 당연히 이전되는 것이 아니고, 일정한 절차 후에 추심법원·파산관재인의 처분(behördeliche Verfügung)에 의하여 이전된다.

그러나 해지권은 그대로 보험계약자에게 귀속되고, 보험계약상의 의무, 특히 보험료지급의무도 보험계약자에게 남아있다. 보험계약자가 보험계약을 계속 존속시키기를 원하지 아니하는 경우에는 보험계약을 해지할 수 있다. 매수자가 수인인 경우에 반대의 약정이 없는 한 동일한 비율로 분할된다(연방법원규칙 제19조 1항). 분할의 합의가 없는 경우에 보험자에의 청구는 공동으로 하여야 한다. 또한 매수 이후에 매수의 요건이 흠결되었다 하더라도 매수의 효력에는 영향이 없다.[181]

3. 프랑스法上의 調整

보험사고발생 이전에는 보험계약자의 채권자는 원칙적으로 어떠한 권리

---

178) Roelli-Jaeger, a.a.O., S. 276-277.

179) Roelli-Jaeger, a.a.O., S. 279-280.

180) Roelli-Jaeger, a.a.O., S. 280.

181) Roelli-Jaeger, a.a.O., S. 285-286.

도 주장할 수 없다. 프랑스법에서는 다른 나라에서와 달리 보험수익자가
승낙한 후에는 보험계약자는 보험계약에 대한 처분권을 상실하기 때문에
그 후에는 보험계약자의 채권자도 아무런 권리를 주장할 수 없다. 물론 승
낙이 없어 보험계약자가 자유로이 보험계약에 관한 처분을 할 수 있는 동
안이라도 보험수익자의 지정철회권이나 해지권 등을 일신전속권으로 보기
때문에 보험계약자가 스스로 처분하지 않는 한, 보험계약자의 채권자는 개
별집행에서든 파산절차에서든 어떠한 권리도 주장할 수 없다. 다만 보험계
약자의 채권자는 채권자대위권을 행사할 수 있는지 여부가 문제될 뿐이다.

1) 直接的 執行

보험계약자의 채권자가 보험금(보험금청구권)에 관하여 직접 집행하는
방법으로서 채권압류와 보험증권의 경매가 문제되고 있다.

먼저 보험계약자의 채권자는 보험금청구권에 대하여 채권압류(saisie-
arrét)할 수 있는지 여부에 관하여, 학설·판례[182]는 보험수익자가 지정되
어 있는 보험계약에서 보험금청구권은 보험계약자의 재산에 귀속되는 것이
아니기 때문에 보험계약자의 채권자는 채권압류라는 방법을 이용할 수 없
다고 한다.[183] 그러나 보험수익자가 지정되지 아니한 보험계약에서 채권이
압류되고 보험사고가 발생한 경우에는 보험계약자의 채권자는 보험자에 대
하여 보험금을 자기에게 지급할 수 있도록 청구할 수 있다.[184]

---

182) Cass. civ., 27. 1. 1879, D.p.79, 1, 230 ; Agen, 22. 11. 1880, D.p.1882, 2,
    221; Pouget, Assurance sur la vie au profit d'un tiers-Etude du droit du
    bénéficiarire, thése Bordeaux, 1906, p.183.
183) 물론 1930년법 제정 이전에 판례는 보험수익자를 상속인, 자 등으로만 한
    경우에는 타인을 위한 계약으로 인정하지 않았기 때문에 채권자는 보험사
    고 발생 후 채권압류를 통해 집행할 수 있었다.
184) 보험금은 압류금지재산이어서 일반적으로 압류의 대상이 되지 않는다는
    견해도 이전에는 존재하였지만 현재는 인정되지 않고 있다(Habay, De
    l'assurance sur la vie dans rapports avec la législation de la faillite, thése
    Paris, 1905, p.95; Barrére, op. cit., p.60).

물론 보험수익자의 지정이 없는 보험계약에 관하여 채권압류를 하였다고 하더라도 다음의 몇 가지 점에서 그 실효성에는 의문이 있다. 먼저 채권압류는 제3채무자에 대한 변제금지의 효력과 채권자에 의한 채권처분금지의 효력을 발생시키기 때문에 압류된 채권을 양도할 수 없게 된다는 점이다.

그리고 보험계약자(채무자)는 압류처분금지의 효력에도 불구하고 보험수익자를 새로이 지정할 수 있고,[185] 이 경우에 보험수익자는 배타적으로 보험금청구권을 취득하므로 채권자에 의한 압류는 전혀 효력이 없게 된다. 다만 채권자로서는 보험료의 납입에 관하여 사해행위를 주장할 수 있는 가능성만이 남게 되는 것이다.[186]

그러나 보험계약자에게 귀속되는 이익배당에 관하여서는 집행할 수 있다.

다음으로 보험계약자의 채권자 또는 파산관재인은 해지할 수 없다하여도 보험증권을 압류하여 경매하는 형태로 환가할 수는 없는지 여부가 문제된다. 물론 보험수익자가 지정되어 있고 수익의 의사표시가 있는 경우에는 환가할 수 없다. 그러나 그러하지 아니한 경우에는 어떠한지에 관하여 학설은 대개 긍정하고 있다.[187] 그러나 판례는 피보험자의 동의 없이 타인의 생명에 대하여 생명보험에 가입하는 것이 허용되지 않는 이상 피보험자의 동의 없이 경매할 수 없다고 하여 경매가능성을 부정한 경우도 있다.[188]

2) 債權者의 債權者代位權

보험계약자의 채권자가 보험사고발생 이전에 채권자대위권(민법 제1166조)에 의하여 보험계약자의 권리를 행사함으로써 자기의 채권을 만족시킬

---

185) 보험수익자의 지정방법은 전술한 바와 같이 가증서에 의한 지정, 보험증권의 배서, 채권양도의 방법, 유언이라는 방법이 있다.

186) 이와 같은 견해는 우리나라의 통상의 관념으로는 믿기 어려운 것이지만 프랑스에서는 판례·학설상 거의 일치된 견해이다.

187) Habay, op. cit., p.5; Bizouard, Des droits des crèanciers du contractant d'une assurance sur la vie, Thèse Paris 1902, p.39.

188) Seine, 1. 12. 1876, Journal des Assurances 1877, p.18.

수 있는지, 특히 보험수익자의 지정철회권과 보험계약의 환매권을 행사할
수 있는지가 문제이다.

가) 保險受益者의 指定撤回權

보험수익자가 승낙한 후는 보험계약자도 지정을 철회할 수 없는 것이기
때문에 채권자가 철회권을 대위행사할 수 없는 것은 당연하다. 그리고 프
랑스에서는 보험수익자 지정철회권은 일신전속권으로서 채권자대위권의 대
상이 되지 않는 것으로 보았기 때문에 보험수익자가 승낙하기 이전이라도
채권자에 의한 지정철회는 인정되지 않았다.[189] 이에 관하여 1930년 보험
계약법에서는 보험수익자의 지정철회권을 채권자가 행사할 수 없다고 명문
화하였다(제64조 2항, 현 L 1321-9조 2항).

나) 保險契約의 還買權(rachat; 解止還給金)

채권자에 의한 대위권행사의 가능성이 가장 논의가 많이 된 것은 보험
계약의 환매에 관한 것이다. 먼저 보험수익자가 승낙한 후의 대위권행사
가능성에 관하여, 보험계약자 자신이 환매권을 행사할 수 없다는 입장에
따르면 채권자에 의한 환매가 불가능한 것은 당연하지만, 보험수익자가 승
낙하였는지 여부와 관계없이 언제든지 환매할 수 있다는 입장에서는 문제
가 된다. 그리고 보험수익자의 승낙이 있기 전에 채권자가 환매권을 대위
행사할 수 있는지 여부도 문제이다. 이에 관하여 1930년 이전의 판례는 일
정하지 않았다.[190] 1930년법에서는 이 점에 관하여서는 명문의 해결책을
제시하지 못하고 있다. 이에 대하여 학설은 모두 보험수익자의 지정 유무,

---

189) Triv. civ. Eperney, 17. 8.1882, D.P., 1883, 3, 71; Trib. civ., Bar-Sur- Aube,
   18. 3. 1886, Joural des Assurances 1886, 266; Bizeaud, op. cit., p.127;
   Barrére, op. cit., p.118.
190) 환매를 인정한 판례로는 Cour de justice de Genéve, 10. 1. 1887, D.P., 1885,
   2, 153; Trib. Lille, 15. 11. 1886, Joural des Assurances 1886, 208이 있고, 반
   대의 판례로는 Triv. civ. Seine, 1. 12. 1876, Joural des Assurances 1877, 18;
   Rouen, 18. 1. 1884, D.P., 1895, 2, 153.등이 있다.

보험수익자의 승낙의 의사표시 유무와 관계없이 환매권은 일체의 채권자대위권의 대상이 되지는 않는다고 하여 채권자에 의한 환매를 부정하고 있다. 그 근거로는 환매권은 오직 보험계약자의 정신적 판단에 의하여 행해져야 하는 것으로 망은행위로 인한 증여의 철회 등에 비추어 보면 당연하다는 점,[191] 환매권을 행사하지 아니하더라도 납필보험전환권을 선택하면 채권자대위권의 행사의 요건인 채무자의 권이행사의 해태가 존재하지 않는다는 점,[192] 환매권의 행사는 당연히 철회권 행사를 전제로 하는 것이고, 채권자에 의한 철회권의 대위행사를 인정하지 아니한 이상 환매는 인정할 수 없다는 점,[193] 보험계약은 보험료 미지급에도 불구하고 감액하여 계속할 수 있으며 채권자가 이를 소멸시키는 것은 사회정책적으로 타당하지 못하다는 점[194] 등이 제시되고 있다.

다) 保險契約의 減額權(納畢保險으로의 轉換權) 및 保險證券貸付權

보험계약의 감액권은 보험계약자의 채권자에 의한 대위권행사의 대상이 되는 권리로서 이론적으로는 문제될 수 있지만 현실적으로 문제되는 경우는 적다. 프랑스 보험약관에서는 보험료를 지급하지 아니한 때에는 보험계약자가 특별한 의사표시를 하지 아니하더라도 당연히 감액의 효과가 발생하는 것으로 하고 있기 때문에 보험계약의 감액은 채권자가 일반담보를 창출하는 유효한 수단이 되지 못한다.[195] 만약 채권자가 보험계약을 감액할 수 있는 경우라 하더라도 자기를 위한 보험계약이 체결된 경우에 한하다 왜냐하면 보험수익자가 지정되어 있는 경우에는 감액된 보험금은 보험수익

---

191) Barrére, op. cit., p.80.

192) Bizeaud, op. cit., p.34.

193) Picard-Besson, op. cit., p.371.

194) Barrére, op. cit., p.78.

195) 그러나 외국 보험회사가 프랑스에서 보험증권을 발행하고 그 증권상에 감액이라는 효과가 즉시 발생하는 것이 아니라 보험계약자가 청구하였을 때에 비로소 발생한다고 규정하고 있는 경우와 같이 채권자가 이를 대위행사할 수 있는 경우도 있다.

자의 고유재산이 되기 때문이다. 그러나 보험계약이 감액되었다 하더라도 즉시 보험계약자가 채권을 취득하는 것은 아니다. 보험기간 중에 보험계약 자가 보험수익자의 지정권을 행사한다면 보험계약자의 채권자는 적어도 보험금에 관하여서는 어떠한 권리도 주장할 수 없게 되기 때문이다.

이상과 같이 감액권의 대위행사는 현실적으로 아직 문제되지 않지만, 학설상으로는 대위행사할 수 없다고 본다.[196]

마지막으로 채권자에 의한 대위권행사의 대상으로서 보험증권대부를 받을 권리도 문제될 수 있는데, 학설은 일반적으로 이를 부정하고 있다.[197]

3) 保險契約者의 破産

보험계약자에 관하여 파산절차를 개시한 경우에 생명보험계약이 어떻게 취급되는지에 관하여서는 19세기 말부터 크게 논의되었다. 먼저 타인을 위한 생명보험계약이 파산절차개시 이전에 체결된 경우에는 보험사고의 발생유무를 불문하고 보험금청구권은 파산재단에 귀속되지 않는다. 19세기 말 破毀院의 일련의 판례에서 보험수익자의 권리취득이 직접적인 권리취득이라는 점을 확립한 이래 이 점에 대하여서는 거의 이론이 없다.[198] 물론 보험계약의 체결이나 보험수익자의 지정이 있었던 시기가 파산절차개시 직전의 위기시기인 경우에는 이와 같은 행위의 효력이 문제될 수 있지만 이 점에 관하여서는 별도로 검토하기로 한다.

가) 保險契約의 체결과 受益者指定

파산선고 후에 제3자를 위하여 생명보험계약을 체결할 수 있다는 점에 대하여서는 거의 이론이 없다.[199] 그리고 파산선고 시점에서는 보험수익자

---

196) Bizeaud, op. cit., p.135; Barrére, op. cit., p.121; Dupuich, op. cit., p.544 (그 근거는 환매권에서와 기본적으로 동일하다).

197) Habay, op. cit., p.10; Bizeaud, op. cit., p.39.

198) Cass. civ., 16. 1. 1888, D.P., 1888, 1, 77; Bizeaud, op. cit., p.140 ff; Barrére, op. cit., p.114; Habay, op. cit., p.31 ff.

의 지정이 없는 자기를 위한 보험계약의 경우라도 파산선고 후에 보험계약자는 보험수익자를 지정할 수 있다.[200] 즉, 파산선고와 더불어 채무자는 재산의 관리처분권을 상실하지만, 파산선고가 제3자를 위한 보험계약체결을 방해하지는 못하는 것이다. 왜냐하면 보험수익자 지정은 소급효가 있어 보험계약체결 당시부터 지정이 있었던 것으로 보는 결과, 보험금청구권은 보험계약자의 재산에 귀속되지 않기 때문이다.

재판상 청산절차가 개시된 경우에도 파산선고의 경우와 마찬가지로 보험계약자는 보험계약을 체결하거나 보험수익자를 지정할 수 있다.[201]

나) 保險料의 支給

파산선고 후에도 보험계약자는 보험계약을 체결하거나 수익자를 지정할 수 있지만, 파산선고 후에 지급된 보험료에 관하여서는 파산관재인은 수익자에 대하여 전액 반환청구를 할 수 있다. 보험계약자는 파산선고로써 보험료를 지급할 능력이 없게 되고 이와 같은 보험료지급은 파산재단과의 관계에서는 무효이다.[202] 물론 급여 등과 같이 파산재단을 구성하지 아니하는 재산으로 보험료를 지급할 수 있기 때문에 이 경우에는 반드시 무효라고는 할 수 없다.[203]

다) 破産管財人에 의한 解止權

파산관재인이 보험계약자의 권리를 행사할 수 있는지 여부는 오래 전부터 논의되어 왔다. 이에 관하여 판례는 일치하고 있지 않았지만, 학설은 채권자대위권을 부정했던 것과 거의 같은 이유로 이를 부정하였다.[204] 또 파

---

199) Douai, 14. 3. 1895, Journal des Assurance 1896, 19; Barrére, op. cit., p.151; Habay, op. cit., p.35.

200) Dupuich, op. cit., p.564.

201) Habay, op. cit., p.39; Bizeaud, op. cit., p.53; Barrére, op. cit., p.106.

202) Picard-Besson, op. cit., p.568.

203) ibid.

204) 해지를 긍정한 판례로는 Cass. civ., 8. 4. 1895, D.P., 1895, 1, 441; Paris,

산관재인에게는 파산자를 대신하여 화해계약을 체결할 권한을 부여하고 있었으며(구 상법 제487조) 이 조문에 의하여 해지할 수 있는 것은 아닌가 하는 점도 문제되었지만, 현재는 보험계약의 해지는 화해와는 같이 볼 수 없는 것으로서 부정되고 있다.[205] 또한 재판상 청산의 경우에도 마찬가지이다.[206]

1930년법은 이 점에 관하여 특히 명문의 규정을 두고 있지 않았지만, 동법하에서도 이미 파산관재인이 해지할 수 없다는 견해가 우세하였다.[207]

III. 保險事故發生 以後의 利害關係調整

1. 獨逸法上의 調整

1) 否認權에 의한 調整

통설·판례는 특히 지정이 철회불능의 경우와 철회가능한 경우를 구별하지 않고 보험사고가 발생함으로써 보험금청구권은 보험수익자에게 귀속되고 보험계약자의 상속재산에는 귀속되지 않기 때문에 보험계약자의 채권자는 이에 대하여 압류할 수 없고 또 상속재산의 파산의 경우에도 파산재단에는 귀속되지 않는다고 한다.[208] 이 결론은 독일 민법 시행 이전부터

1.. 11. 1890, Jounal des Assurance 1891, 129 등이 있고, 부정한 판례로는 Comm. Nantes, 4. 3. 1903, Jounal des Assurance 1904, 463; Trib. civ. Seine, 12 2. 1913, Jounal des Assurance 1913, 219 등이 있다. 그리고 대표적인 학설로는 Habay, op. cit., p.13; Bizeaud, op. cit., p.46 ff; Barrére, op. cit., p.98ff, 145ff. 등이 있다.

205) Habay, op. cit., pp.16-17; Bizeaud, op. cit., p.145.

206) Bizeaud, op. cit., p.145.

207) Picard-Besson, op. cit., p.370.

RG판례에서 나타났고 이후 BGH 판례에서도 이를 계승하고 있다.[209]

따라서 독일에서는 보험사고발생 이후의 이해조정은 상속법이 적용되거나 유추적용되지 아니하고, 부인법과 파산법상의 부인권을 통하여 행해지고 있다. 특히 문제되는 것은 부인법(AnfG) 제3조 1항 3호, 4호, 파산법(KO) 제32조 1호, 2호의 무상부인이다. 특히 대가를 받지 아니하고 보험수익자를 지정한 경우에는, 보험계약관계는 유상계약일지라도 보험수익자와 보험계약자 간에는 부인에서 문제되는 무상처분이 존재한다.[210] 따라서 부인권행사는 가능하다. 다만 그 대상이 문제인데 이에 관하여서는 보험수익자의 지정과 보험료지급이 논의의 대상이 된다.

통설·판례에 따르면 보험계약체결과 동시에 보험수익자가 지정된 경우에는 타인을 위한 보험계약체결에 포함되어 있는 수익자의 지정부분만을 분리하여 부인할 수 없고, 보험료의 지급만이 부인의 대상이 된다고 한다.[211] 당해 보험계약이 부인권 행사 또는 파산선고 전 1년 내(부인법 제3조 1항 3호, 파산법 제32조 1호)에 또는 2년 이내에(수익자가 배우자인 경우: 부인법 제3조 1항 4호, 파산법 제32조 2호)체결되었다 하더라도 수익자 지정부분을 부인할 수 없다.[212]

그러나 부인권의 행사 또는 파산선고 전 1년 또는 2년 내에 보험수익자

---

208) Bruck-Möller-Winter, a.a.O., S. 1121(이러한 입장을 취하는 문헌에 관한 자세한 내용은 Bruck-Möller-Winter, ibid. 참조).

209) RG 12.6.1885, RGZ 14, 21; BGH 8.5.1954, BGHZ 13, 232; BGH 8.2.1960, BGHZ 32, 47; BGH 17.2.1966, BGHZ 45, 167.

210) Böhle-Stamschräder-Kilger, Anfechtungsgesetz, 7 Aufl., 1986, S. 51. 물론 보험수익자가 피부양자인 경우에는 단순히 무상처분이 아니라는 입장도 있다(v. Grierke, Der Lebensversicherungsvertrag zugunsten Dritter nach deutschem und ausländischem Recht, 1936, a.a.O., S. 88-89).

211) RG 25.3.1930, RGZ 128, 187; RG 12.1.1937, RGZ 153, 227-230; Hasse, a.a.O., S. 119-127; Böhle-Stamschräder-Kilger, a.a.O., S. 51; Bruck-Dörstling, a.a.O., S. 267-269; Bruck-Möller-Winter, a.a.O., S. 1162.

212) 보험금청구권은 한번도 보험계약자의 재산에 귀속되지 않았기 때문에 보험계약자의 재산에서 유출되는 것은 아니라는 점을 그 근거로 하고 있다.

의 지정이 없는 보험계약에서 보험수익자를 지정한 경우에는 그 지정 자체
를 부인할 수 있다.213) 철회가능한 지정이 존재하는 경우에 지정철회권을
포기하는 것도 부인의 대상이 된다는 설도 있다.214) 보험수익자의 지정이
부인된 경우에는 보험금청구권(이미 지급된 경우에는 보험금)이 반환의 대
상이 된다.215)

그리고 소정의 기간 이전에 지정된 경우와 같이 보험수익자 지정 자체
가 부인의 대상이 되지 않는 경우이더라도 부인권 행사 또는 파산선고 전
1년 또는 2년 이내에 지급된 보험료에 대하여서는 무상부인이 성립될 가능
성이 있다. 보험료의 지급은 보험자와의 관계에서는 의무의 이행에 불과하
지만 동시에 보험수익자와의 관계에서는 무상의 간접적 출연이기 때문에
무상부인이 적용될 여지가 있다는 것이 통설·판례의 입장이다.216) 이 경
우도 부인소송의 상대방은 보험수익자이며 보험료가 직접 지급된 보험자가
그 상대방인 것은 아니다. 보험계약자의 채권자는 문제의 기간 내의 보험
료의 지급을 부인하고 보험수익자에 대하여 반환을 청구할 수 있다.217) 반
환액은 보험사고발생 이후라면 보험수익자가 수취한 보험금을 한도로 하여
부인의 대상이 된 보험료 전액이다. 보험사고발생 이전에 보험계약이 해지
된 경우에 보험수익자가 선의인 때에는 반환의 대상은 보험요액이 아니라
부인의 대상이 된 보험료를 지급함으로써 해지환급금이 증액된 부분이다.
또한 피보험자의 자살 등으로 보험금 전액이 지급되지 아니한 경우에는 선
의의 보험수익자에 대한 반환청구는 역시 부인의 대상이 된 보험료를 지급

---

213) RG 12.1.1937, RGZ 153, 227-230.
214) Bruck-Dörstling, a.a.O., S. 267.
215) Hasse, a.a.O., S. 126; Prölss-Martin, a.a.O., S.1302.
216) BGH 10.6.1965, NJW 1965, S. 1913-1914, Thiele, Lebensversicherung und
   Nachlaßgläubiger, Dissertation Hamburg, 1968, S. 45-48; 자세한 내용은
   Hasse, a.a.O., S. 124-127 참조.
217) Prölss-Martin, a.a.O., S. 1303. 독일에서는 우리나라에서와 달리 부인이
   채권적 효력만 가지는 점(수익자에 대하여 반환청구권만 발생함)이 우리
   나라에서와 다르다.

함으로써 해지환급금이 증액된 부분으로 감축된다.[218]

그러나 보험수익자의 지정행위에 관하여 무조건 무상행위에 관한 부인권의 행사를 인정하는 통설에 대하여서는 보험수익자로 지정된 자가 보험계약자의 피부양자인 경우에는 달리 취급하여야 한다는 소수설이 있다.[219] 이러한 소수설에 의하면 예컨대 지정을 할 때에 특히 대가가 없다고 할지라도 지정된 자가 피부양자인 경우에는 보험계약자와 보험수익자 간의 관계(대가관계)는 단순한 무상증여는 아니라고 한다.[220] 이에 따르면 보험계약자의 피부양자가 보험수익자로 지정된 경우에는 무상부인을 적용할 수 없는 것이다.[221]

2) 保險事故發生 以後의 利害調整의 特徵

전술한 바와 같이 통설·판례에 따르면 보험사고발생 이후 이해조정은 오로지 부인법과 파산법상의 부인권을 통하여 행해지고 있다. 그리고 부인권의 적용에 있어서는 수익자 지정이 철회가능의 지정인지 철회불능의 지정인지를 불문하고 보험수익자의 지정을 부인할 수 있는 것은 부인권행사 또는 파산선고 전 1년 또는 2년 이내에 지정된 경우에 한하며, 보험료지급의 부인도 부인권 행사 또는 파산선고 전 1년 또는 2년 이내에 지급한 부분에 관하여만 문제된다.

통설·판례가 부인권의 적용에서 지정의 철회가능여부를 구분하지 않는

---

218) Hasse, a.a.O., S. 127 참조.
219) Grierke, a.a.O., S. 88-89; Bruck-Möller-Winter, a.a.O., S. 1135-1136; Winter, Interessenkonflikte bei der Lebensversicherung zugunsten Angehöriger, Mannheimer Verträge zur Versicherungswissenschaft, Karlsruhe, 1990, S 29 ff.
220) Winter, a.a.O., S 29; Bruck-Möller-Winter, a.a.O., S. 1135-1136.
221) 보험계약자의 피부양자가 보험수익자로 지정된 경우에는 단지 무상행위로는 취급되지 않는다는 견해는 다른 나라(스위스, 프랑스)에서도 찾아 볼 수 있다. 물론 독일 현행법의 해석론으로서는 무리가 있지만 입법론으로는 이를 지지하는 견해도 있다(Hasse, a.a.O., S. 291, 294, 299-301).

것은 철회가능한 지정이더라도 보험사고가 발생하면 보험수익자의 지위는 확정되기 때문에 보험사고발생 이후에는 철회가능여부를 불문하는 것이다.[222]

이상과 같은 통설·판례상의 이해조정의 특징은 철회가능한 지정에서 나타난다. 철회가능한 지정의 경우에는 보험계약자가 각 보험료를 지급함으로써 이용할 수 있는 재산이 축적되고 결과적으로 보험사고발생 이전에는 채권자를 위한 책임재산이 된다. 그러나 보험사고발생 이후의 이해조정에서는 마치 각 보험료의 지급시점에서 보험계약자의 책임재산으로부터 이미 분리된 것과 같이 취급되고 있다.

물론 부인권의 적용에서 지정의 철회가능여부를 특히 구별하지 아니하는 점은 프랑스에서도 마찬가지이다. 그러나 프랑스에서는 보험사고발생 이전에 보험계약상의 권리에 대한 집행이 배제되고 보험사고발생 이전에는 적립금을 보험계약자의 책임재산에서 분리시키고 있다. 따라서 부인권의 적용에서도 일관될 수 있다. 그러나 독일에서는 보험사고발생 이전에는 책임재산에서의 분리가 인정되지 아니함에도 불구하고 보험사고발생 이후의 이해조정에 있어서는 마치 각 보험료의 지급시점에서 보험계약자의 책임재산에서 이미 분리된 것과 같이 취급된다는 점이 특징이다.

3) 獨逸에서의 立法論

독일의 현행법상 보험수익자가 보험계약자의 채권자에 대하여 어떠한 지위에 있는가라는 점에 관하여 해석론을 중심으로 살펴본 바에 따르면, 독일에서는 정책적인 조정에 대하여 크게 고려하지 않고 있다. 물론 생명보험계약이 경제적으로는 보장적 기능과 저축적 기능 양면을 가지고 있는 것은 사실이고, 이와 같이 양 기능이 혼재해 있기 때문에 생명보험계약을

---

222) 이와 관련하여 보험사고 발생 시까지는 보험계약자가 자유로이 보험계약상의 이익을 처분할 수 있다는 점을 중시하여 저축적 기능면에서 이해를 조정하여야 할 것이고 이를 위해 부인권의 적용범위를 보험사고 발생 이전까지 확대하려는 견해도 유력하게 주장되고 있다(Hasse, a.a.O., S. 125; Bruck-Möller-Winter, a.a.O., S. 1158).

둘러싼 이해조정이 곤란한 것이다. 단순히 보장적 기능의 확보를 위하여 채권자의 집행을 배제하는 것도 적절하지 못하지만, 전혀 보험수익자의 보장적 기능을 배제시켜서도 안 된다. 따라서 정책적 조정이 비교적 고려되고 있지 않는 독일에서는 보장적 기능에 입각하여 어떤 사회정책적 고려를 하는 조정이 필요하다는 점에서 일찍부터 입법론이 제기되었다.

가) Müller의 立法論[223]

Müller는 생명보험계약의 이중기능을 철저히 분리하여 이해조정을 도모하고 있다. 그는 초안을 제시하면서 보험계약을 보장보험(Fürsor- geversicherung)과 일시금보험(Kapitalversicherung)으로 분리하고 각각에 대하여 상이한 이해조정을 주장하고 있다.

Müller는 보장보험으로 다음의 두 가지 종류를 상정하고 있다. 첫째, 특정 제3자를 보험수익자로서 철회불능의 지정을 하는 경우이다. 철회불능의 지정이 있는 경우에 생명보험계약이 보험계약자의 재산에서 분리하여 채권자로부터 보호되는 것은 현행법상으로도 인정되고 있지만 특정 가족이 보험수익자로 지정되어 있는 경우에는 무상부인규정의 적용을 제한하여야 한다고 하고 있다.

둘째로, 가족을 위한 보장보험이다. 이 보험계약은 일정한 범위의 가족을 위하여 체결한 보험계약이며 보험계약자는 이 범위 내의 자 중에서 자유로이 보험수익자를 지정한다거나 지정을 변경할 수 있다. 이 경우도 특정 가족을 위한 보장보험의 경우와 마찬가지로 무상부인의 주장은 제한된다. 보험사고발생 이전에 보험계약자가 보험계약의 현재가치를 환급하도록 하는 경우에는 일정한 공시를 한 후 1년이 경과하지 않으면 안 된다.

이상과 같은 보장보험에 관하여서는 보험수익자의 채권자로부터 압류도 제한된다고 하고, 보장보험 이외에 모든 보험계약은 일시금보험계약이라고 한다. Müller는 이 보험계약에 관하여 독일 현행법 이상의 환금성과 양도

---

223) Müller, Die Begünstigtenbezeichnung bei der Lebensversicherung als Verfügungsgeschäft, Offenbach 1934, S. 45-60.

가능성을 인정하도록 주장한다. 예컨대 보험자에게 유가증권으로서의 보험 증권의 발행을 의무화하고, 배서에 의한 양도를 인정하는 것이다.

보험계약자의 채권자와의 관계에서 현행법에 대한 통설·판례상으로 채권자를 우대하고 있다. 먼저 보험사고발생 이전에는 채권자는 자유로이 보험계약에 대하여 압류할 수 있고 이때에 지정을 철회할 필요는 없다. 보험사고발생 이후는 채권자는 보험수익자의 지정을 부인하고 보험금청구권의 반환을 청구할 수 있다.

Müller 안의 핵심은 보험계약의 두 가지 기능을 각각 순화시켜 보험계약 자에게 보험계약체결 시점에 어느 쪽을 선택하도록 하고 있다는 점이다. 즉, 보장보험의 경우에는 채권자로부터 보다 후한 보호를 받도록 하는 반면에 보험계약의 저축적 기능에 따라 보험계약자가 이를 스스로를 위하여 이용할 가능성은 막혀 있다(가족을 위한 보장보험의 경우에는 지정변경은 가능하지만 이는 일정한 범위 내의 자의 교체에 불과하다). 반대로 일시금보험의 경우에는 보험계약의 환금성을 높임과 동시에 보험계약에 대한 채권자에 의한 집행을 용이하게 하고 있는 것이다.

나) Gierke의 立法論[224]

Gierke는 독일법(1939년의 개입권제도 도입 이전)의 문제점을 다음과 같이 지적하고 있다. 보험계약자의 채권자는 철회가능한 지정이 있는 경우에는 생명보험계약상의 권리에 대하여 무제한적으로 집행할 수 있고 철회권을 포기하지 않으면 압류를 배제할 수 없다고 하는 점은 생명보험계약의 보장적 기능을 고려하면 타당하지 못하며, 또한 보험계약자가 생전에 보험계약상의 권리를 자유로이 처분할 수 있었는데도 불구하고 보험사고발생 후에는 압류할 수 없다고 하는 것은 채권자를 크게 해한다고 비판하고 있다. 그러나 이러한 비판은 보험수익자가 보험계약자의 피부양자인 경우에 한정되어야 하는 것이다.

Gierke는 이러한 원인은 보험수익자로 지정된 자가 보험계약자와의 인적

---

224) Gierke, a.a.O., S. 90-95.

관계가 어떠한가와는 관계없이 일반론을 확립하여 이해조정을 해왔기 때문이라고 한다. 따라서 Gierke는 다음과 같은 입법론을 제시하고 있다.

먼저 철회불능의 지정이 있는 경우에는 보험사고발생 이전이든 이후이든 간에 채권자의 압류는 배제되지만 부인권의 행사가능성은 남아 있다. 다만 보험수익자가 보험계약자의 피부양자인 경우에는 무상부인의 적용은 배제되고 수익자 지정은 유상행위로 취급하여야 한다.

그리고 철회가능한 지정이 있는 경우에는 보험사고발생 이전은 보험계약자의 채권자는 자유로이 집행할 수 있고 지정은 압류 또는 파산선고 즉시 소멸된다. 그러나 보험수익자로 지정된 자가 보험계약자의 피부양자인 경우에는 이 자가 개입한 경우(개입에는 특히 대가를 요하지 아니한다)에는 압류의 가능성은 배제되고, 그 반면에 이후 보험계약자가 보험계약에 대한 자유로운 처분권(수익자 지정철회 등)을 상실한다. 한편 보험사고발생 이후에는 채권자는 부인권을 행사함으로써 간접적으로 압류하는 것으로 된다. 기준시점은 보험사고 발생 시이며 결국 항상 보험금 전액이 압류될 수 있게 된다. 다만 보험수익자가 피부양자인 경우에는 지정은 이미 유상행위로 취급된다.

다) Fromm의 立法論[225]

Fromm도 역시 생명보험계약의 저축적 기능과 보장적 기능을 병존시키면서 양자간의 균형을 이루는 정책적인 규정을 두어야 한다는 기본적 시각을 가지고 있다.[226]

이러한 시각에 따라 Fromm은 다음의 네 가지 내용의 규정을 두어야 한다고 한다. 첫째, 배우자·자를 위한 생명보험계약에서 발생하는 청구권은 보험계약자의 채권자의 압류에 종속되지 아니하고, 보험계약자의 파산재단

---

225) Fromm, Familienfürsorge, Kreditbeschaffung und Gläubigerbefridigung durch die Lebensversicherung, Dissertation Bonn, 1939, S. 39-43.

226) 이에 대하여 생명보험계약의 두 가지 기능을 분리하도록 하는 Müller의 입법론에 대하여서는 부정적이다.

에도 귀속되지 아니한다. 둘째, 이러한 가족을 위한 보호규정에도 불구하고 보험계약자의 처분권은 제약을 받지 아니한다. 셋째, 보험청구권에 관하여 강제집행이 개시된 경우 또는 보험계약자가 파산한 경우에는 보험수익자로 지정된 자는 보험계약자의 보험계약상의 권리ㆍ의무를 인수하여 이에 개입한다. 개입을 명시적 의사표시로서 거절한 경우에는 보험수익자 지정은 소멸된다. 넷째, 배우자ㆍ자를 위한 생명보험계약은 도의상의 의무의 이행이어서 부인법상의 무상처분은 아니다. 다만 보험계약자의 자산상태에 비하여 명백히 부당한 고액의 보험료를 요하는 생명보험계약에 대하여서는 무상부인의 가능성은 부정되지 않는다.

라) Hasse의 立法論[227]

Hasse는 생명보험계약의 이중기능을 양립시키는 방향에서 입법을 고려하여야 한다고 하며 Müller의 기본적인 입장에 반대하고 있다. 그의 내용은 Gierke나 Fromm의 입법론과 거의 유사하다.

구체적으로는 먼저 철회불능의 지정의 경우에 부인권의 적용에 있어서 특정인(부양가족 등)이 보험수익자인 경우에는 무상부인의 적용을 제한해야 한다고 한다. 그리고 철회가능한 지정이 있는 경우에 관하여 가족 등이 보험수익자로 지정되어 있는 경우에도 보험사고발생 이전의 채권자의 권리를 전면적으로 부정하여야 할 것은 아니고 개입권제도를 개선하여 잔존시켜야 한다고 한다. 보험사고발생 이후는 가족 등의 지정이 있는 경우에는 철회불능의 지정이 있는 경우와 똑같이 취급하여 역시 무상부인에 관한 규정의 적용은 제약을 받는다.

마) 檢 討

입법론의 하나로 생각할 수 있는 견해는 Müller와 같이 생명보험계약의 두 기능을 분리하는 방향이다. 그러나 이 안은 개혁의 방향으로서 지지할 수 없다는 견해가 일반적이다. Müller에 따르면, 보장적 기능을 향유하기 위하여서

---

227) Hasse, a.a.O., S. 290-294.

는 보험계약자는 계약체결 시에 저축적 기능을 포기하지 않으면 안 된다. 그런데 현실적으로 생명보험계약에서는 철회가능한 지정이 압도적으로 많기 때문에 보험계약자는 양 기능을 동시에 기대하는 것이며 저축적 기능과 보장적 기능의 공존을 인정하여야 하는 것이다. 양 기능 중 어느 일방을 계약체결 시에 강제하는 Müller의 입법론은 타당하지 못하다고 할 것이다.

따라서 두 기능을 병존시켜 일정한 경우에는 보험수익자를 보호하는 방향이 모색되게 되었다. 다만 이러한 입장도 세부적으로는 여러 가지 차이가 있을 수 있지만, 기본적 요소는 다음과 같다.

일정한 범위의 가족이 보험수익자인 경우에 보험사고발생 이전에도 보호하여야 하는지 여부에 관하여서는 견해가 나뉘고 있다. 보장적 기능을 수행하는 데는 보험사고발생 이전에도 동일하게 보호할 필요가 있다는 입장이 있는 반면에 보험사고발생 이전은 보장적 기능의 필요성은 보험사고 이후와 비교하여 상대적으로 적기 때문에 현행법상 인정되는 개입권제도에 의한 보호로 충분하다는 주장도 있다.

보험사고발생 이후의 조정에 관하여 먼저 생명보험에서 두 가지 기능의 병존을 인정하는 입장에서는 보험수익자의 종류에 주목하여 일정한 특권적 취급을 주장한다. 즉, 피부양가족이 보험수익자로 지정된 경우에 보험금(또는 보험금청구권)에 대하여 직접집행, 부인권에 의한 간접집행을 금지 또는 제한하는 것이다.

그리고 일정한 범위의 가족이 보험수익자로 지정되어 있는 경우에 관하여서는 무상부인의 규정의 적용을 제한하는 것이 일반적이다. 이 점에 관하여서는 철회가능 또는 철회불능으로 구분할 필요가 없는 것으로 인정된다.[228] 즉, 특정 범위의 가족을 보험수익자로 하는 보험계약에 관하여서는 보험계약의 체결 또는 보험료의 지급이 보험계약자의 경제적 사정을 고려해 볼 때에 적절하지 않는 한 도의적인 의무로서 무상부인으로 취급하지 않는 것이다.[229]

---

228) 무상부인의 성립여부는 현행법상 지정의 철회가능 · 철회불능과는 관계가 없다.
229) 다만 특히 故意否認등의 경우와 같이 채권자를 해할 의도가 있는 경우에

2. 스위스法上의 調整

1) 債權者의 押留

가) 撤回不能의 指定

보험계약법 제79조 2항에서는 보험계약자가 보험수익자의 지정철회권을 포기한 경우에 보험수익자의 보험금청구권이 강제집행의 목적이 되지 않는 다고 규정하고 있다. 따라서 보험계약자의 채권자는 보험금청구권에 대하여 압류할 수 없다. 그러나 이 경우에도 채권자로서는 지정의 유효성을 다툴 여지는 있다. 이때의 절차에 관하여서는 보험사고발생 이전의 집행절차 부분에서 설명한 바와 같다.

나) 撤回可能한 指定의 경우의 押留

보험계약법 제77조 1항은 보험계약자가 사후처분으로써 보험계약상의 권리를 처분할 수 있다고 규정하고 있다.[230]

(1) 生前의 意思表示에 의한 保險受益者의 指定

보험수익자가 보험계약자의 생전의사표시로써 지정된 경우에는 보험수익자는 보험사고가 발생함으로써 보험금청구권을 보험계약에 기하여 직접 취득한다. 보험수익자의 권리는 상속재산에서 취득하는 것은 아니기 때문에 보험금은 보험계약자의 채권자의 담보로 되지는 않는다.[231] 보험계약법 제97조 1항에서 압류로 인하여 수익자 지정의 효력이 소멸한다는 것은 어디까지나 보험사고발생 이전에 압류하는 경우에 관한 것이다.

스위스에서도 역시 수증자가 통상 상속채권자보다 후순위이고(스위스 민법 제56조), 또 사인증여는 유증과 동일시된다(스위스 채무법 제245조).

관하여서는 그 성립은 제약을 받지 않는다고 하는 것이 통상이다.
230) 이는 철회가능한 지정의 경우는 아니지만 편의상 여기서 검토하기로 한다.
231) BG 17. 4. 1986, BGE 112, 2, 159-162.

따라서 보험수익자 지정의 사인증여성이 문제된다. 그러나 스위스에서는
철회가능한 지정을 한 경우에 대가관계가 무상인 수익자 지정은 생전처분
이라고 보는 것이 통설의 입장이다.[232] 통설은 보험수익자의 지정은 스위
스 채무법 제245조의 사인증여는 아니고, 피상속인이 사망함으로써 수증자
는 보험자에 대하여 보험금을 직접 청구할 수 있다고 규정하고 있는 스위
스 민법 제563조 2항(보험유증)과 보험계약자는 수익자 지정과 관계없이
보험계약상의 권리를 생전 또는 사후처분으로 자유로이 처분할 수 있다고
규정하고 있는 보험계약법 제77조 1항은 생명보험계약에 대한 특별규정이
라고 해석하는 것이다. 판례[233]도 일관하여 철회가능한 지정을 포함하는
생명보험계약은 특수한 방법에 의한 생전증여와 유사한 법률행위라고 하고
있다. 이와 같은 통설·판례의 입장은 생명보험계약이 가지는 보장적 기능
을 배려하고 있는 것이다.

또한 스위스에서도 타인을 위한 계약에서 보상관계와 구별되는 법률관
계로서 대가관계의 존재는 인정되지만, 독일과 같이 제3자를 위한 사인계
약의 대가관계에 관한 법률구성에 관하여 학설·판례의 대립이 있은 것은
아니다. 생명보험계약에서 수익자 지정은 보험계약자의 일방적인 의사표시
로 충분하다고 하나, 보험계약자의 사망 후에 보험수익자에게 증여의 청약
을 할 권한을 보험자에게 부여하였다고 이론구성하는 견해[234]도 있다.

물론 철회가능한 보험수익자의 지정을 일종의 사인처분이라고 보는 견
해는 있으나,[235] 독일과 같이 보험수익자가 상속채권자에 대하여 직접 책
임을 진다는 견해는 거의 찾아 볼 수 없다.

---

232) Bühler, a.a.O., S. 192-193; Bossard, Die Rechtsnatur der Begun-
    stigungsklausel nach schweizerischem Versicherungsvertragsrecht, Bern,
    1940, S. 17-20; Roelli-Jaeger, a.a.O., S. 115; Gaugler, a.a.O., S. 349;
    Gisun, a.a.O., S. 13-20; Huber, Begünstigung und Verfügugen von
    Todes wegen Versicherungsansprüche, Berner Dissertation 1963, S. 43-44.
233) BG 20. 7. 1935, BGE 61, 2, 280; BG 7. 6. 1945, BGE 71, 2, 152.
234) Roelli-Jaeger, a.a.O., S. 107; Gauger, a.a.O., S. 517-518.
235) Guhl, Das Schweizerischen Obligationenrecht, 5 Aufl., 1956, S. 889.

(2) 保險遺贈(Versicherungsvermächtnis)과 遺贈에 의한 指定

보험청구권을 사후처분에 의하여 처분한 경우에는 문제가 있다. 즉, 이와 같은 처분이 '보험청구권의 유증(보험유증)'인지 '유언에 의한 보험수익자의 지정'인지 여부가 문제이다. 스위스 민법은 보험금청구권의 유증에 관하여 특별히 규정하고 있는데, 이 규정이 문제를 복잡하게 하고 있다. 즉 통상의 경우에 유증을 받은 수증자는 상속인에 대하여 이행을 청구할 수 있을 뿐이지만(채권적 효력: 스위스 민법 제562조 1항), 민법 제563조 2항에 의해 피상속인이 사망함으로써 수증자는 보험자에 대하여 보험금을 직접 청구할 수 있다고 되어 있다. 이 규정의 의의에 대하여 학설이 대립해 있다.

보험유증과 유언에 의한 보험수익자의 지정은 그 법률효과면에서 동일하다는 견해가 있다.[236) 이 설에서는 스위스 민법 제563조 2항에 의하여 보험유증을 받은 자는 보험계약법 제78조의 경우와 마찬가지로 권리를 상속재산에서 승계취득하는 것이 아니라 직접적으로 취득한다고 본다. 따라서 상속채권자는 언제든지 압류할 수 없게 되고, 보험유증과 유언에 의한 보험수익자의 지정을 구별할 의의가 없게 된다.

그러나 통설은 보험유증과 유언에 의한 보험수익자 지정은 다르다고 한다.[237) 이 견해에서는 보험유증을 규정하고 있는 제563조 2항을 유증(Vindikationslegat)의 일종이라고 한다. 그리고 보험유증의 경우에는 유증 일반의 경우와 같이 채권자는 수증자에 대하여 우선하고(민법 제564조 1항), 보험금청구권은 채권자의 담보가 된다고 한다.[238)

통설에 따르면 유언에 의한 보험청구권의 처분이 보험유증인지 보험수익자의 지정인지 여부가 결정적인 의미를 가지게 된다. 이 문제에 관하여 유증설[239)과 보험수익자 지정설[240)이 대립해 있다. 명확한 의사표시가 없

---

236) Roelli-Jaeger, a.a.O., S. 118-121.
237) Brühlmann, a.a.O.(ZSR Bd. 29), S. 49; Bühler, a.a.O., S. 29-31; Huber, a.a.O., S. 54-64.
238) Brühlmann, a.a.O., S. 49.

는 한 보험계약자가 묵시적인 의사에 적합한 해석을 하여야 할 것이다. 이
와 같은 견지에서 보험계약자가 자신과 일정한 친족관계에 있는 자에게 증
여하였다면 유족보장이라는 측면에서 보험수익자 지정이라고 보아야 한다
는 견해가 유력하다.[241]

다) 破産節次

(1) 撤回不能의 指定의 경우

철회불능의 지정의 경우에 보험금청구권은 파산관재인 또는 파산법 제
260조상 절차수행권을 양수한 개별채권자가 수익자 지정이 무효라든지 부
인할 수 있다는 판결이 있는 때에만 파산재단에 귀속된다(연방법원규칙 제
10조). 그러나 철회불능의 지정이 형식적인 면에서 의심스러운 경우, 예컨
대 보험증권상에 철회권의 포기의 기재가 없는 경우에는 파산관재인은 수
익자가 없는 것으로 주장할 수 있고, 이에 대하여서는 보험수익자라고 주
장하는 자가 입증하여야 한다.

(2) 撤回可能한 指定의 경우

철회가능한 지정이 있는 경우에는 보험수익자의 지정이 있는데도 불구
하고 보험금청구권이 파산재단에 귀속하는가에 관하여서는 학설이 대립해
있다. 소수설에 서는 보험계약자의 사후에 상속재산에 채무초과가 발생한
경우에는 무상으로 지정된 보험수익자는 보험계약자의 채권자보다 우선할
수 없다고 한다.[242] 이 설에서는 상속채무의 초과가 확정되는 데는 많은
시간을 요하는데, 확정되기까지 채권자에게 해가 되어서는 안 된다고 하고,
상속에 의한 권리취득이 상속개시로 소급되는 것(스위스 민법 제560조)과
마찬가지로 상속재산의 채무초과의 확정도 소급되어야 하기 때문에 그 사

---

239) Huber, a.a.O., S. 63.
240) Gisun, a.a.O., S. 24-25; Bossard, a.a.O., S. 87-94.
241) Bühler, a.a.O., S. 30; Miller, a.a.O., S. 20.
242) Roelli-Jaeger, a.a.O., S. 180-181.

이의 수익자 지정은 효력이 없다고 한다. 따라서 보험계약자의 사망으로
보험수익자의 권리는 철회불능으로 되는데 이는 상속재산의 채무초과를 해
제조건으로 한다고 이론구성한다.243)

그러나 통설은 상속재산의 파산은 보험수익자의 지위에는 영향을 미치
지 아니한다고 한다.244) 이에 따르면 상속재산의 파산의 효력이 보험계약
자의 사망 시까지 소급한다는 점은 파산법도 보험계약법도 모두 예정하고
있지는 않다고 한다.245)

2) 否認權에 의한 調整

전술한 바와 같이 통설·판례에 따르면, 보험사고발생 이후에는 보험수
익자가 취득하는 보험금청구권 또는 보험금은 채권자의 직접집행의 대상이
되지 않고 파산재단에 귀속시킬 이유도 없다. 그러나 보험계약법 제82조,
파산법 제285조 이하에 기하여 부인권은 행사할 수 있다. 여기서 문제는
그 요건과 효과이다. 파산법은 무상부인(Schenkungsanfechtung), 채무초과
부인(Überschuldungsanfechtung), 고의부인(Absichtsanfechtung)의 세 가
지 부인의 유형을 정하고 있다. 특히 적용상에 문제되는 것은 무상부인의
경우이다.246)

가) 撤回不能의 指定의 경우

(1) 受益者指定의 否認

수익자 지정에 대하여 부인을 인정할 것인지 여부에 관하여 통설·판례
는 보험수익자 지정을 부인할 수 있다고 한다.247) 그리고 이때에 수익자

---

243) Roelli-Jaeger, a.a.O., S. 181.
244) BG 17. 4. 1986, BGE 112, 2. 157; Brülmann, a.a.O.(ZSR. Bd 29), S. 94;
    Miller, a.a.O., S. 30; Gisun, a.a.O., S., 61.
245) BG 17. 4. 1986, BGE 112, 2. 162-163.
246) 스위스에서는 부인권에 관하여 조문상 파산절차와 개별집행을 구별하지
    않고 있기 때문에 이하에서도 특별히 구별하지 않기로 한다.

지정이 원시적 지정인지, 후발적 지정인지는 불문한다.[248]

문제는 보험수익자의 지정이 부인된 경우에 그 효과에 관한 것이다. 보험수익자는 부인시점에서 해지환급금상당액(부인이 보험사고발생 이후인 경우에는 보험사고시점에서 해지환급금액)을 반환하면 된다고 하는 소수설이 있다.[249] 이 설에서 보험금청구권 자체는 보험계약자의 재산에 귀속되지 않는다는 점과 반환액과 유류분산정에 있어서 해지환급금을 무상처분의 가액으로 취급한다는 것을 규정하고 있는 스위스 민법 제476조, 제529조를 근거로 들고 있다. 그러나 통설·판례[250]에 따르면 수익자의 지정이 없는 경우와 마찬가지로 보험금청구권 또는 보험금 전체에 대하여 반환의무가 발생한다. 그 결과 수익자는 보험증권을 집행법원에 제출하든지 또는 이미 보험금이 지급된 경우에는 파산법 제291조에 따라 그 금액을 반환하지 않으면 안 된다.

(2) 保險料支給의 否認

보험료지급에 대하여 부인할 수 있는지 여부에 관하여 통설·판례[251]는 수익자 지정 자체를 이미 부인할 수 없는 경우에는 개개의 보험료지급이 부인의 대상이 된다고 한다. 이에 따르면 보험료의 지급은 비록 보험자에 대한 의무이행의 측면도 있지만,[252] 제3자에 대한 보험금청구권의 간접적

---

247) BG 11. 3. 1938, BGE 64, 3. 89; Vischer, a.a.O., S. 88-91; Roelli-Jaeger, a.a.O., S. 235-236; Gisun, a.a.O., S. 43-44.

248) Roelli-Jaeger, a.a.O., S. 239.

249) Thur-Escher, Allgemeinen Teil des Schweizerischen Obligationenrecht, Bd. 2, S.254.

250) BG 11. 3. 1938, BGE 64, 3, 89; Brülmann, a.a.O.(ZSR. Bd 29), S. 97; Miller, a.a.O., S. 42; Gisun, a.a.O., S., 44; Roelli-Jaeger, a.a.O., S. 236-237; Vischer, a.a.O., S. 95ff.

251) BG 11. 3. 1938, BGE 64, 3, 85; Miller, a.a.O., S. 66; Gisun, a.a.O., S., 44; Roelli-Jaeger, a.a.O., S. 235-236.

252) 보험료의 지급은 보험자에 대한 의무의 이행이라는 이유로 부인의 대상이 되지 않는다고 한 판례·학설도 있었지만(BG 19. 6. 1908, BGE 34, 2, 400; Brülmann, a.a.O.(ZSR Bd. 29), S. 121), 현재에는 없다.

출연이라고 보고, 부인의 대상이 된다고 한다.

그러나 소수설에서는 보험료의 지급자체는 부인의 대상이 되지 않는다고 하고, 무자력의 보험계약자(채무자)가 보험료지급의무를 면하기 위한 행위 즉, 보험계약을 해지한다거나 납필보험으로 전환권을 행사하는 행위를 하지 아니한 것을 부인의 대상인 재산감소행위로 본다.[253] 이에 따르면 부작위가 부인의 대상이 되기 위하여서는 의도적이어야 할 것이고, 따라서 고의부인만이 적용될 것이기 때문에 사실상 부인할 수 있는 경우는 현저히 적어질 것이다.

다음으로 보험료지급을 부인하는 경우에 반환청구할 수 있는 금액은 어느 부분인지가 문제된다. 이에 관하여 통설·판례는 보험사고발생 전에는 보험료지급에 따라 해지환급금이 증액된 부분만 반환을 인정하고, 보험사고 발생 이후에는 부인의 대상인 보험료 전액에 대하여 반환을 인정한다.[254]

나) 撤回可能한 指定의 경우

철회가능한 지정의 경우에도 보험수익자의 지정과 보험료의 지급이 부인의 대상이 되는 것은 철회불능의 지정의 경우와 마찬가지이다.

그런데 문제의 행위가 무상부인의 대상인지 여부를 판단하는 시기를 어느 때로 보느냐가 문제될 수 있다. 즉, 무상부인은 파산 또는 압류 이전 6월간의 무상행위를 대상으로 하고 있지만, 철회가능한 보험수익자 지정의 경우에는 무상행위는 어느 시기에 행하여졌다고 볼 것인지가 문제된다. 이에 관하여 보험수익자의 지정시점이 기준이 된다는 설[255]도 있지만, 이에 따르면 보험료지급의 부인 이외에는 거의 부인권을 행사할 수 없게 된다. 그러나 통설은 보험사고 발생시점이 기준이 된다고 한다.[256] 통설에서는

---

253) Gaugler, a.a.O., S. 573-576, 584-585.
254) BG 11. 3. 1938, BGE 64, 3, 93; Miller, a.a.O., S. 66; Gisun, a.a.O., S. 44; Roelli-Jaeger, a.a.O., S. 237.
255) Miller, a.a.O., S. 46-67.
256) Brülmann, a.a.O.(ZSR. Bd 29), S. 97; Gaugler, a..a.O., S., 519-525; Roelli-Jaeger, a.a.O., S. 231; Vischer, a.a.O., S. 91.

부인에 관하여서는 채무자의 행위로 인한 경제적 효과에 주안을 두어야 하기 때문에 6월이라는 기간산정에는 출연이 완료된 시점이 중요하다고 보고 있는 것이다.[257]

다) 無償否認의 適用의 制限

스위스에서는 보험계약자와 일정한 친족관계가 있는 자가 보험수익자인 경우에는 부인권의 요건에서 일정한 배려를 하고 있다.

(1) 無償否認의 制限

보험수익자가 보험계약자의 배우자 또는 직계비속인 경우에 부인의 성립가능성에 관하여 소수설[258]은 만약 부인권의 행사를 인정한다면 이는 보험계약법이 규정하고 있는 유족보호를 위하여 압류를 금지하고 있는 취지에 반한다는 근거로 수익자가 배우자 또는 직계비속일 경우에 부인권의 행사는 전면적으로 배제된다고 한다.

이에 대하여 통설·판례[259]는 부인가능성자체는 인정하고 있다. 그러나 통설·판례[260]에 따르더라도 배우자 또는 직계비속이 철회가능한 수익자인 경우에는 무상부인규정의 적용은 원칙적으로 부정된다. 왜냐하면 유족에 대한 보장은 통상 '도덕적 의무에 기한 부양행위[261]이고, 스위스 채무법 제

---

257) 그러나 파산법 제292조에서 규정하고 있는 부인권의 5년이라는 소멸시효기간은 통설에 의하더라도 보험수익자 지정시점부터 진행된다(Gaugler, a.a.O., S. 523-525; Roelli- Jaeger, a.a.O., S. 232-238; Vischer, a.a.O., S. 93.).

258) Ostertag-Hiestand, Das Bundesgesetz über den Versicherungsvertrag, 2 Aufl., Zürich und Leipzig, 1928, S. 59-60.

259) BG 18. 12. 1926, BGE 52, 3, 195; BG 11. 3. 1938, BGE 64, 3, 93; Brülmann, a.a.O.(ZSR. Bd 29), S. 99; Constam, a.a.O., S. 52; Gisun, a.a.O., S., 39; Roelli-Jaeger, a.a.O., S. 229-231.

260) BG 11. 3. 1938, BGE 64, 3, 89; BG 19. 6. 1908, BGE 34, 2, 400; Gaugler, a.a.O., S. 508-511; Nicole, Assurances sur la vie au profit de tiers et créanciers du preneur,Thèse Lausanne 1921, S. 108-109; Gisun, a.a.O., S., 40; Roelli-Jaeger, a.a.O., S. 232-233.

261) BG 11. 3. 1938, BGE 64, 3, 89.

239조 3항에 따르면 도덕적 의무의 이행은 증여로 보지는 않기 때문이다. 따라서 파산법 제286조의 증여가 있는 것으로 보는 것은 보험료지급이 보험계약자의 생활수준에 비해 현저히 고액인 예외적 경우에 한한다.[262] 그리고 현저히 고액인지 여부의 판단은 장래의 수요(장래에 태어날 태아) 등도 고려되어야 한다.[263] 물론 지급불능상태에서의 지정은 부인의 대상이 될 수 있다.[264]

그러나 보험계약자가 부양의무를 부담하는 가족이 보험수익자라 하더라도 고의부인의 성립가능성은 부정되지 않는다.[265]

(2) 個別的 問題

배우자 또는 직계비속이 철회가능한 수익자로 지정되어 있는 경우에는 다른 자가 지정된 경우와는 차이점이 있다. 먼저 배우자 또는 직계비속이 수익자로 지정되어 있는 경우에는 압류 또는 파산선고로 수익자 지정은 소멸되지 아니하고 보험금청구권의 압류가 배제되기 때문에 보험사고발생 이전이라 하더라도 부인할 수 있다.[266] 이 경우에 무상행위의 부인의 기간제한을 어떻게 계산하느냐가 문제이다. 예컨대 채권자의 압류는 배제되더라도 수익자는 결코 확정적인 권리취득을 하지 못하고, 보험사고가 발생하거나 보험계약법 제81조에 따른 개입에 의하여 비로소 지정이 철회불능으로 된다는 점을 강조하는 입장에서는 이 시점을 기준으로 하여야 한다고 한다.[267] 그러나 보험사고발생 이전은 수익자가 확정적인 권리를 취득하는 것은 아니지만, 지정이 없었더라면 채권자의 압류의 대상이 될 권리가 소멸하게 되며, 이는 곧 채권자를 해하는 재산의 이전과 동일하다고 볼 수 있기 때문에 수익자 지정의 시기를 기준으로 한다는 견해도 있다.[268] 이

---

262) Roelli-Jaeger, a.a.O., S. 232.

263) Ibid.

264) Roelli-Jaeger, a.a.O., S. 233.

265) Ibid.

266) Gisun, a.a.O., S. 39.

267) Roelli-Jaeger, a.a.O., S. 231.

견해에 따르면 지정이 압류 내지 파산선고 전 6월 이내에 행해질 것이 필
요하다.

그러나 배우자 또는 직계비속이 철회불능의 수익자로 지정된 경우에는
다른 자가 지정된 경우와 다를 바 없다. 다만 철회가능이든 철회불능이든
간에 배우자·직계비속은 보험계약법 제86조에 기한 매수권은 행사할 수
있다.[269]

3. 프랑스法上의 調整

보험수익자와 보험계약자의 채권자 간의 이해조정에 대하여 1930년 보
험계약법은 독특한 규정을 두고 있다. 그러나 이 조정은 19세기 말부터 판
례상으로 인정되어 오던 해석을 반영한 것이다. 그리고 1930년 이전에는
보험계약에 관한 법의 규정이 없었기 때문에 판례·학설은 타인을 위한 계
약일반에 관한 해석 즉, 제3자의 권리취득의 직접성과 소급성 등을 통하여
이해관계를 조정해 나갔다. 따라서 프랑스법에서는 계약총론의 일반이론과
생명보험계약 특유의 정책적 이해조정이 미분화된 상태였다고 할 수 있다.

보험사고발생 이후의 이해조정은 우리나라의 채권자취소권 또는 부인권
에 상당하는 규범에 의하여 행해지고 있다. 그 적용에 있어서 프랑스법의
특징은 보험금(청구권)에 관하여서는 보험계약자의 채권자는 어떠한 경우
에도 권리를 수상할 수 없나는 셈이나. 이는 보험수익자가 지정된 시기외
방법과는 상관이 없다. 예컨대 채무자가 파산선고 개시 직전에 지정하였거
나 유언으로 보험수익자를 지정하더라도 마찬가지이다. 그러나 보험료의
지급에 관하여서는 보험계약자의 채권자는 보험수익자에 대하여 반환을 청
구할 수 있다.

---

268) Gaugler, a.a.O., S. 170.
269) Roelli-Jaeger, a.a.O., S. 277.

1) 保險契約者의 債權者의 詐害行爲取消權

타인을 위한 생명보험계약에서 보험수익자는 제3자를 위한 계약의 효과로서 낙약자로부터 직접적으로 권리를 취득하고 보험금청구권이 상속재산에 귀속되지 않는 점은 1884년 破毁院 판결 이후 확립된 것으로 이론이 없다. 여기서는 채권자가 사해행위취소권에 의하여 어떤 청구는 할 수 없는지에 관하여 검토해 보기로 한다.

이 점에 관하여도 19세기 말 이후 타인을 위한 계약에 관하여 형성된 판례이론이 중요한 역할을 수행하고 있다. 이하에서 보험계약법 시행(1930년) 이전의 학설·판례와 보험계약법 시행 이후의 입장으로 나누어 설명한다.

가) 保險契約法 시행 이전의 學說·判例

(1) 처음부터 受益者가 지정되어 있는 경우

무자력의 채무자가 제3자를 위한 보험계약을 체결한 경우라도 제3자의 수익 즉, 보험수익자가 취득하는 보험금에 관하여서는 이를 사해행위를 이유로 반환청구할 수 없다.[270] 이러한 결론은 보험수익자가 보험금을 고유의 권리에 의하여 직접적으로 취득한다는 점에서 도출된다. 보험금청구권은 전혀 보험계약자의 재산에 귀속되는 것은 아니기 때문에, 만약 보험계약자로부터 보험수익자에게로 이전이 있다고 생각한다면 보험수익자가 보험계약자(피보험자)가 사망함으로써 권리를 취득하더라도 채권자는 사해행위를 주장하여 보험금의 반환을 청구할 수 없게 된다. 더욱이 보험계약에서 보험계약자의 일방적 의사에 따라 수익자를 변경할 수 있다든가 또는 보험증권의 배서방법으로 보험계약상의 이익을 양도할 수 있다는 등의 약정이 있다하더라도 보험수익자의 직접적인 권리취득이라는 성격이 조금도 변하는 것은 아니라고 한다.[271]

---

270) Pouget, op. cit., pp.189-193; Barrére, op. cit., p.138; Bizeaud, op. cit., p.132; Dupuich, op. cit., p.550; Cass. civ., 9. 3. 1896, D.P., 1896, 1,391.
271) Cass. civ., 8. 4. 1895, D.P., 1895, 1, 265.

238

(2) 無資力이 된 이후의 受益者指定

요약자가 무자력으로 되었을 때에 보험수익자 지정이 없었으나 무자력이 된 후에 어떤 형태로든 이익이 이전된 경우에는 채권자는 보험금 자체에 관하여서는 전혀 권리를 주장하지 못하는지 여부가 문제된다. 이 경우에는 보험계약자가 어떠한 방법으로 이익을 이전하느냐에 따라 다르다.

먼저 가증서에 의한 보험수익자를 지정한 경우에는 요약자의 채권자는 예컨대 당해 지정이 무자력상태에서 행하여졌다 하더라도 이 지정을 사해행위로서 취소하여 보험금(청구권)을 반환청구할 수 없다. 이것은 보험수익자 지정의 소급효로서 설명되고 있다. 즉 가증서에 의한 지정은 지정이 계약체결일에 존재했던 것으로 본다. 이 점에 관하여서는 학설·판례도 일치하고 있다.[272]

둘째로, 채권양도의 방법(민법 제1690조, 제2075조)으로 보험수익자에게 이익이 이전된 경우에는 단순한 채권양도가 아니고 가증서에 의한 지정과 같은 효력 즉, 제3자는 계약체결일에 소급하여 고유의 권리를 직접적으로 취득한다는 점을 인정하는 견해가 유력하였다.[273]

셋째로, 보험증권에 배서함으로써 이익을 이전한 경우에는 이론이 있었다. 破毁院 판결(1904년)은 배서에 의하여 보험계약상의 이익이 이전된 경우도 가증서에 의한 지정과 동일한 효력을 인정하기도 하고,[274] 1905년 판결에서는 배서의 소급효를 부정하기도 하였다.[275] 이는 서로 모순된 것처럼 보이지만, 사실관계를 자세히 검토해 보면 선사는 원래 보험수익자의 지정이 있고 그 후 제3자에게 보험증권이 배서양도된 사안임에 반하여 후자는 원래 보험수익자의 지정이 없고 보험계약자가 무자력으로 된 후 비로소 배서양도되었다는 점에 차이가 있다. 이 점 때문에 결론에서 차이가 있

---

272) Cass. civ., 16. 1. 1888, D.P., 1888, 1, 17; Pouget, op. cit., p.193; Bizeaud, op. cit., p.137; Dupuich, op. cit., p.470.
273) Pouget, op. cit., p.193; Dupuich, op. cit., pp.497-498, 551.
274) Ch., 4. 5. 1904, D.P., 1905, 1, 165.
275) Req., 15. 5. 1905, D.P., 1905, 1, 465.

었다고 설명할 수도 있다. 물론 이와 같은 설명에 대하여서는 가증서에 의한 수익자 지정의 경우에는 당초부터 수익자 지정이 있었는지 여부는 문제가 아니며 배서의 경우에만 이 점으로 구별하는 것은 이유가 없다는 비판도 있었다.[276] 학설은 가증서의 경우와 같은 결론을 취하는 것이 다수설이었다.[277]

마지막으로 유언에 의하여 보험계약상의 이익이 이전된 경우에 관하여서는 破毀院은 직접적 권리의 취득이라는 견해는 타당하지 않고 보험금은 상속재산에 귀속되는 것으로 보았다.[278]

(3) 保險料의 支給

전술한 바와 같이 보험계약자의 채권자가 보험금(청구권)에 관하여 권리를 주장할 수 있는 경우는 제한된다. 그리고 이 경우에 보험계약자에 의한 보험료의 지급이 사해행위로 취소될 수 있는지 여부가 문제이다. 보험료의 지급은 한편으로 보험자에 대한 의무의 이행에 불과하지만 다른 한편으로는 보험수익자에 대한 무상출연행위이며 보험계약자의 채권자와의 관계에서는 사해행위로 볼 수 있다. 따라서 보험수익자가 무상으로 지정된 경우에 채권자는 수익자의 선의 또는 악의를 불문하고 보험수익자에 대하여 보험료의 반환을 청구할 수 있다.[279] 破毀院도 일반론으로서는 '경우에 따라서는(suivant les circonstances)' 보험료의 지급도 사해행위가 될 수 있는 여지를 인정하였다.[280] 하급심판례에서는 보험료의 지급은 즉시 사해행위가 되는 것이 아니고 자유로이 처분가능한 보험계약자의 수입에서 지출되는 것이므로 특히 다액이 아닌 한 채권자의 담보가 되는 일반담보를 부

276) Barrére, op. cit., p.51 ff.
277) Pouget, op. cit., p.193 ; Dupuich, op. cit., p.551 ; Cass. civ., 4. 5. 1904, D.P., 1905, 1, 165.
278) Cass. civ., 22. 2. 1902, D.P., 1903, 1, 433.
279) Bizeaud, op. cit., p.138 ; Dupuich, op. cit., p.551.
280) Cass. civ., 22. 2. 1888, D.P., 1888, 1, 193 ; Cass. civ., 7. 9. 1888, D.P., 1989, 1, 118.

당히 감소시킨다고는 말할 수 없다고 한 판례도 있다.[281]

학설도 기본적으로는 판례를 지지하고 있지만, 보험료지급는 항상 사해행위로 되는지, 아니면 어떠한 경우가 사해행위로 취급되는지가 논란이 되고있다. 이에 관하여 학설은 보험료의 지급재원이 무엇이냐를 중시하고 있다. 보험료는 보험계약자의 수입에서 지급되는 것이 보통이고, 채무자는 기본적으로는 이 수입을 자유로이 처분할 수 있기 때문에 이러한 수입은 채권자의일반담보를 구성한다고는 할 수 없다.[282] 사해행위의 일반요건으로서 채무자의 행위가 채무자의 무자력을 야기시키든가 아니면 증대시켜 채권자의일반담보를 감소시킴으로써 손해를 가할 것이 요구되지만 채무자의 수입은채권자의 담보로서 기대할 수 있는 재산은 아니라는 것이 전제되고 있는 것이다. 따라서 보험료가 보험계약자의 수입에서 지급되는 한은 원칙적으로사해행위를 구성하지 아니한다.[283] 물론 이와 같은 원칙도 무제한적으로 적용되는 것이 아니라 너무 과다한 보험료지급한 사실이 인정되면 이는 비록수입으로 지급되었다 할지라도 사해행위를 구성하는 것이다.[284]

(4) 保險者에 대한 請求

보험자에 대한 관계에서는 보험계약자의 채권자는 원칙적으로 사해행위의 주장은 할 수 없다. 보험자와의 관계에서는 보험계약은 유상의 쌍무계약이며 유상행위에 관하여 사해행위가 성립하기 위하여서는 상대방의 공모(Complicité)가 요구되지만[285] 보험자가 이러한 요건을 충족시키리라고는거의 생각할 수 없기 때문이다.[286]

---

281) Paris, 10. 5. 1896, D.P., 1896, 2, 465.
282) Barrére, op. cit., p.137.
283) Habay, op. cit., p.30; Dupuich, op. cit., p.550.
284) Bizeaud, op. cit., p.139.
285) 프랑스에서는 무상행위인 경우에는 상대방의 주관과 관계없이 사해행위를 구성할 수 있지만, 유상행위에는 상대방과의 공모를 요건으로 하고 있다.
286) Cass. civ., 8. 4. 1895, D.p.1895, 1. 265.

나) 保險契約法(1930년법)上의 規定과 그 解釋

1930년법은 명문으로 사해행위에 관하여 규정하고 있다. 보험금은 어떠한 경우에도 보험계약자의 채권자가 청구할 수 없다고 하고 명백히 과다한 보험료가 지급된 경우(채무자에 의한 채권을 해하는 행위)에는 채권자는 사해행위를 이유로(민법 제1167조) 보험료반환을 청구할 수 있다고 규정하였다. 이 규정은 종래의 판례·학설의 논의를 기본적으로 승계한 것이다 (보험계약법 제69조 현 L 132-14조).

먼저 보험계약법 제69조(현 L 132-14조)는 보험료의 반환의 상대방을 특히 규정하지 않지만, 보험수익자라는 것을 당연히 전제하고 있으며, 보험자에 대한 반환청구를 의미하는 것은 아니다.[287]

다음으로 명백히 과다한 보험료의 의미가 문제된다. 이에 관하여서는 보험료의 지급이 자본에서 지급되는지, 수입에서 지급되는지 여부가 문제이고, 수입에서 지급되면 어느 정도 보험료지급에 충당되어도 무방하다는 견해[288]와 보험계약자의 사회적 지위, 수입 등을 종합적으로 판단하여 통상의 범위라고 할 수 있는지 여부를 판단하면 된다는 견해[289]가 대립해 있다. 그리고 사해행위인지 여부는 각 보험료지급 마다 판단하여야 한다.[290]

명백히 과다한 지급이라고 인정된 경우에 반환의 범위도 문제된다. 이 경우에는 과다하다고 판단되는 보험료 전체를 반환하여야 하는가, 과다한 보험료 중 과다한 부분만 반환하여야 하는가라는 점이 문제이다. 보험료 중 어떤 부분이 과다한 부분이냐는 법관에 판단에 따를 것이기 때문에 전자로 해석하여야 한다는 설[291]도 있지만, 보험료가 과다하다는 판단과 보험료 중 어느 부분이 과다한가에 대한 판단의 어려움의 차이는 상대적인

---

287) Picard-Besson, op. cit., pp.563-567.
288) Perreau, La réduction, le rapport et la récompense des primes ou du capital dans l'assurance-vie, R.G.A.T. 1931, pp.730-731.
289) Picard-Besson, op. cit., pp.539-542.
290) Picard-Besson, op. cit., p.567.
291) Picard-Besson, op. cit., p.567.

것에 불과하기 때문에 후자로 해석하여야 한다는 설[292]도 있다.

그리고 보험계약자가 무자력이 된 이후에 보험수익자를 지정한다거나 새로이 제3자를 위하여 보험계약을 체결하였다 하더라도 채권자가 보험수익자의 지정을 사해행위를 이유로 취소하고 보험금을 반환청구할 수는 없다. 이 점은 1930년법 제정 이전부터 확립된 것이다.

동법은 채권양도, 보험증권의 배서, 유언의 방법에 의하여 보험수익자를 지정하는 것을 인정하고 이 경우에도 보험계약체결 당시 지정이 있는 경우와 동일하게 본다고 규정하고 있다(제63조 5항 및 제67조, 현 L 132-8조 6항, 132-12조). 따라서 예컨대 무자력이 된 후에 보험증권을 배서양도한다거나 유언으로 보험수익자를 지정한다고 하더라도 이미 보험금(청구권)자체가 보험계약자의 채권자의 담보가 되지 않는다는 점은 의문의 여지가 없다.[293]

2) 破産宣告 直前의 保險契約者의 行爲에 대한 規制

채무자가 파산선고 직전 일정기간 내에 한 행위에 관하여서는 민법이 규정하는 사해행위의 특칙으로서 부인권에 상당하는 파산법상의 규정이 있다. 여기서 보험계약자(=파산자)가 이 시기에 한 행위에 관하여 이들 규정이 어떻게 적용되는지가 문제된다.

가) 破産宣告 직전의 受益者의 指定과 保險契約의 체결

민지 파산선고 직전에 제3자를 위한 생명보험계약을 체결하는 행위는 무상행위이고, 당연무효(구 상법 제446조)이기 때문에 보험금은 파산재단에 귀속될 수 없다. 그러나 이미 수익자가 지정되어 있지 아니한 생명보험계약에서 파산선고 직전에 보험수익자를 지정한 경우에 그 보험수익자 지정은 유상이든 무상이든 간에, 또 지정된 보험수익자가 누구이든 간에 유효하다고 보는 것이 통설이다.[294] 왜냐하면 보험수익자 지정이 소급효를

---

292) Cass. civ., 24. 2. 1902, D.P., 1903, 1, 433.

293) Picard-Besson, op. cit., p.559.

294) Bizeaud, op. cit., p.162; Barrére, op. cit., p.152; Dupuich, op. cit., p.475;

가지는 결과로 보험계약은 처음부터 타인을 위한 보험계약인 것이 되고 보험금은 한번도 보험계약자의 재산에 귀속된 적이 없었기 때문이다.[295]

1930년법은 이 점에 대하여 명문으로 해결하고 있는 것은 아니지만, 동법하에서는 마찬가지로 해석되고 있다.[296] 또한 동법하에서는 가증서에 의한 지정, 배서, 지명채권의 양도, 유언 중 어느 방법에 의하여도 보험수익자를 지정할 수 있었기 때문에 예컨대 파산선고 직전에 보험증권을 배서양도하였다고 하더라도 이것이 수익자 지정의 일종인 이상 무효는 되지 않는 것이 명백하였다.[297]

이상의 점은 이 후의 파산법 개정에도 불구하고 현재도 그대로 타당하다고 생각된다.

나) 破産宣告 직전에 保險料의 支給

파산선고 직전에 새로이 보험수익자를 지정하는 것을 무효라고 한다면, 이러한 위기시기 이후[298]의 보험료의 지급만이 문제될 수 있다. 왜냐하면 보험수익자의 지정이 무상으로 행하여진 보험계약에서는 보험료를 지급하는 것은 수익자에 대한 무상처분으로 보기 때문이다. 이에 관하여 파산선고 직전에 지급된 보험료에 관하여서는 당연히 전액에 대하여 반환청구할 수 있다는 견해[299]와 반드시 전액이 반환의 대상이 되는 것은 아니고 보험료가 어떠한 재원에서 지급되고 있는지를 문제시하는 견해[300]가 대립해 있다.

Picard-Besson, op. cit., p.555

295) 물론 가증서에 의한 지정의 경우는 문제가 없지만, 보험증권의 배서, 채권 양도, 유언 등의 기타 방법에 의한 경우에도 마찬가지인지에 관하여 논란이 있었다(자세한 내용은 Barrére, op. cit., p.155ff. 참조).

296) Picard-Besson, op. cit., pp.560-561.

297) Picard-Besson, op. cit., p.561.

298) 무상으로 보험수익자가 지정된 경우에는 지급정지 10일전 이후를 말한다.

299) Bizeaud, op. cit., p.162; Paris, 10. 3. 1896, D.P., 1896, 2, 465.

300) Habay, op. cit., p.30; Barrére, op. cit., p.155.

1930년법에는 '명백히 과다한' 보험료의 지급에 관하여만(구) 상법 제446조, 제447조를 적용한다는 규정이 있었다(보험계약법 제69조[301]). 따라서 종래의 논의는 '명백히 과다한'이라는 문언의 해석이라는 형태로 논의되었다. 이 해석으로서는 파산관재인은 지급정지 이후에 지급된 보험료는 항상 전액을 반환청구할 수 있다는 설이 유력하다.[302] 이에 따르면 지급정지에 의하여 채무자가 지급능력이 없게 된 이상 이와 같은 시기에 지급된 보험료는 항상 '명백히 과다'하다고 간주된다고 한다.

또한 파산관재인은 보험수익자가 보험금을 수취한 후에야 비로소 지급 보험료의 전액 또는 일부를 보험수익자에 대하여 반환청구할 수 있으며, 반환청구는 수취한 보험금범위 내에서만 가능하다.[303]

3) 保險受益者가 保險契約者의 配偶者인 경우의 特則

부부간에 재산을 은닉하여 채권자를 해하는 것을 방지하기 위하여 프랑스법은 파산자의 배우자의 지위에 관하여 특칙을 두고 있다. 예컨대(구)상법 제559조는 처가 취득한 재산은 夫에 귀속되고 당연히 夫의 파산재단에 복귀되는 것으로 추정하고 있고, 제564조에서는 부부재산계약에 의해 취득한 이익[304]에 관하여 파산자의 배우자는 비록 수익자로 지정되어 있어도 권리를 행사할 수 없다고 한다. 여기서 혼인 중에 배우자의 이익을 위하여 보험계약이 체결된 경우는 이들 규정에 저촉되는 것은 아닌가 하는 점이 문제시되었다.

당초 판례는 이 규정을 이유로 夫가 파산한 경우에 처가 보험계약상의

---

301) 그러나 동일한 규정인 현 L 132-4조에서는 이러한 표현은 없다.

302) Simonnet, l'Assurance sur la vie au profit de tiers, thése Nancy, Paris o.J. 1932, p.148; Picard-Besson, op. cit., p.568.

303) Rouen, 6. 4. 1895, D.P., 1895, 2, 545; Trib. civ. Niort, 2. 12. 1895, Rec. pér ass. 1906, 483.

304) 비록 조문자체는 '혼인계약으로 인한 이익'에 관하여 규정하고 있을 뿐이지만, 혼인 중에 배우자의 이익을 위하여 계약을 체결한 일반에도 미친다고 해석되었다.

이익을 향유할 수 없다고 보았다.305) 그러나 후에 破毁院은 보험금에 관하여서는 이 규정의 적용을 부정하고, '경우에 따라서는' 지급보험료에 대하여 적용을 인정하여 보험료의 반환을 인정할 수 있다는 입장을 취했다.306) 그리고 반환하여야 할 보험료의 범위에 관하여 하급심 판례는 파산관재인은 항상 지급된 보험료 전액의 반환을 인정할 수 있다는 입장307)과 지급된 보험료의 액이나 그 재원을 문제시하는 입장308)으로 나뉘어져 있었다. 그러나 학설과 판례는 모두 보험금에 관하여서는 양 조항의 적용을 원칙적으로 배제하고, 일정한 경우에 보험료의 반환을 인정하는 입장으로 대체로 일치하였다.309)

1930년법 제72조에서는 상법 제559조, 제564조의 적용을 배제한다는 명문의 규정을 두었다. 그러나 이 규정의 해석에 관하여서는 학설이 나뉜다. 제1설에 의하면 이 규정은 보험금에 관하여서는 제559조, 제564조의 규정은 적용되지 않는다는 종래의 학설·판례를 명확히 한 것에 불과하다. 1925년 초안이유서에서는 제72조 규정은 보험금에 관하여 제559조, 제564조를 배제한다는 취지로 규정된 것으로 보고 있다. 이 입장에서는 보험료지급에 관하여서는 이들 규정의 적용을 긍정하게 된다.310) 이에 대하여 제2설은 보험료지급에 관하여 이들 규정의 적용을 부정하고 있다.311) 이 설에서는 제72조는 제559조의 규정을 배제하고 있으며 그 문언으로부터는 양 규정을 일반적으로 배제한다고 볼 수 있는 점, 그리고 보험금에 관하여 제559조, 제564조가 적용되지 않는 점은 제65조에서 명확하고, 이에 부가하여

---

305) Req., 2. 3. 1881, D.P., 1881, 1, 401.
306) Cass. civ., 22. 2. 1888, D.P., 1888, 1, 201 ; Cass. civ., 27. 3. 1888, D.P., 1888, 1, 198 ; Cass. civ., 7. 10. 1888, D.P., 1889, 1, 118.
307) Alger, 17. 10. 1892, S. 1983, 2, 137.
308) Paris, 10. 3. 1896, D.P., 1896, 2, 465.
309) Barrére, op. cit., p.139 ; Bizeaud, op. cit., p.152 ; Dupuich, op. cit., p.558.
310) Simonnet, op. cit., p 178 ; Margat et Favre-Rochex, Précis de la loi sur le contrat d'assurance, 1971, p.417.
311) Picard-Besson, op. cit., p.571.

제72조가 규정되어 있는 것은 보험료지급에 관하여도 일반적으로 이러한 규정을 적용하지 않는다는 취지이라는 점을 그 근거로 하고 있다. 물론 이러한 입장도 보험료의 지급이 명백히 과다한 경우에는 민법상 사해행위취소권 등에 기하여 반환청구를 할 수 있는 것이다.

(구)상법 제559조는 그 후 1967년 개정법부터 실질적으로 변경되었다. 처가 혼인 중에 취득한 재산은 夫의 재산으로 지급된 것이기 때문에 夫의 재산에 귀속된다는 추정은 배제되고 파산관재인이 이를 입증하여야 한다고 규정되었다(제55조). 1985년 개정법에서도 이를 계수하고 있다(제112조). 그러나 현행 보험계약법 L.132-17조(1930년법 제72조)는 제559조, 제564조의 적용을 전면적으로 배제하고 있다는 점에서는 아무런 영향이 없다. 보험료의 지급에 관하여서는 적용된다는 입장에 따르면 보험료가 夫의 재산으로 지급된 것을 파산관재인이 증명할 필요가 있게 된다.

Ⅳ. 利害調整을 위한 現行法의 解釋論과 立法論

1. 各國法의 比較 및 檢討

1) 利害調整上의 一般的 特性

독일에서는 이해조정은 보험사고발생 이전에는 강제집행일반이론과 개입권제도를 통하여 이루어지고, 보험사고발생 이후에는 지정의 철회가능여부를 불문하고 오로지 부인법, 파산법상의 부인권을 통하여 이루어지고 있다. 따라서 독일에서는 보장적 기능에 입각한 정책적 조정의 거의 이루어지고 있지 않는다는 점이 특성이다.

프랑스에서는 보험수익자와 보험계약자의 채권자 간에 이해조정에 관하여 보험계약법에서 독특한 규제를 두고 있다. 그러나 이 조정은 19세기 말부터 판례상으로 인정되어 오던 해석을 반영한 것이다. 그리고 1930년 이전에는 보험계약에 관한 법의 규정이 없었기 때문에 판례·학설은 타인을 위한 계약일반에 관한 해석 즉, 제3자의 권리취득의 직접성과 소급성 등을 통하여 이해관계를 조정해 나갔다. 따라서 프랑스법에서는 계약총론의 일반이론과 생명보험계약 특유의 정책적 이해조정이 미분화된 상태였다고 할 수 있다.

그러나 스위스에서는 20세기 초 비교적 이른 시기에 입법적으로 정책적 조정이 이루어졌다. 실체적인 규정만이 아니라 상세한 절차규정을 두고 있는 것은 다른 나라에서 찾아볼 수 없는 특징이다. 프랑스에서와 같이 계약법적 일반이론과 보험계약의 성질론에 따라 조정되지 않았기 때문에 스위스에서는 정책적 조정과 일반이론의 미분화라는 현상이 비교적 적다. 즉 한편으로 채권자의 집행을 합리화하고 또 생명보험계약의 저축적 기능도 배려하여 조정하면서 다른 한편으로는 보험수익자로 지정된 자의 인적 범위에 따라 다양하게 수정하고 있다.

생명보험계약이 경제적으로는 보장적 기능과 저축적 기능을 가지고 있고, 이해조정과정에서도 이러한 양 기능에 고려되어야 한다는 점에서 볼 때 입법적으로는 스위스법이 진일보된 입법이라고 할 수 있을 것이다.

2) 保險事故發生 以前의 調整

가) 比 較

(1) 독일에서는 지정이 철회불능의 경우에는 보험계약자에 대하여 배당금을 현금으로 지급할 것을 약정한 경우에 이익배당청구권에 대하여서는 다툼이 있지만, 이외의 권리에 대하여서는 보험계약자의 채권자는 권리를 주장할 수 없다.

그리고 지정이 철회가능한 경우에는 보험계약자의 채권자는 원칙적으로 보험계약상의 권리에 관하여 강제 집행할 수 있다. 다만 보험수익자로 지정된 자 또는 지정이 없는 경우에는 보험계약자의 배우자·직계비속이 해지환급금을 채권자에게 지급하고 보험계약에 개입할 수 있다.

보험계약자가 파산한 경우에도 개별집행과 마찬가지로 철회불능의 지정이 있는 경우에는 파산재단에는 귀속되지 않고, 철회가능의 지정이 있는 경우에는 해지환급금은 파산재단에 귀속하고 파산관재인은 해지권·보험수익자 지정철회권을 행사할 수 있다. 다만 보험수익자로 지정되어 있는 자, 또는 지정이 없는 경우에는 보험계약자의 배우자·직계비속이 해지환급금을 채권자에게 지급하고 보험계약에 개입할 수 있다.

프랑스에서는 보험수익자가 지정에 대하여 승낙을 하였는지 여부와 관계없이 개별채권자는 집행할 수 없다. 해지권 등이 일신전속권이라는 점에 근거를 두고 있다. 다만 보험계약자에 대하여 현금으로 이익배당을 하기로 약정된 경우에 이익배당청구권은 압류가 인정된다. 파산의 경우에도 개별집행의 경우와 마찬가지로 보험계약상의 권리는 파산재단에 귀속되지 않는다.

스위스에서는 보험수익자의 지정이 철회불능인 경우에는 보험금청구권뿐만 아니라 해지환급금청구권도 이미 보험수익자에게 귀속되기 때문에 채권자에 의한 집행은 할 수 없게 된다. 다만 이익배당청구권에 관하여서는 경우에 따라서 집행가능성이 남아 있다.

그리고 지정이 철회가능한 경우에는 보험수익자로 지정된 자에 따라 취급에 차이가 있다. 먼저 지정된 자가 보험계약자의 배우자·직계비속인 경우에는 집행할 수 없다. 또한 보험계약자의 재산에 관하여 강제집행절차 또는 파산절차가 개시된 경우에는 배우자·직계비속은 보험계약에 개입하여 스스로 보험계약자가 될 수 있다.

이에 대하여 위 이외의 다른 자가 지정된 경우에는 압류로 즉시 지정이 소멸되어 집행할 수 있다. 다만 이 경우에도 보험계약자의 배우자·직계비속이 해지환급금액으로 보험계약을 매수할 것을 주장하는 경우에는 채권자는 해지환급금과 상환으로 집행할 수 없게 된다.

파산의 경우에도 개별집행의 경우와 마찬가지이다. 즉, 철회불능의 지정이 있는 경우 및 배우자·직계비속이 보험수익자로 지정되어 있는 경우는 보험계약상의 권리는 파산재단에 귀속되지 않고, 그 이외의 경우에는 파산선고와 동시에 지정은 소멸되지만, 배우자·직계비속의 매수권은 인정된다.

(2) 이상에서 볼 때에 어느 나라에서도 보험수익자의 지정은 철회불능의 경우에는 보험계약자는 보험계약상의 이익을 향수할 수 없게 되는 반면에 보험계약자의 채권자의 집행에서는 면제된다는 점은 공통이다.

그러나 지정이 철회가능한 경우에는 각국의 입장이 다르다. 이 경우에는 보험계약자가 보험계약상의 이익을 향수하고 있는 경우에도 이익배당청구권 이외의 권리(특히 해지환급금청구권)가 채권자의 담보가 되는지 여부에 관한 것이었다. 이 점에 관하여 각국에서 보험사고발생 이전의 생명보험계약에 관한 이해조정책은 몇 가지 형태로 나눌 수 있다.

먼저 독일에서는 1939년 이전에는 아무런 정책적 조정 없이 보험계약자의 채권자의 권리를 전면적으로 인정하였고, 1939년 이후에는 채권자에게 생명보험계약의 현재적 가치를 보장하면서 보험수익자가 이를 전액 제공할 수 있었던 경우에는 생명보험계약의 해지를 인정하지 않고 있다. 그리고 스위스법에서는 일정한 인적범위에 있는 자가 보험수익자로 되어 있는 경우에 한하여 이익배당을 제외한 생명보험계약상의 제 권리에 대한 집행을 금지하고, 프랑스법에서는 이익배당청구권을 제외한 생명보험계약상의 제 권리에 대한 집행은 대개 일체 금지하고 있다.

나) 檢 討

이상에서 살펴본 바와 같이 보험사고발생 이전에 보험계약자가 보험계약상의 이익을 향수하고 있는 경우에 채권자와 보험수익자 간의 이해조정에 관하여서는 제외국의 법제도는 다양하다. 이러한 이해조정책은 크게 채권자에 대하여 어떠한 보상도 하지 아니하고 집행을 면제하는 이해조정방법과 채권자에 대하여 보험계약의 현재가치를 보상하는 것을 조건으로 보호하는 이해조정방법으로 나눌 수 있다. 전자를 무상주의라 하고, 후자를 유상주의라고 한다면, 독일은 유상주의를 취하고, 스위스와 프랑스는 무상주의를 취하고 있다. 그러나 프랑스는 무제한적 무상주의를, 스위스는 제한적 무상주의를 취하고 있다고 할 수 있다.

(1) 有償主義

유상주의는 정책목표로서 채권자가 불이익을 받아서는 안 된다는 것을 전제로 하여 유족보장적 기능에 대한 배려는 약하다. 즉, 채권자가 기타 방법에 의하여 해지환급금을 취득할 수 있다면 해지라는 보험수익자로서는 손실이 큰 집행방법을 선택하지 못하도록 하는 한, 유족보장적 기능을 보장하고 있기 때문에 정책적 조정이라기보다는 오히려 생명보험계약의 환가방법에 관한 특칙이라고 할 성격을 가지고 있다.

이러한 유상주의에 입각한 제도로는 독일의 개입권 제도가 있다. 그러나 개입권제도에 의한 방법이 정책적 목표달성을 위하여 실제로 유효하게 기능하는가는 다른 문제이다. 독일에서는 개입권제도는 보험수익자가 현실적으로 해지환급금을 조달할 수 없다는 점에서 충분한 기능을 다하지 못하고 있다. 보험수익자에게 개입권 또는 이와 유사한 권리를 부여한다 하더라도 이것만으로는 기능을 다하는 것은 아니라는 점은 명확하다. 원래 부양을 요하는 채무자 또는 파산자의 가족이 이와 같은 자금을 조달할 수 있는 경우는 드물고 역으로 이와 같은 자력을 가지고 있을 정도하면 보호를 요하지 않는다고 볼 수 있다. 따라서 채권자에 대한 보상의 재원으로서 보험료적립금을 이용하는 방법을 열어 둘 필요가 있다. 예컨대 채권자(파산관재인)에게 보험증권대부권의 행사만을 인정하는 방법이 있다. 이에 따르면 보험계약 자체는 존속하게 되고 보험수익자는 독자적으로 자금을 조달할 필요도 없게 된다.

(2) 無償主義

여기서 무상주의라는 것은 채권자에 대하여 어떠한 보상도 하지 아니하고 보호하는 입장을 말하나, 무상주의라고 하여도 보험사고발생 이전에 집행이 불가능한 것이기 때문에 보험사고발생 이후에 어떠한 조정이 이루어질 가능성을 부정하고 있는 것은 아니다(無制限 無償主義). 이에 대하여 스위스법은 무상주의를 기반으로 하면서 일정한 제한을 가하고 있다(制限的 無償主義). 즉 스위스법은 무상주의가 타당한 범위를 보험수익자로 지정된 자의 인적범위에 따라 구분하여 무상주의를 도입하고 있다. 다만 스위스에서는 무상주의가 타당하지 아니한 경우에 유상주의의 방법인 매수권제도를 인정하여 보충적으로 보호하고 있다.

그리고 무상주의를 도입하는 방법으로서는 보험계약상의 해지권 등의 일신전속성이라는 개념이 사용되는 경우(프랑스)와 특별입법에 의한 경우(스위스)가 있다.

이와 같은 제도화 방식의 차이는 역사적 사정에 따른 것이라고 할 수 있을 것이다. 즉, 프랑스에서는 무상주의에 기한 이해조정은 해지권 등을 일신전속권이라고 해석하는 판례이론에 따라 확립되었다. 이는 특히 입법이 존재하지 아니하는 단계에서 생명보험계약의 보장적 기능을 보호하기 위하여 법원이 취할 수 있었던 방법 중의 하나였지만, 이 방법에 의하는 한 보험계약의 종류를 불문하고 그 해결이 동일하다. 즉, 무제한 무상주의로 된다는 결론은 피할 수 없었다. 그리고 이 해결은 그 후의 입법에서도 그대로 계수된 것이다. 이렇게 본다면 무조건 무상주의라는 정책목표의 선택이 제도화방법에 의해 역으로 규정되어 버린 것이 된다.

3) 保險事故 發生 以後의 調整

가) 比 較

보험사고발생 이전에 보험계약상의 이익이 보험계약자에게 귀속되었는지 여부와 관계없이 보험금청구권은 상속재산에는 귀속되지 아니하고, 보험계약자의 채권자에 의한 직접적인 집행의 대상이 되지 않고, 파산의 경우에 파산재단에는 귀속되지 않는 점은 각국에서 일치하고 있다. 물론 보험수익자의 지정이 철회불능이고 보험계약상의 이익이 보험계약자의 생전에 이미 보험수익자에게 이전되어 버린 경우에는 문제가 적다. 그러나 보험사고발생 이전에 보험계약자가 보험계약상의 이익을 향수한 경우에는 문제가 있다. 각국에서는 수증자와 상속채권자와의 이해조정은 후자에 우선을 두고 있기 때문에(nemo liberalis nisi liberatus), 이와의 긴장관계가 문

제될 수 있다. 그러나 이 경우도 각국에서는 보험금청구권(또는 그 일부)
을 상속재산에 귀속시키는 방법으로 채권자와의 사이에 이해관계를 조정하
지 아니하고, 사해행위의 취소 또는 부인이라는 방법으로 이해를 조정하고
있다.

사해행위의 취소 또는 부인에 의한 이해조정방법에서 상대방은 원칙적
으로 보험수익자라는 점에는 각국이 일치하고 있다.

독일에서는 수익자 지정을 부인할 수 있는 것은 무자력이 된 후에 그때
까지 지정이 없었던 보험계약에 관하여 새로이 보험수익자를 지정한 경우
에 한하고, 무자력으로 된 후의 보험료지급은 전부 무상부인의 대상으로
되어 전액반환된다.

프랑스에서는 명백히 과대한 보험료의 지급만이 사해행위의 취소 또는
부인의 대상이 되고, 보험수익자 지정 자체는 그 지정시기, 보험수익자와의
인적관계가 어떠한가를 불문하고 대상이 되지 아니한다.

스위스에서는 무자력이 된 후에 보험수익자의 지정에 대하여서는 무상
부인의 규정이 적용된다. 무자력이 된 후에 타인을 위한 보험계약의 체결
에 관하여서는 지정부분만을 부인할 수 있다. 이외의 경우에 관하여서는
무자력이 된 후 보험료의 지급이 부인의 대상이 된다. 다만, 보험수익자가
보험계약자의 피부양자인 경우에는 무상부인의 적용이 배제되는 결과, 부
인권에 의한 채권자의 보호는 크게 제약된다.

이상에서와 같이 보험사고발생 이후에는 사해행위의 취소 또는 부인의
방법으로 이해가 조정되는데, 이러한 조정에서 몇 가지 공통점을 찾아 볼
수 있다. 첫째, 이 경우에 보험계약자에 의한 보험료지급이 문제되고, 보험
사고발생 이전에는 보험계약자의 자유로운 처분권에도 불구하고 사해행위
취소권 또는 부인권의 성립여부를 개별 보험료 지급시점에서 판단하고 있
다. 둘째, 가족 등 보험계약자와 일정한 인적관계에 있는 자가 보험수익자
인 경우에 적정액의 보험료지급은 보험수익자로부터 대가가 없는 경우라도
사해행위 또는 부인의 성립여부를 판단함에 있어 무상행위로 취급하지 않
는다.

나) 檢 討

보험사고발생 이전에는 유상주의에서 무상주의에 이르기까지 다양한 입장이 있었던 것과는 대조적으로 보험사고발생 이후의 이해조정은 각국 간에 세부적인 상위점을 제외하고는 대개 일치하는 점을 알 수 있다.

먼저, 각국에서는 최종적으로는 사해행위의 취소 또는 부인의 규정을 통하여 이해조정을 하고 부분적일지라도 보험금을 상속재산에 귀속시킴으로써 상속법상의 규제로 이해조정을 하려는 시도는 없다는 점에 주의할 필요가 있다.

일반적으로 상속재산의 청산에서 상속채권자와 유족 간의 이해대립은 상속법으로는 상속채권자를 전면적으로 우선시키는 형태로 해결하고 있기 때문에, 유족보장적 기능이 문제되는 경우에는 상속법규에 의한 해결은 바람직하지 못하다. 그렇지 않으면 부분적으로 상속법의 규제에 편승시키려는 해결도 있을 수 있겠지만, 어떠한 범위로 규제할 것인지도 어려운 문제이고 그 외에 보험계약의 종류, 보험수익자의 인적범위, 당해 보험계약의 목적 등을 적절히 규제에 포함시키는 점도 어려운 문제이다. 따라서 채권자보호의 일반규범인 사해행위의 취소권 또는 부인권의 행사를 통하여 사후적으로, 개별적으로 규제하는 것이 오히려 타당한 조정일 것이라고 생각한다.312)

다음으로 사해행위의 취소 또는 부인권의 행사를 통한 조정에는 다음과 같은 두 가지 특징이 있다.

먼저 지정이 철회가능하여 보험사고 발생시점까지는 보험계약상의 권리가 보험계약자에게 귀속되는 경우에도 실질적인 이익의 이전이 발생하는 것은 보험사고발생시점이지만, 사해행위의 취소 또는 부인의 성립은 개별 보험료지급시점에서 판단한다는 점이다.313)

---

312) 물론 이 경우에 예견가능성이 없는 결점도 있지만 보험사고발생 이후의 조정에 대한 견해로서는 결정적인 결점은 아니라고 본다.

313) 다만 스위스법에서 배우자·자녀 이외의 자를 수익자로 한 경우에는 사망시점이 판단시기로 되어 있는 점과 독일에서도 이러한 해석이 유력설인

보험수익자로 지정된 자가 보험계약자의 부양가족인 경우에 프랑스, 스위스에서는 보험수익자 지정이나 보험료의 지급은 무상처분으로서는 취급하지는 않는다. 다시 말하면 보험계약자(채무자)의 사회적, 경제적 지위를 고려하여 과다하다고는 할 수 없는 보험료의 지급에 관하여서는 채권자로서는 어떠한 권리를 주장할 수 없다. 독일의 통설과 판례는 이 점에 있어서 다른 나라와 다르지만, 입법론으로서는 부양가족이 보험수익자인 경우에 무상부인의 적용을 제한하는 점은 일치하고 있다.

보험수익자의 지정자체에 대한 취소 또는 부인에 관하여서는 프랑스에서는 일체 부정되고, 독일에서는 원시적 지정의 경우에 부정된다. 물론 보험수익자의 지정이 사해행위의 취소 또는 부인의 대상이 될 수 있다하여도 실제적으로는 파산선고 직전에 이르러 보험계약을 체결한다거나 새로이 보험수익자를 지정하는 사례는 많지 않다. 또 가족을 보험수익자로 하는 지정 또는 그와 같은 지정을 포함한 생명보험계약의 체결이 바로 무상행위로 취급되지 않는 나라에서는 그 성립은 더욱 제한된다. 따라서 이론적으로는 보험수익자의 지정 자체의 부인을 인정하더라도 그 적용되는 경우는 아주 한정된다고 할 것이다.

4) 利害調整方法에 대한 評價

이상에서 제외국에서의 이해조정방법에 관하여 그 정책목표와 달성방법에 관하여 고찰하였다. 그 설과 보험사고발생 이전에는 정책목표 자체가 상당히 다르지만, 보험사고발생 이후에는 정책목표, 이를 달성하기 위한 방법은 대체로 공통적이었다. 여기서는 이와 같은 이해조정방법이 어떠한 의미를 가지는지에 관하여 보다 거시적인 관점에서 평가해 보고자 한다.

철회가능한 지정이 있는 경우에 보험사고발생 이후의 이해조정은 다음과 같이 볼 수도 있다. 즉, 적립부분이 큰 생명보험계약에서는 지급된 보험료의 일부는 보험자의 자본으로, 일부는 보험계약자가 자유로이 처분할 수

점은 전술한 바와 같다

있는 재산으로 축적되어 감에도 불구하고 보험사고발생 이후의 이해조정에
서는 이와 같이 축적된 재산은 개별 보험료가 지급된 시점에서 이미 보험
계약자의 책임재산에서 분리되는 것으로 본다는 점이다. 소위 보험료가 지
급할 때마다 보험수익자를 수익자로 하고 보험자를 수탁자로 하여 유족보
장을 신탁목적으로 하는 신탁재산을 형성한 것처럼 취급받는다고 생각하기
쉽다. 그럼에도 불구하고 재산기부(갹출)자체가 단지 무상행위로 취급되지
않는다는 의미에서 이중적인 우대가 주어지게 된다.

이와 같이 자유로운 처분권이 유보됨에도 불구하고 책임재산에서 분리
하는 방법으로 유족보장을 위해 재산형성을 하도록 유도하는 점은 생명보
험계약 특유의 성격에서 유래한다고 설명할 수 있다. 즉, 생명보험계약이
그 성질상 장기이고 그 사이에 보험수익자와의 인적관계가 변동된다거나
급격한 경제적 수요가 발생하는 등의 사정변경의 가능성을 고려한다면 처
분권의 포기는 아마 이와 같은 재산형성에의 유인을 상당이 약화시키게 될
것이다.

이와 같은 취급은 보험사고발생 이후에는 각국에서 공통적임에 반하여,
보험사고발생 이전까지 책임재산으로부터 분리가 철저한가에 관하여서는
일치하고 있지 않다. 왜냐하면 무상주의를 취하는 나라에서는 긍정되고, 유
상주의를 취하는 나라에서는 부정되고 있기 때문이다.

이와 같이 보험사고발생 이후의 이해조정은 거의 일치하는 것은 보험사
고발생 이후는 보장목적이 확실하지 아니한 경우(보험계약자에게 보험계약
상의 이익이 귀속되는 경우)라 할지라도 보험사고 발생시점에서는 유족보
장의 수요가 현실화되기 때문에 보험료지급시점에서의 책임재산에서 분리
되는 특별한 취급도 가능하다는 점에서 정당화될 수 있다. 그러나 보험사
고발생 이전에는 조정책이 나뉘어 지는 것은 보험사고발생 이전에는 유족
보장의 수요가 현실화되어 있지 않기 때문에 보험수익자의 보호를 어느 정
도 할 것인지 정책적 판단에 맡겨지기 때문일 것이다.

그리고 무상주의가 정당화될 수 있는 것은 다음과 같은 실질론 때문일
것이다. 즉 통상의 보험계약자는 보험료지급에 수입의 일부를 충당할 것이

지만, 어느 나라에서도 수입은 채권자의 직접적인 담보가 된다고 말할 수 없고 채무자의 갱생을 위하여 보존되어 진다.[314) 이와 같은 수입을 재원으로 하여 특정목적을 위해 축적된 재산에 대한 집행을 배제하여도 채권자를 부당하게 해한다고는 말할 수 없다고 생각한다.

그러나 이에 대하여서는 원래 수입이라도 예금과 같이 축적되면 채권자는 집행할 수 있으며, 보험계약에서도 저축부분에 대한 채권자의 권리를 부정하는 것은 정당화될 수 없다는 반론도 제기될 수 있다.

특히 보험계약자가 재산처분을 하는 것을 제한 없이 인정한다면 채권자의 희생을 보호하여야 한다는 정책목표에 반하여 이와 같은 시스템의 정당성에 의문이 생기게 된다. 여기서 무상주의를 채택하는 경우에도 일정한 제약을 도입할 필요성이 있게 된다.

첫째는 특권적 지위가 부여되는 보험수익자의 인적범위의 제한 또는 보호가 미치는 한도액을 설정하는 것이다(독일의 입법론, 스위스법).

둘째는 채권자의 권리의 배제라는 특권을 향수한 이상은 이를 정당화하는 정책목적에 반하는 보험계약자의 처분을 제한한다. 스위스 보험계약법 제91조의 의미는 이와 같이 해석되고 또 독일에서 무상주의를 취하는 입법론도 마찬가지이다.

이에 대하여 유상주의는 보험사고발생 이전에는 보장목적이 확정적인 것이 아니다는 점, 보장목적에 반하는 재산처분도 할 수 있다는 점을 이유로 책임재산으로부터 분리를 인정할 필요가 없다고 한다.

2. 우리나라法上의 解釋論

1) 保險契約上의 權利에 대한 强制執行可能性

통설에 따르면 타인을 위한 보험계약에서 수익자 지정이 철회가능한지

---

314) 예컨대 급여채권의 압류금지는 각국에서 정도의 차이가 있는 점은 인정되고 있다.

여부를 불문하고 원칙적으로 보험계약자는 보험금청구권을 제외한 모든 보험계약상의 권리를 가진다고 보면, 보험계약자의 채권자는 보험사고가 발생하지 아니한 한, 보험계약상의 권리에 대하여 압류할 수 있는 것이 원칙이다. 그러나 본 연구에서와 같이 보험계약상의 권리가 수익자 지정의 철회가능여부에 따라 달리 분배된다고 보면, 적어도 철회불능의 지정이 있는 경우에는 보험계약자의 채권자로부터 보험수익자는 보호될 수 있는 것이다. 이하에서는 제3장에서의 권리분배관계를 전제로 해석론을 전개하고자 한다.

가) 保險金請求權

타인을 위한 보험에서 보험금청구권은 보험수익자의 고유의 권리에 속한다. 따라서 이러한 보험수익자의 보험금청구권 그 자체에 대해서 보험계약자의 채권자는 직접적으로 간섭을 할 수 없으며, 반대로 보험수익자의 채권자는 이를 압류할 수 있다. 이와 같은 경우에 보험계약자의 채권자가 보험금청구권에 대해서 간접적으로도 아무런 간섭을 할 수 없는지에 대해서는 수익자 지정형태에 따라 나누어 고찰할 필요가 있다.

먼저 보험수익자의 지정이 철회가능한 경우에는 보험계약자는 보험금청구권을 절대적으로 상실한 것은 아니고 적어도 보험사고가 발생하기까지는 보험계약자는 언제라도 지정변경권을 행사함으로써 자기에게 보험금청구권을 귀속시킬 수 있는 지위를 보유하고 있다(상법 제733조 1항, 3항 참조). 따라서 보험수익자도 지정의 철회를 해제조건으로 보험금청구권을 취득하므로 보험계약자는 지정의 철회를 정지조건으로 이에 대한 권리를 가진다고 할 수 있다. 또한 이러한 보험계약자의 권리가 재산적 가치를 가지는 것은 명백하므로 채권자의 압류의 대상이 된다. 그러나 압류가 당연히 보험수익자 지정의 철회를 발생시키는 것은 아니므로 보험계약자가 지정변경권을 행사하지 않는 동안에 보험사고가 발생한다면 보험수익자의 권리는 이에 의해서 확정되고 보험계약자의 채권자는 현실적으로는 아무런 만족을 받을 수 없게 된다.

그리고 보험수익자의 지정이 철회불능인 경우에는 보험금청구권은 보험계약자의 재산으로부터 이탈해서 보험수익자 고유의 권리를 구성하는 것이기 때문에 보험계약자의 채권자가 이 보험금청구권에 대해서 직접적으로 강제집행을 할 수 없다. 그러나 보험계약자의 채권자는 보험계약자의 보험수익자 지정 또는 철회권포기가 민법 제406조가 규정하는 사해행위에 해당하는 경우에는, 이른바 사해행위취소권을 행사해서 보험금청구권을 보험계약자에 귀속시킨 후 이에 대해서 강제집행을 행할 수 있을 것이다.

생명보험계약은 사망사고에 대하여서는 타인을 보험수익자로 지정하고 생존사고에 대하여서는 계약자 자신을 수익자로 지정하는 경우가 일반적이다. 이와 같은 생사혼합보험의 경우에는 보험수익자의 지정은 특히 철회가능의 경우가 아니더라도 사망사고의 경우에 대해서만의 조건적 지정이고, 생존사고의 경우에 보험금청구권은 여전히 보험계약자에게 귀속하는 것이기 때문에 보험계약자의 채권자가 이것을 압류할 수 있는 것은 당연하다.

나) 解止還給金請求權

보험계약의 해지권은 보험계약자에게 속하는 것이 당연하지만, 보험계약자가 보험계약을 해지한 경우에 해지환급금청구권이 누구에게 속하는지 여부에 관하여서는 이론적으로 상당히 문제가 있다. 이에 관하여 보험수익자의 지정이 철회가능 여부를 불문하고 해지환급금은 보험계약자에게 귀속된다고 보면, 보험계약자의 채권자는 해지환급금청구권을 압류할 수 있다. 그러나 이미 제3장에서 설명한 바와 같이 해지환급금청구권이 철회가능한 경우에는 보험계약자에게 귀속되지만, 철회불능인 경우에는 보험수익자에게 귀속된다고 보면, 수익자 지정형태에 따라 달라진다. 즉, 수익자 지정이 철회가능한 경우에는 보험계약자의 채권자에 의하여 압류가능하나, 철회불능인 경우에는 보험계약자의 채권자는 압류할 수 없고 보험수익자의 채권자만이 이를 압류할 수 있게 된다.

다) 保險證券貸付請求權 및 利益配當請求權

보험증권대부권은 보험계약자에게 귀속되나, 철회불능의 경우에 보험계약자의 처분권이 제한된다고 보는 입장에서는 보험계약자의 채권자는 이에 대하여 압류할 수 없다고 해석하여야 할 것이다. 왜냐하면 이를 인정할 경우에 보험계약자의 채권자는 보험금청구권이나 해지환급금청구권에 대하여 압류할 수 없다고 보고 보험수익자를 보호하려는 해석이 무의미하게 될 수도 있기 때문이다.

다음으로 이익배당청구권에 대해서도 이익배당금을 보험료와 정산하는 약정이 있는 경우에는 보험수익자의 이에 대한 권리는 문제로 되지 않고 또 보험금이나 해지환급금에 당연히 부가된다는 취지의 약정이 있는 경우에는 이익배당청구권 그 자체에 대한 강제집행은 문제되지 않고 보험금 또는 해지환급금의 청구권에 대한 강제집행과 운명을 함께 하게 된다.

라) 保險受益者指定變更權 및 기타 形成權

보험수익자 지정이 철회불능인 경우에 보험계약자의 주급부청구권은 수익자 지정 즉시 보험수익자의 권리로 귀속되고, 보험계약자는 보험수익자의 동의가 없는 한 수익자 지정철회권을 행사할 수 없으므로, 보험계약자의 채권자는 지정변경권에 대하여 압류할 수 없을 뿐 만 아니라 대위행사할 수도 없다.

그런데 수익자 지정이 철회가능한 경우에는 보험계약자의 권리를 압류한 채권자가 보험계약자가 가지는 보험수익자 지정의 철회권 그 자체에 대해서 아무런 집행방법을 취할 수 없는지 여부 즉, 보험수익자 지정변경권이 강제집행의 대상이 될 수 있는지 여부는 문제된다. 이에 관하여 보험수익자 지정변경권을 프랑스에서와 같이 보험계약자의 일신전속권으로 보면 그 처분가능성을 부정하여 보험계약자의 채권자는 이 권리에 대해서 아무런 간섭을 할 수 없을 것이지만, 우리나라에서는 이를 일신전속권으로 보지 않기 때문에 부정될 수밖에 없을 것이다. 왜냐하면 보험수익자 지정변경권은 그 행사에 의해 보험수익자에게 귀속해야 하는 보험금청구권을 계약자 또는 기타 제3자의 재산에 귀속시키는 기능을 가지는 것이고, 이러한 의미에 있어서 재산적 가치를 가지는 것일 뿐만 아니라 이 권리는 타인이 행사한다고 하여 당연히 그 본질적 내용에 어떠한 변화가 생기는 것은 아니기 때문이다.

이상과 같이 보험수익자 지정의 철회권이 계약자의 일신전속적 권리는 아니라고 하더라도 철회권만을 단독으로 압류할 수는 없다. 왜냐하면 보험계약자가 철회권을 행사하면 이 철회권은 보험금청구권과 결합해서만 재산적 가치를 가지는 것이고 보험계약자의 채권자를 만족시킬 수 있는 기능을 가진다고 할지라도, 철회권 단독으로는 채권자를 만족시킬 수 없기 때문이다. 그러므로 종된 권리로서의 보험수익자 지정의 철회권에 대한 압류는 주된 권리로서의 보험금청구권에 대한 압류를 전제로 하고 이것과 결합해야만 비로소 가능하다고 할 수밖에 없다.

따라서 수익자 지정이 철회가능한 보험계약에서 보험계약자의 채권자가 행하는 보험금청구권의 압류는 당연히 보험수익자 지정의 철회권의 압류까지 포함한다고 보아야 할 것이다. 왜냐하면 보험금청구권의 압류는 철회권의 행사를 수반하여야 비로소 그 현실적 가치를 발휘하는 것이기 때문이다.

이외에 기타 형성권 즉, 보험계약해지권, 납필보험으로의 전환권을 포함한 계약내용변경권 등 형성권도 모두 보험계약자에 속하나, 이러한 형성권도 자체에 대한 압류는 인정되지 않고, 청구권과 함께만 압류가능하다[315].

마) 保險受益者의 權利

보험사고가 발생하여 구체적인 보험금청구권이 발생하면 보험수익자의 금전채권이 확정되기 때문에 보험수익자의 채권자가 이에 대하여 강제 집

---

315) 우리나라에서 형성권은 독립된 재산권이 아니어서 처분하여 환가할 수 없다는 이유로 형성권 자체에 대한 압류는 인정되고 있지 않고, 다만 채권자가 형성권을 대위행사하여(민법 제404조) 그로 인해 발생하는 재산을 압류할 수 있다고 한다(박두환, 신강제집행법, 고시계, 1992, 222면; 방순원·김광년, 민사소송법(하), 한국사법행정학회, 1993, 289면).

행할 수 있는 것은 당연하다. 그리고 보험사고발생 이전이라도 추상적인 보험금청구권도 보험수익자의 고유의 권리이기 때문에 보험수익자의 채권자가 이 보험수익자의 권리를 압류할 수 있다는 것은 전술한 바와 같다. 그러나 이와 같이 보험수익자의 채권자가 추상적인 보험금청구권을 압류하더라도 보험수익자 지정이 철회가능한 경우에는 보험계약자 또는 그 채권자가 이 지정철회권을 행사한다면 보험수익자의 권리는 소멸해버리는 것이기 때문에 위와 같은 압류의 실효성은 아주 미약하다고 할 수밖에 없다. 독일에서 통설은 철회가능한 경우에 보험수익자의 지위는 법률상 의미가 있는 권리는 아니고 단순히 사실상의 기대에 불과하다고 보고 이와 같은 지위에 대한 압류의 가능성을 부정하지만, 우리나라법상으로는 철회가능한 경우라도 보험수익자의 조건부 권리를 인정하므로 실효성 유무와 관계없이 이론적으로는 부정해서는 안 된다고 생각된다.

2) 保險事故發生 以前에 관한 解釋論

보험사고발생 이전에는 수익자 지정의 철회가능성 여부를 불문하고 원칙적으로 보험계약상의 권리가 보험계약자에게 귀속된다고 보는 우리나라의 통설에 따르면 보험계약자의 채권자는 보험계약상의 권리에 대하여 강제 집행할 수 있을 뿐만 아니라 보험계약자가 파산한 경우에는 보험계약상의 권리는 파산재단에 귀속된다. 이에 따르면 보험수익자에 대한 보호가 요구될 것이고, 채권자의 사해행위취소권이나 부인권의 행사는 큰 의미가 없다.

그러나 제외국에서와 같이 수익자 지정변경의 유형에 따라 권리귀속관계를 달리 해석하면[316) 보험계약자가 사전에 보험계약상의 이익을 보험수익자에게 이전시킴으로써 보험계약자의 채권자로부터의 간섭을 배제할 수 있다. 따라서 철회불능의 경우에는 보험수익자 보호는 크게 문제되지 아니하고, 다만 보험계약자의 채권자의 입장에서 사해행위취소권이나 부인권만

---

316) 제3장 Ⅳ. 3. 2) 참조.

이 문제될 뿐이다. 그러나 채권자는 보험계약해지권을 대위행사하여(민법 제404조), 해지환급금청구권을 압류할 수 있으므로 보험사고발생 이전에는 채권자취소권이나 부인권의 행사의 실익은 크게 없다고 할 것이다.

이하에서는 수익자 지정의 철회가능성 여부에 따라 보험계약상의 권리가 달리 귀속된다는 입장에서 제외국에서 주장되고 있는 논의를 해석론상으로 도입할 수 있는지 여부를 검토하고자 한다.

먼저 유상주의는 채권자의 집행방법에 대하여 일종의 제약을 가하는 것이기 때문에 보험계약자와 보험자 간의 합의에 의하여 또는 약관에 의하여 이를 제도화할 수는 없을 것이다. 일반적으로 수익자 지정이 철회가능한 경우에[317] 보험계약자(채무자)가 보험증권대부를 받아서 채무변제에 충당할 때에는 보험증권대부로는 현금화할 수 없는 해지환급금의 잔액부분을 목적으로 채권자가 해지권을 행사하는 것은 원칙적으로 권리의 남용으로서 허용되지 않는다고 보아야 할 것이다.[318] 이러한 해석에 의한 유상주의의 도입은 후술할 입법론에서의 구상과 일치하는 것이다.

다음으로 유상주의와 관련하여 상법 제639조 3항을 검토해 보기로 한다. 상법 제639조 3항에서 보험계약자가 파산한 경우에 보험수익자가 그 권리를 포기하지 않는 한 보험료지급의무가 있다고 규정하고 있다. 물론 이는 보험자의 보호를 위한 규정이지 개입권 기타 보험수익자보호를 위한 규정은 아니다. 그러나 이 규정에서는 보험계약자가 파산한 경우에는 보험수익자에게 보험료지급의무를 부과하고 있다. 여기서 문제는 보험료지급 후 보험수익자의 지위가 문제된다. 만약 이 규정에 대하여 보험수익자에게 보험료지급의무만 부과한 것이라고 해석한다면 이는 보험수익자에게 가혹하다.

---

317) 본 연구의 입장에 따르면 철회불능의 경우에는 보험계약자의 채권자는 보험계약상의 권리에 대하여 강제 집행할 수 없다.

318) 山下友信, 『保險契約の解約返戾金請求權と民事執行・債權者代位請求』, 金融法務事情 第1157號(1987), 8면. 물론 일본의 경우에도 우리나라에서와 마찬가지로 보험계약상의 권리는 원칙적으로 수익자 지정의 철회가능여부를 불문하고 보험계약자에게 귀속된다고 보는 것이 통설이고, 여기에서도 이를 전제로 권리남용을 논하고 있다.

그러나 이 규정의 문언으로 볼 때에 보험수익자가 보험료를 지급한 경우에
는 수익자의 권리를 보장한다고 볼 수 있다. 이렇게 해석할 때에 이 규정
을 개입권제도와 비교해 보면 해지환급금의 반환도 아닌 일부보험료의 지
급만으로 파산관재인에 의한 보험계약의 해지를 막을 수 있게 된다. 이는
보험계약자의 채권자에게 너무 가혹하다. 따라서 이 규정은 어떻게 해석하
더라도 생명보험계약상의 권리에 대한 채권자와 보험수익자 간에 효율적인
이해조정을 방해하고 있다고 할 수 있다. 물론 보험수익자의 권리보장의
정도를 보험료지급과 관련하여 일정한 부분으로 제한할 수도 있으나 이는
명확하지 못하다. 따라서 제도적인 보완이 필요하다고 할 수 있다.

그리고 해석론으로서 무상주의를 도입하는 방법으로서 먼저 생각할 수
있는 점은 보험계약상의 형성권 특히 해지권을 일신전속권으로 하는 점이
다. 프랑스에서는 이와 같은 방법으로 무상주의가 도입되어 있다. 그러나
우리나라에서는 보험계약상의 형성권의 일신전속권으로서의 성질을 대개
부정하고 있다.[319]

생각건대 보험계약상의 형성권은 신분법적 권리도 아니고, 청구권과 결
부되어 재산적 가치를 지니는 경우가 있고, 보험계약상의 청구권의 양도와
함께 이전의 필요성을 인정하여야 할 경우도 있다는 점에서 볼 때에 형성
권을 보험계약자의 일신전속권으로 이론구성할 이유는 없다고 볼 것이다.

또한 현행법의 해석론으로서 가능한지 여부를 떠나, 이것이 이해관계인
간의 이해조정수단으로서 적절히 기능하는가라는 관점에서 보더라도 보험
계약상의 형성권에 대하여 일신전속권성을 인정하여 이해를 조정하려는 방
법에는 다음과 같은 문제점이 있다.

먼저 이 방법이 보험계약상의 형성권일반에 관한 것이라는 점에서 그
적용범위가 사회정책적 배려에 부합하지 못하는 보험계약에까지 미칠 수
있다는 점이다.[320] 그리고 보험계약상의 형성권을 일신전속권이라고 보는

---

319) 우홍구, 타인을 위한 생명보험계약관계자 간의 법률관계, 고시연구(1993.11),
  41면; 최기원, 보험법, 박영사, 1993, 472면; 이기수, 해상법·보험법, 박영사,
  1993, 287면.

한 보험계약자가 정책적 고려와 상반되는 처분을 하는 것을 막을 수 없다는 점이다. 즉 보험계약자가 그 후 보험수익자의 이익에 반하는 형태의 처분 예컨대 후에 스스로 해지하여 낭비해 버리든지 일부의 채권자에 대한 변제에 충당해 버리든지 할 가능성이 있는 것이다.

우리나라의 통설과 같이 수익자 지정의 철회가능여부를 불문하고 원칙적으로 보험계약자는 보험금청구권을 제외한 모든 보험계약상의 권리를 가진다고 보면, 보험계약자의 채권자로부터 보험수익자를 보호하기 어렵기 때문에 도입의 필요성이 절실할지도 모르지만, 보험계약상의 권리가 보험수익자 지정의 유형에 따라 달리 귀속될 수 있다는 입장에 따르면 이상의 문제점으로 비추어 볼 때에 굳이 형성권을 일신전속권으로 이론구성할 필요는 없다고 생각한다.

다음으로 해석론으로서 무상주의를 도입하는 방법으로서 권리남용법리(민법 제2조2항)에 따라 채권자에 의한 형성권(특히 해지권)의 행사를 제약하는 것을 생각할 수 있다.[321]

권리남용의 법리에 의한 무상주의의 도입이란 일정한 사정하에서는 보험계약자 및 그 피부양자의 장래의 기대를 무시해서는 안 된다라는 이익형량에 기하여 채권자에 의한 해지권의 행사를 권리남용이론으로 막는 방법이다. 권리남용의 법리는 해지권을 일신전속권으로 이해하려는 방법보다는 이익형량이라는 점에서 볼 때는 보다 타당하다고 할 수 있다. 그러나 이 경우에도 보험계약자가 사후적으로 유족보장의 목적에 상반되는 목적을 위하여 보험계약을 처분해 버릴 가능성이 있다는 점에서는 형성권에 일신전속권성을 부여하는 방법과 마찬가지로 문제이다.

---

320) 그러나 이에 대하여 일본의 하급심 판례는 보험계약상의 해지권이 일신전속적인지 여부는 보험계약의 종류와 보험수익자의 인적범위에 따라 개별적으로 판단할 수 있다는 입장을 취하고 있다(大阪地判 1984年 9月 17日 判決, 判例時報 1161號, 142면).

321) 최근에 이 방법에 의한 이해조정을 주장하는 견해가 주장되고 있다(山下友信, 앞의 논문, 8면).

따라서 권리남용이론에 의하더라도 후에 보험계약자(채무자)가 유족보장이라는 목적과 상반되는 처분을 할 가능성이 있다는 점에서 볼 때에 채권자에 의한 형성권의 행사는 보호가 정당화될 수 있는 극히 한정된 경우로 제한하여야 할 것이다. 예컨대 철회불능의 경우에 보험계약자가 해지하더라도 해지환급금은 보험수익자에게 귀속된다고 보는 본 연구의 해석론에 따르더라도 채권자인 보험수익자를 해할 목적으로 보다 이른 시기에 해지하는 경우에는 권리남용이론에 의한 해지권제한의 필요성이 있다고 할 것이다.

3) 保險事故發生 以後에 관한 解釋論

보험사고가 발생하면 수익자 지정이 철회가능한지 여부를 불문하고 보험계약상의 권리는 구체적인 금전채권으로 확정된 보험금청구권만이 보험수익자에게 귀속된다. 따라서 원칙적으로 보험계약자의 채권자는 이러한 보험수익자의 권리에 대하여도 압류할 수 없을 뿐만 아니라 보험계약상의 권리는 파산재단에도 귀속되지 아니한다. 그러나 단지 민법상의 채권자취소권(민법 제406조)이나 파산법 제64조에 의한 부인권행사의 요건을 구비하면 보험계약자의 채권자는 사해행위를 취소하거나 부인권을 행사할 수 있다.[322]

민법상으로 채권자취소권을 행사하기 위하여서는 사해행위 이전에 채권이 존재하여야 하고, 채권자를 해하는 재산권적 법률행위가 존재하여야 하고, 채무자와 수익자(또는 전득자)에게 악의가 존재하여야 한다.[323]

민법상으로는 일반적으로 무자력의 산정시기나 수익자의 악의는 사해행위(또는 전득행위)시점에서 판단하여야 한다고 한다.[324] 그러나 여기서 문제는 보험수익자의 악의가 사해행위시에 존재하여야 한다면 타인을 위한 생명보험계약에서는 사해행위의 성립범위가 크게 줄어들 것이다. 왜냐하면

---

322) 최기원, 앞의 책, 472면.
323) 곽윤직, 채권총론, 박영사, 1991, 274-284면.
324) 곽윤직, 앞의 책, 279면, 284면.

보험계약의 체결이나 보험수익자의 지정사실이 보험수익자에게 통지되지 않는 한 사해행위로서 취소될 수 없기 때문이다. 이는 보험계약체결이나 보험수익자 지정 또는 보험료지급의 상대방이 원칙적으로 보험자이기 때문에 민법이 전제하고 있는 계약자와 수익자 간의 법률행위는 존재하지 아니하기 때문이다. 따라서 타인을 위한 생명보험계약에서는 민법에서의 전득자에 준하여 보험수익자가 보험계약 또는 수익자 지정사실을 안 시점 내지는 현실적인 수익을 얻은 시점에서 악의유무를 판단하여야 할 것이다.[325)]

3. 利害調整을 위한 立法論

보험수익자와 보험계약자의 채권자와의 사이에 이해조정에 관하여 사회정책적고려에 기하여 보험수익자를 우대조치를 하여야 하는지, 그리고 우대조치를 할 경우에 이해관계를 유상주의에 따라 조정할 것인지, 무상주의에 따라 조정할 것인 여부와 각 입법주의에서 제도화를 위한 최적의 방법이 어떠한 것인가라는 점에 대하여 고찰하기로 한다.

먼저 생명보험계약에서 사회정책적인 이해조정을 할 것인지 즉, 사망보험계약에서 수익자보장적 기능을 고려하여 조정할 것인지는 가장 근본적인 문제이고, 이는 정책적 고려에 의한 입법론의 전제가 된다.

생명보험계약은 경제적으로 보장적 기능과 저축적 기능을 가지고 있고, 이러한 양 기능이 혼재해 있기 때문에 보험수익자와 보험계약자의 채권자 간의 이해조정에는 상당히 어려운 점이 있다. 예컨대 단순히 보장적 기능의 확보를 위하여 채권자의 집행을 배제하는 것도 적절하지 않고, 그렇다고 하여 채권자의 강제집행을 전면적으로 인정할 경우에 보험수익자 보장적 기능이 공동화될 가능성이 있다. 이러한 점이 생명보험계약에서 이해조정을 어렵게 하는 요소이다.

그러나 현재 우리나라에서는 채권법의 일반원칙에 따르면 보험계약자의

---

325) 藤田右敬, 『保險金受取人の法的地位(二)』, 法學協會雜誌 第109卷 6號, 1129면.

채권자의 강제집행으로부터 보험수익자는 거의 보호받지 못한다. 이러한
현실을 감안할 때에 어떻든 보장적 기능에 입각하여 어떤 사회정책적 고려
를 하는 조정이 필요하지 않을까라고 생각한다. 따라서 이하에서는 보험수
익자를 우선적으로 보호한다는 전제하에서 논하기로 한다.326)

다음 문제는 보험수익자를 우선적으로 보호한다는 전제하에 생명보험계
약에 대하여 특별히 정책적인 배려를 한다면 보험사고발생 이전과 이후 모
두 우대조치하여야 할 것인지 아니면 보험사고발생 이전의 이해조정에서
무상주의를 택할 것인지 유상주의를 택할 것인지, 그리고 각 입장에서 가
장 바람직한 제도화의 방법은 어떠한 것인가라는 문제이다. 이하에서는 이
에 관하여 고찰하기로 한다.

1) 保險事故發生 以前의 調整

먼저 보험사고발생 이전의 이해조정에 관하여 제외국에서는 정책적 목
표와 제도화의 방법에서 상당한 차이점이 있다. 이하에서는 이러한 각국의
제도를 바탕으로 유상주의 또는 무상주의에 기하여 이해조정의 입법화 방
법을 모색하고자 한다. 그러나 입법론을 논하기 전에 먼저 보험계약상의
권리분배관계에 관한 통설과 본 연구의 입장을 생명보험의 기능과 관련하
여 간단히 언급하고자 한다.

우리나라의 통설에서와 같이 보험계약자가 지정변경권을 포기하였다 하
더라도 해지환급금청구권은 항상 보험계약자에게 귀속된다고 하면, 보험수
익자의 지위강화에는 상당히 문제가 있다. 이러한 입장에 따르면 보험계약

---

326) 엄밀히 말하면 이는 법학에서 논의할 대상은 아니다. 그러나 제외국에서
도 예외 없이 이를 긍정하고 있고, 보험계약자의 보험계약에 대한 지배권
(수익자 지정변경권, 보험계약해지권 등)으로 인하여 보험수익자의 지위
가 불확실하다는 점에서 보험수익자의 보호를 목적으로 하고자 한다. 이
결정은 개인이 보장을 위해 재산을 형성하는 데에 정책상 우대조치하는
것이 과연 사회보장제도의 발달과정에서는 필연적인 것인가, 그리고 보장
목적의 재산형성수단으로서 특권이 부여되는 대상이 다른 저축수단이 아
닌 생명보험계약인 이유는 무엇인지 등의 문제는 상존해 있다.

자가 저축적 기능을 포기하고 오로지 보장목적을 중시한 계약을 체결하는 것은 사실상 불가능하다.

그러나 현실적으로도 보험계약자가 저축적 기능을 포기하고 오로지 보장적 기능을 중시하는 계약을 체결하는 경우가 있을 수 있으며 또한 필요하다. 즉, 보험계약자가 자신의 사망 후에 가족의 생활보장만을 위하여 보험계약을 체결할 경우에 보험계약자는 자신이 무자력이 된 후에도 보험수익자인 가족의 지위를 보호하기 위하여 철회권을 포기할 수 있다. 또한 채권담보를 위하여 보험수익자를 채권자로 지정한 경우에도 채무변제를 해제조건으로 철회불능의 수익자를 지정하여야 할 것이다.

물론 보험계약자는 사전에 보험계약상의 이익을 포기함으로써 보험수익자의 지위를 확실히 하는 것을 바라지 않을지 모르지만, 이와 같은 가능성을 사전에 배제할 이유는 없는 것이다.

따라서 해지환급금청구권에 관한 우리나라의 약관규정은 해지권의 주체만 정하고 있을 뿐 해지환급금의 귀속주체를 밝히고 있는 것이 아니라고 해석하여, 제외국에서와 같이 생명보험의 양 기능이 보험수익자의 지정형태와 결부되어 보험계약상의 이익분배에 다양하게 작용할 수 있도록 하여야 한다는 점은 본 연구의 기본적 입장이다.[327)]

이렇게 볼 때에 제외국에서와 같이 유상주의, 무상주의중 어느 입장을 취하든 간에 보험계약자가 사전에 보험계약상의 이익을 보험수익자에게 이전시킴으로써 채권자로부터의 간섭을 배제할 수 있게 된다. 이에 따르면 수익자 지정이 철회불능인 경우에는 사해행위의 취소 또는 부인권의 행사 요건이 충족되지 않는 한 보험수익자의 권리는 원칙적으로 보험계약자의 채권자로부터 보호된다.

따라서 이하에서 보험수익자보호를 위한 입법론적 조정은 원칙적으로 수익자 지정이 철회가능한 경우에 한정된다고 할 수 있다.

---

327) 제3장 IV. 3. 2) 참조.

가) 有償主義에 따른 立法論

유상주의는 구체적 정책목표로서 보험수익자를 전면적으로 보호하는 것이 아니라 보험계약의 현재가치를 보상하는 것을 조건으로 보호하는 입장으로서, 먼저 개입권제도의 도입을 생각할 수 있다. 그러나 독일의 개입권제도는 전술한 바와 같이 유족보장을 위한 현실적인 의의가 결여되기 때문에 유족보장을 위한 적극적인 이해조정책은 되지 못하였다.[328] 따라서 우리나라에서 이러한 개입권제도를 무비판적으로 수용할 수는 없을 것이다.

먼저 이 제도의 최대 문제점은 개입권자가 개입을 위하여 자금조달을 할 수 없는 데 있다. 이 문제를 해결하기 위해서는 생명보험계약상의 보험료적립금을 어떤 형태로든 이용할 수 있도록 하여야 할 것이다. 따라서 생명보험계약상의 권리에 대한 집행의 개시 또는 보험계약자의 파산절차의 개시와 동시에 개입권자는 보험계약자의 동의를 얻어 보험자로부터 대부를 받을 권한을 취득하도록 제도화가 필요할 것이다. 또한 개입권의 주체가 보험수익자 또는 보험계약자의 배우자·직계비속으로 제한되어 있는 점도 문제이다.

그리고 개입권제도를 도입할 경우에는 다음의 점을 고려하여 입법화하여야 할 것이다. 먼저 압류 또는 파산선고 후의 채권자 또는 파산관재인에 의한 해지권의 행사와 개입권자의 권리 간의 우열관계이다. 독일에서는 해지가 우선한다라는 입장이 다수설이나,[329] 이에 따르면 개입권제도는 상당히 불완전하다. 따라서 이 점에서 입법적으로 개입권자의 권리를 우선시킬 필요가 있다고 생각한다.

또 독일에서와 같이[330] 개입기간의 기산점을 개입권자의 주관과 관련시킬 경우에는 오히려 채권자의 지위를 너무 불안정하게 되므로 개입기간의

---

328) 독일 개입권제도의 문제점에 관하여서는 제5장 II. 1. 2) 라) 참조.

329) Hasse, a.a.O., S. 196; Bruck-Möller-Winter, a.a.O., S. 1141; Prölss-Martin, a.a.O., S. 724.

330) 독일 보험계약법에서는 개입권자는 압류를 안 때로부터 또는 파산선고로부터 1월내에 개입권을 행사하여야 한다고 규정하고 있다(동법 제177조 3항).

산정방법에 관하여도 입법적 해결이 필요할 것이다. 또한 예컨대 보험수익자가 '상속인' 등으로 되어 있는 경우에는 개입권자의 범위가 반드시 명확하지는 않다. 그리고 개입권자가 알지 못하는 사이에 개입기간이 경과해버릴 가능성도 있기 때문에 채권자가 개입권자에게 통지할 것을 요하는 것도 고려하여야 할 것이다.

또한 개입권자의 적용범위에 관하여도 먼저 보험수익자로 지정되지 아니한 유족에 대하여 개입권을 부여할 필요가 있는지와 보험수익자로 지정된 유족 이외의 자에게 개입권을 부여할 필요가 있는지 등을 검토하여야 할 것이다.331) 그리고 이를 긍정하는 경우에 양자의 개입권 간의 우열은 어떠한가, 만약 지정된 자가 우선한다면 이 자가 개입하지 아니한 경우에 유족은 개입할 수 있는가라는 점도 검토하여야 할 것이다.

나) 無償主義에 따른 立法論

보험사고발생 이전의 이해조정을 위한 구체적인 정책목표로서 무상주의를 채택할 경우에는 입법론에서 다음 두 가지 점을 고려하여야 한다.

먼저 무상주의가 타당한 범위를 한정하는 것이다. 보험계약의 종류, 보험수익자로 지정된 자의 범위, 보험계약의 액이라는 세 가지 점에 한정할 필요가 있을 것이다. 보험계약의 종류에 의한 제한은 제외국에서는 거의 찾아 볼 수 없지만 최근의 생명보험상품의 다양화에 비추어 본다면 이와 같은 방향에서의 제한도 필요할 것이다.

그리고 채권자의 집행배제라는 희생에서 보험계약이 유지된 경우에 집행을 배제한 정책목적(유족보장)에 반하는 처분을 제한할 필요가 있다. 스위스 현행법, 독일의 입법론은 보험수익자가 보험계약자를 대위하는 것은 인정하고 있는데, 이와 같은 형태의 규제는 바람직하다. 다만 보험수익자가 대위를 거부한 경우에 채권자의 압류가능성이 부활한다고 할 필요가 있는지에 관하여서는 검토를 요한다고 할 것이다.

---

331) 특히 독일법에서는 이 범위에 관하여도 비판적 견해가 있다(Hasse, a.a.O., S. 264; Sieg, a.a.O.(Festschrift für Klingmüller), S. 455).

2) 保險事故發生 以後의 調整

보험사고발생 이후의 조정은 현행법상으로는 채권자취소권(민법 제406조) 또는 부인권(파산법 제64조 이하)을 통하여 행할 수밖에 없다. 제외국에서도 보험사고발생 이후의 이해조정은 정책목표와 방법이 대체로 공통하고 있다. 이하에서는 보험청구권을 압류금지재산으로 간주하는 방법과 채권자취소권·부인권제도의 보완적 입법에 관하여 검토하기로 한다.

가) 押留禁止財産擬制

이해조정방법으로서 생명보험금의 전부 또는 일부를 압류금지재산으로 하는 방법을 생각할 수 있다[332]. 이와 같은 방법은 그 규제방식면에서는 보험계약의 종류, 보험수익자와 보험계약자의 인적관계, 보험금액의 상한 등을 세부적으로 설정함으로써 정책에 부합하는 규제가 될 수 있다.

다만 본래 압류금지라는 방법은 채무자에게 귀속되는 재산에 관하여 집행을 제약하는 경우의 방법이다. 따라서 보험사고발생 이전에 보험계약자가 가지는 권리에 대하여 집행을 제한하는 경우와 보험사고발생 이후에 보험수익자의 채권자가 집행하는 것을 배제하는 경우에는 적합한 방법이지만, 보험사고발생에 따라 재산이 보험계약자로부터 보험수익자에게로 이전되는 것을 사후적으로 규제하는 경우에는 적절하지 못하다.

생명보험계약을 둘러싼 이해조정을 이 방법만으로 규제하는 것은 바람직하지 못하고, 후술하는 조정방법과 결합됨으로써 보다 적절히 기능한다고 생각한다.

이외에도 생명보험금의 일부를 상속재산에 귀속되는 것으로 입법화하는 것을 생각할 수도 있으나,[333] 이러한 방법은 상속법상으로는 사인처분의

---

332) 현재 우리나라에서도 민사소송법 제579조, 근로기준법 제86조, 공무원연금법 제12조 등에서 연금, 보험금 등 부양적 성격의 기금에 대한 압류금지를 인정하고 있다.

333) 그러나 이러한 형태의 제도화는 제외국에서도 찾아 볼 수 없으며 제도화에도 문제가 많다. 우리나라 상속세법 제7조에서는 상속재산으로 간주하

수익자의 이익보다도 상속채권자의 이익을 우선시키고 있는 법제에서는 고려의 대상이 될 수 없다.

나) 債權者取消權・否認權制度의 補完

보험사고발생 이후의 이해조정은 원칙적으로 채권자취소권 또는 부인권에 의하여 행하여진다는 점은 해석론에서 설명한 바와 같다.

물론 보험수익자의 지정이 철회불능이고 보험계약상의 이익이 보험계약자의 생전에 이미 보험수익자에게 이전되어 버린 경우에는 문제가 적다. 그러나 철회가능한 지정이 있고 보험사고발생 이전에 보험계약자가 보험계약상의 이익을 향수한 경우에는 문제가 있다. 우리나라에서도 수증자와 상속채권자와의 이해조정은 후자에 우선을 두고 있기 때문에, 이와의 긴장관계가 문제될 수 있다. 그러나 이 경우에도 각국에서는 사해행위의 취소 또는 부인이라는 방법으로 이해를 조정하고 있다.

그러나 사해행위의 취소 또는 부인의 경우에도 취소 또는 기준시점을 설정할 필요가 있다.

제외국에서의 조정은 보험사고발생 이전에는 보험계약자에게 모든 처분권이 귀속되어 있는지를 불문하고 사해행위의 취소 또는 부인의 판단기준시를 보험수익자 지정 또는 보험료지급이라는 출연시점으로 하고 있다. 이것은 보험계약상의 이익이 실질적으로는 보험계약자의 재산이면서 이미 생전에 보험계약자의 책임재산에서 분리된 것과 같이 취급함을 의미하고 있다.

우리나라에서는 타인을 위한 생명보험계약에 대하여 사해행위의 취소 또는 부인규정이 어떻게 적용되는가에 관하여서는 거의 검토된 바가 없다.

사해행위의 취소 또는 부인의 대상이 법률행위인 이상 보험계약에 관하여 이를 적용하는 경우에도 원칙적으로 사해행위의 취소 또는 부인의 판단

고 있다. 그러나 세법은 일반사법과는 지배원리가 다르기 때문에 동일한 평면에서 논할 수는 없다. 물론 이 규정도 대가관계 등에 관하여 전혀 고려하고 있지 않고 획일적으로 규정하고 있기 때문에 문제점이 많다. 자세한 내용은 다음 연구과제로 삼기로 하고 여기서는 별론으로 한다.

기준 시는 수익자 지정이나 보험료지급이라는 구체적 행위의 시점으로 되어야 할 것이지만, 경제적 기능에 따른 조정을 고려하여 타인을 위한 생명보험계약에서는 민법에서 전득자에 준하여 보험수익자가 보험계약 또는 수익자 지정사실을 안 시점 내지는 현실적인 수익을 얻은 시점에서 악의유무를 판단하여야 할 것이라고 해석한 바 있다.

이러한 해석론이 현행법상으로 무리가 있다면 사해행위의 기준시점을 보험사고 발생 시 등으로 입법화하는 방법도 고려할 수 있으나, 이와 같이 사해행위의 취소 또는 부인이론에 의하여 정책적 조정을 하는 경우에는 본래 보호할 필요가 없는 자도 보호하게 될 수도 있기 때문에 이에 대한 입법적 해결에는 이 점도 고려되어야 할 것이다.

다음으로 생각할 수 있는 입법론은 보험수익자가 일정한 범위의 자인 경우에는 지정행위를 당연히 무상행위로 취급하지 않는 것이다. 채권자취소권의 해석으로서 자녀의 양육비와 교육비의 지출을 위한 행위는 사해행위를 구성하지 않는다고 보아야 할 것이고, 또 이러한 경우에 부인권의 행사도 상당성을 결한다고 볼 수 있을 것이다. 따라서 우리나라 현행법의 해석으로서도 이와 같은 조정을 할 수 있는 여지는 없지 않으나, 보다 명확한 입법론적인 해결이 요구된다고 할 것이다.

물론 가족 간의 재산이전행위에 관하여서는 재산은닉의 위험이 크고 역으로 채권자취소권 또는 부인권의 적용을 보다 강화하여야 한다는 견해도 있을 수 있다. 그러나 이러한 위험에 대하여서는 일정한 금액의 제한 등도 고려할 수 있기 때문에 일반론이 아니라 생명보험이라는 면에서 일정한 고려를 할 필요는 있다고 생각한다.

第6章 結 論

오늘날 우리나라에서는 생명보험제도의 양적 성장과 함께 다양한 형태의 생명보험계약이 체결되고 있고, 보험료와 보험금의 고액화현상으로 보험계약관계자 간에 보험계약에 관한 분쟁이 증대되고 있다. 특히 타인을 위한 생명보험계약에서는 보험계약관계 밖의 보험수익자의 존재로 이해충돌의 영역이 확대되어 있다. 그러나 타인을 위한 생명보험계약에서 이러한 이해충돌을 조정하는 것은 쉬운 일이 아니다. 보험계약자는 생명보험계약에서 통상 저축적 기능과 보장적 기능을 동시에 추구하기 때문에 이러한 이해충돌과정에서 양 기능에 부합하는 조정책을 도모하기는 더욱 어려운 일이다. 따라서 이해조정과정에서는 생명보험의 저축적 기능과 보장적 기능이 반드시 고려되어야 할 것이다.[1]

이하에서는 본론에서 도출한 보험수익자의 지위에 관한 이론구성을 전술한 생명보험의 두 가지 기능에 비추어 재구성하고자 한다.

먼저 보험수익자를 지정함으로써 보험계약상의 이익이 어떻게 분배되는지에 관하여 독일, 스위스에서는 보험계약자가 철회권을 포기하였는지 여부가 결정적 기준이 되나, 프랑스에서는 보험수익자가 수익의 의사표시가 기준이 된다. 이러한 차이점에도 불구하고 각국에서는 지정이 철회가능한 경우에는 보험계약상의 모든 권리는 보험계약자에게 귀속되고 보험사고발생 이전에는 모든 처분이 가능하고, 철회불능의 지정을 한 경우에는 청구권은 수익자에게 이전되고 보험계약자가 보험계약상의 권리를 처분할 수 없게 된다는 점에 대체로 일치하고 있다.

그러나 우리나라의 통설은 이러한 계약상의 권리분배를 인정하지 아니

---

1) 특히 보험수익자의 지위보호를 위해서는 유족보장적 기능에 입각한 이해조정이 중심이 되었지만, 이는 어디까지나 보험계약자의 저축적 목적을 크게 해하지 않는 범위 내이어야 할 것이다.

하고, 보험금청구권을 제외한 모든 권리는 보험계약자에게 귀속되는 것으로 보고 있다. 이러한 이론구성에 따르면 타인을 위한 생명보험계약에서 보험수익자의 지위는 언제든지 보험계약자에 의해 변경될 수 있기 때문에 보험사고 이후 구체적인 보험금청구권이 발생하지 않는 한 불확실한 지위를 배제시킬 수 없다. 특히 이러한 획일적 해석으로는 생명보험계약이 지니는 경제적 기능에 효율적으로 대응하기 어렵다. 따라서 본 연구에서는 생명보험의 이용영역에 따라 생명보험계약의 기능에 부합하는 이론구성을 할 필요성이 있다는 점에 그 출발점을 두고 있다.

이에 따라 보험수익자는 보험계약상의 권리 중 보험금청구권만을 취득하는 것은 아닐 수 있다는 점을 전제로 한다. 왜냐하면 상법상으로 보험수익자는 보험계약으로 인한 이익을 당연히 받는다고 규정하고 있고, 생명보험계약상의 이익은 보험금청구권에 한하는 것은 아니기 때문이다. 따라서 보험계약자의 수익자 지정행위에 따라 보험계약상의 이익이 달리 분배될 수도 있는 것이다. 예컨대 생명보험계약에서 보험계약자는 저축적 기능을 포기하고 보장적 기능만을 중시하여 보험수익자 지정변경권을 포기할 수도 있다. 이러한 경우에 보험계약자의 의사나 생명보험의 기능에 부합하는 권리귀속관계를 설정하여야 할 것이다. 따라서 본문에서는 이러한 이론구성의 입법적, 법해석적, 현실적 근거를 찾고, 이에 상응하는 해석론을 전개하였다. 즉, 철회가능한 경우에는 보험금청구권을 제외한 보험계약상의 모든 권리는 보험계약자에게 귀속되고, 보험사고발생 이전에는 보험계약자가 이러한 권리를 처분할 수 있고, 철회불능의 경우에는 보험계약상의 주급부청구권은 보험수익자에게 귀속되는 것이다.

다음으로 보험계약상의 권리가 양도된 경우에 보험수익자의 지위가 문제된다. 상법은 생명보험계약상의 권리의 양도가능성을 인정하고 있으나, 현실적으로 생명보험계약의 저축적 기능을 활용한 양도는 이루어지지 않고 있다. 이는 생명보험시장의 양적증대에도 불구하고 질적인 활용은 크게 이루어지지 못하고 있기 때문이다. 이러한 현실하에서 양도에 따른 보험수익자의 지위를 논하는 것은 시기적으로 이를지도 모른다. 그러나 상법상 이를 인정하고 있고, 현실적으로도 변형된 형태의 양도는 나타나고 있을 뿐만 아니라 생명보험의 발달과정을 보더라도 조만간에 계약상의 권리에 대한 다양한 활용이 예견된다는 점에서 보험계약상의 권리의 양도는 검토의 가치가 있다고 생각한다.

생명보험계약상의 권리가 양도된 후의 보험수익자의 지위에 관하여도 보험계약상의 권리분배에 대하여 이상의 해석론은 그대로 적용된다. 즉, 통설에서와 같이 원칙적으로 보험계약상의 권리는 보험계약자에게 귀속된다고 본다면 이러한 권리에 대한 양도권자는 보험계약자이고, 보험계약자는 비록 수익자 지정변경권을 포기한 경우(철회불능)라도 언제든지 보험계약상의 권리를 양도할 수 있다. 물론 생명보험의 저축적 기능 내지 채권담보적 기능의 활용은 당연히 인정되어야 할 것이지만, 이로 인한 수익자보장적 기능과의 충돌이 문제이다. 여기서 통설의 입장에 따르면 계약자의 처분으로부터 보험수익자를 보호하는 데 기본적인 한계가 설정된다. 따라서 계약상의 권리분배에 관한 이상의 해석론을 전제로 하여 먼저 수익자 지정이 철회불능의 경우에 보험계약상의 제 권리에 대한 보험계약자의 양도권은 배제된다고 보았다. 그리고 철회가능한 경우에는 보험계약자의 처분권을 원칙적으로 인정하고, 다만 담보를 위한 양도에서는 양도목적과 보험계약자의 의사에 따라 보험계약자의 채권담보적 기능의 활용을 제한하지 않는 범위 내에서 보험수익자의 지위를 보호할 수 있도록 하였다.

마지막으로 보험계약자의 채권자와 보험수익자 간의 이해조정에 대하여 보험사고발생 이전과 이후로 나누어 검토하고, 이 결과 도출된 이해조정원리를 바탕으로 우리나라에서의 해석론과 입법론을 모색한다.

먼저 각국에서의 이해조정책을 보면 보험사고발생 이전에는 다양한 접근방법으로 이해관계를 조정하고 있다는 점을 알 수 있다.

보험수익자의 지정이 철회불능인 경우에는 보험계약자의 채권자의 집행으로부터 보험계약상의 제 권리가 지켜지는 점에서는 일치하고 있고, 다만 철회권의 포기가 독일, 스위스에서는 보험계약자의 의사에 따르나, 프랑스에서는 보험수익자의 승낙에 따른다는 점에 차이가 있을 뿐이다.

　문제는 보험수익자의 지정이 철회가능하고 그 결과 보험사고발생 이전에 보험계약자가 보험계약상의 제 권리를 자유로이 처분할 수 있는 경우의 이해조정이다.

　이에 관하여서는 채권자의 집행으로부터 무조건으로 보호하는 입장(무상주의), 보험사고발생 이전에는 생명보험계약의 현재의 가치를 채권자에게 보상할 것을 요건으로 하여 집행을 면제하는 입장(유상주의)으로 나뉘어 있다.

　그리고 정책목표를 달성하기 위한 방법도 보험계약상의 형성권의 성질론에 의하는 경우와 입법에 의하는 경우가 있다. 유상주의는 원칙적으로 후자와 결부된다. 무상주의는 전자와 결부되나, 이 경우 보호의 범위와 방법이 무제한적이어서 적절한 제한이 필요하다.

　그러나 보험사고발생 이후의 이해조정에 관하여서는 정책목표도 그 제도화의 방법도 각국에서 일치하고 있다. 즉, 보험사고발생 이후에는 오로지 사해행위의 취소 또는 부인에 의하여 조정되고, 원칙적으로 보험계약자에 의한 보험료의 지급이 문제된다. 그리고 보험사고발생 이전에 보험계약자의 이익을 향수하였는지 여부를 불문하고 개개의 보험료의 지급시점에서 사해행위 또는 부인의 성립을 판단하여야 하고, 사해행위 또는 부인의 성립여부를 판단함에 있어서 적정액의 보험료지급은 보험수익자로부터 대가를 얻지 아니하여도 일정한 경우에 무상행위로는 보지 않는다.

　이상에서의 이해조정을 분석해 보면 보험사고발생 이후의 이해조정에서는 보험료의 지급에 의하여 보험계약자의 처분가능한 재산이 적립됨에도 불구하고 각 보험료지급시점에서 보험계약자의 재산에서 분리되는 것으로 취급하였음을 알 수 있다. 그러나 보험사고발생 이전의 이해조정에서는 책임재산에서 분리를 인정할 것인지 여부에 관하여서는 정책이 나뉘어 있다.

　이와 같은 보험사고발생 이후에는 이해조정이 대체로 일치하고 보험사고발생 이전의 이해조정이 다양한 것은 보장적 기능의 정도의 차이에 있다고 생각한다.

　여기서도 통설의 이론구성에 의하면 보험계약자의 채권자는 보험사고가 발생하지 아니한 한, 보험계약상의 권리에 대하여 집행할 수 있는 것이 원칙이다.

그러나 보험계약상의 권리가 수익자 지정의 철회가능여부에 따라 달리 분배된다고 보면, 보험계약자가 사전에 보험계약상의 이익을 보험수익자에게 이전시킴으로써 보험계약자의 채권자로부터의 간섭을 배제할 수 있다. 그러므로 적어도 철회불능의 지정이 있는 경우에는 보험계약자의 채권자로부터 보험수익자는 보호될 수 있다. 이러한 이론구성에 따르면 수익자 지정이 철회가능한 경우에 비로소 보험수익자의 수익권은 보험계약자의 채권자의 집행에 노출되어 있다. 여기서 보험계약자의 채권만족이익과 보험수익자의 보장적 이익이 충돌하게 된다.

이러한 이해충돌의 조정을 위하여 해석론으로서 권리남용이론과 채권자취소권의 요건에 대한 재해석의 여지 등을 검토하였고, 입법론으로서는 개입권제도의 도입, 일정한 제한하에서의 무상주의의 도입, 압류금지재산으로 의제, 그리고 채권자취소권 또는 부인권제도의 보완적 입법 등을 제시하였다.

이상에서는 연구의 범위를 보험계약관계에서의 보험수익자의 지위와 보험계약상의 권리의 처분 시 또는 강제집행 시에 보험수익자와 이해관계인의 이해조정부분에 한정하였다. 그러나 이외에도 보험수익자의 지위와 관련하여 상속권자와의 관계가 문제될 뿐만 아니라 세법상의 취급 등도 문제된다. 특히 후자는 논의의 영역은 다르지만, 타인을 위한 생명보험에서 다양한 대가관계 등을 고려하여야 한다는 점에서 중요한 문제이다. 즉, 생명보험계약이 유증대체적 수단으로서 뿐만 아니라 채권담보의 수단으로도 널리 이용될 수 있기 때문에 이에 대한 세법상의 취급은 명확히 달라야 할 것이다. 그러나 이러한 부분에 대한 연구는 다음의 연구과제로 삼기로 한다.

그리고 본 연구에서는 보험계약자와 피보험자가 동일인이고 보험수익자가 보험계약자와 일정한 친족관계에 있는 자인 경우를 사망보험의 기본모델로 채택하였으나, 다른 유형의 경우 즉, 타인의 생명보험이나 생사혼합보험 등에 관하여도 각 모델에 적합한 이론구성도 필요할 것이다.

參 考 文 獻

I. 東洋文獻

1. 冊(單行本)

朴吉俊·梁承圭, 改訂商法要論, 서울: 三英社, 1989.

梁承圭, 保險法, 서울: 三知院, 1992.

李基秀, 海商法·保險法, 서울: 博英社, 1993.

孫珠瓚, 商法(下), 서울: 博英社, 1993.

徐燉珏, 第3全訂 商法講義(下), 서울: 法文社, 1985.

鄭熙喆, 商法學原論(下), 서울: 博英社, 1990.

蔡利植, 商法講義(下), 서울: 博英社, 1992.

崔基元, 保險法, 서울: 博英社, 1993.

郭潤直, 債權總論, 서울: 博英社, 1991.

朴斗煥, 新强制執行法, 서울: 考試界, 1992.

方順元·金光年, 民事訴訟法(下), 韓國司法行政學會, 1993.

法務部, 保險·海商關係 資料集, 法務資料 第58輯, 1985.

保險監督院, 2000年代의 保險産業展望, 1992.

保險監督院, 世界主要國의 保險契約法, 1992.

保險監督院, 主要國保險契約法律資料集, 1993.

大森忠夫, 保險法, 東京: 有斐閣, 1987.

西島梅治, 保險法(第2版), 東京: 筑摩書房, 1980年.

田邊康平, 現代 保險法, 東京: 文眞堂, 1987.

石田滿, 商法Ⅳ(保險法), 東京: 靑林書院, 1989.

大森忠夫・三宅一夫, 生命保險契約法の諸問題, 東京: 有斐閣, 1958.

靑竹正一 外 編, 現代企業と法(平出敎授還曆記念論文集), 名古屋大學出版會, 1991.

出口正義 外 編, 商法・保險法の現代的課題(石田滿先生還曆記念論文集), 文眞堂, 1992.

入江正信 外 編, 保險法の現代的課題(三宅一夫先生追悼論文集), 法律文化社, 1993.

商法の爭點, 有斐閣, 1993.

生命保險判例百選(增補版), 別冊 ジュリスト NO. 97, 1988.

日本私法學會シムポムズ資料集: 國際商事法務 NO. 1330(1993. 8. 25).

2. 論 文

慶益秀, 『保險受益者의 指定・變更에 있어서의 問題點』, 企業環境의 變化와 商事法(春江 孫珠瓚先生古稀紀念論文集), 1993.

高平錫, 生命保險契約者配當의 理論的 合理化에 관한 硏究, 保險調査月報 1984年 12月號.

金敎昌, 他人을 위한 保險契約, 考試界 1986年 11月號.

金文煥, 『生命保險契約에 있어서 被保險利益』, 商事法의 現代的 課題(椿江 孫珠瓚敎授華甲紀念論文集), 1984.

金亨培,『第3者를 위한 契約』, 現代民法의 課題와 展望(南松 韓奉熙敎授華甲紀念論文集), 圖書出版 밀알, 1994.

尙鴻圭,『契約關係에 있는 相對方의 生命保險에 대한 被保險利益』, 企業環境의 變化와 商事法(椿江 孫珠瓚 敎授古稀紀念論文集), 1993.

申守植,『우리나라 生命保險의 保險金受取人의 保護問題-社會保險制度의 補完策으로서-』, 保險學會誌 第2輯, 1965.

梁承圭, 保險契約法에 있어서 被保險利益, 保險學會誌 創刊號, 1964.

______, 他人을 위한 損害保險契約, 高麗大法律行政論集 第10輯, 1972. 6.

禹洪九, 美國에 있어서 保險受益者의 法的地位, 建國大 社會科學 第17輯, 1993.

______, 保險契約者의 破産과 保險受益者의 介入權에 관한 硏究, 建國大 社會科學 第16輯, 1992.

______, 他人을 위한 生命保險契約關係者間의 法律關係, 考試硏究, 1993. 11.

李尙洙, 他人을 위한 生命保險契約上의 保險受益者의 法的地位에 관한 硏究, 建國大 博士學位論文, 1994. 8.

林載鎬, 保險受益者의 死亡에 의한 保險金請求權의 行方, 商事判例硏究 第62輯, 1994.

加藤昭,『生命保險契約に基つく權利の擔保化』, ジュリスト964號(1990).

甘利公人,『保險契約者(被保險者)と保險金受取人の同時死亡』, 商法・保險法の現代的課題(石田滿先生還曆記念論文集), 文眞堂, 1992.

岡垣學,『生命保險金請求權と相續の關係』, 法學新報 第75卷 10-11號.

久貴忠彦,『生命保險金請求權の相續性・特別受益性』, 民事硏究 第309號.

久保井一匡, 『生命保險契約の解約返戾金請求權に對する差押と債權者代位請求について』, 保險法の現代的課題(三宅一夫先生追悼論文集), 法律文化社, 1993.

284

溝淵照信, 『生命保險の讓渡』, 生命保險協會會報 第39卷2號.

南出弘, 『保險金請求權の讓渡・質入可能性について』, 損害保險硏究 第24卷
　　2號(1962).

大森忠夫, 『保險金受取人の法的地位』, (大森忠夫・三宅一夫, 生命保險契約法
　　の諸問題), 有斐閣, 1958.

＿＿＿＿, 『保險金受取人指定・變更・撤回行爲の法的性質』, (大森忠夫・三宅
　　一夫, 生命保險契約法の諸問題), 有斐閣, 1958.

＿＿＿＿, 『保險契約者の破産と受取人の介入權』, (大森忠夫・三宅一夫, 生命
　　保險契約法の諸問題), 有斐閣, 1958.

＿＿＿＿, 『生命保險契約にもとつく權利に對する强制執行』, (大森忠夫・三宅
　　一夫, 生命保險契約法の 諸問題), 有斐閣, 1958.

＿＿＿＿, 『生命保險における保險契約者の權利の性質－フランス法を中心と
　　して』, 保險契約法の硏究, 有斐閣, 1969.

＿＿＿＿, 『アメリカおける生命保險契約上の權利の保護』, 所報 第7卷(生命
　　保險文化硏究所), 1960.

＿＿＿＿, 『保險受取人の指定と包括遺贈』 保險契約法の硏究, 有斐閣, 1969.

大澤康孝, 『積立保險金に對する生命保險契約者の權利』, ジュリスト753號.

藤田右敬, 『保險金受取人の法的地位(一),(二),(三),(四),(五),(六),(七)－保
　　險契約者の債權者と利害調整を中心として－』, 法學協會雜誌 第109卷
　　5號, 第109卷 6號, 第109卷 7號, 第109卷 11號(1992), 第110卷 3號,
　　第110卷 7號, 第110卷 8號(1993).

西川幹人, 『平均保險料のゆみ』, 生命保險文化硏究所報 第645號.

絲川厚生, 『生命保險と擔保』, 別冊 NBL 第10號, 1981.

＿＿＿＿, 『生命保險の擔保的利用に關する再檢討(上)』, NBL 第293號.

＿＿＿＿, 『生命保險契約上の權利の差押についての考察』, 文硏論集 第92號

(生命保險文化研究所), 1990. 9.

_____, 『債權者代位權による生命保險契約の解約・解約拂戾金請求事件』, 文硏論集 第66號(1984).

三宅一夫, 『所謂 保險證券貸付について』, (大森忠夫・三宅一夫, 生命保險契約法の 諸問題), 有斐閣, 1958.

_____, 『生命保險契約者の地位についての一考察-「保險契約者變更」序説-』, (大森忠夫・三宅一夫, 生命保險契約法の諸問題, 有斐閣, 1958.

西嶋梅治, 『約款貸付金と解約返戾金請求權と相殺』, 保險法の現代的課題(三宅一夫先生追悼論文集), 法律文化社, 1993.

西川幹人, 『平均保險料のゆみ』, 生命保險文化研究所報 第645號.

松島惠, 『生命保險契約法における保險金受取人の法的地位-フランス法を中心として-』, 所報 第22號(生命保險文化研究所), 1973.

松村寬治, 『保險金受取人の指定・變更に關する諸問題』, 商法・保險法の現代的課題(石田滿先生還曆記念論文集), 文眞堂, 1992.

山下友信, 『保險契約の解約返戾金請求權と民事執行・債權者代位請求』, 金融法務事情 第1157號(1987).

_____, 『保險金受取人指定の變更方法』, 金融法務事情 第1189號.

_____, 『生命保險金請求權取得の固有權性(1),(2)』, 民・商法雜誌 第83卷 2號(1980), 83卷 4號(1981).

_____, 『生命保險契約の解約拂戾金をめぐる諸問題』, NBL 第237號(1981).

_____, 『保險金受取人の指定・變更』, ジュリスト747號(1981. 8).

_____, 『保險金受取人が死亡した場合の保險金請求權の歸屬(一),(二)』, 民・商法雜誌 100卷 2號(1989. 5), 第100卷 3號(1989. 6).

_____, 『契約者配當と保險契約者の解說請求權』, 現代企業と法(平出敎授還曆記念論文集), 名古屋大學出版會, 1991.

山下孝之,『生命保險の財産法的側面(1),(2),(3),(4),(5)』, NBL 第251號, 第253號, 第255號, 第257號 , 第264號(1982, 1983).

＿＿＿＿,『生命保險契約における當事者確定論』, 文研所報 第55卷(1981. 6).

＿＿＿＿,『生命保險金請求權の處分と差押』, ジュリスト751號.

＿＿＿＿, 『解約返戻金請求權』, 保險法の現代的課題(三宅一夫先生追悼論文集), 法律文化社, 1993.

岩崎稜,『1981年 ランス保險契約法の改正』, 保險學雜誌 第498號(1982. 9).

岩田健次,『特別受益分の特戻について』, 法學論集(關東大學), 第13卷 4號, 5號, 6號.

入江正信,『生命保險契約と否認權－他人のためにする生命保險契約の保險契約者が破産した場合における否認權の問題－』, 保險法の現代的課題(三宅一夫先生追悼論文集), 法律文化社, 1993.

有地亭,『特別受益者の特戻義務(1),(2)』, 民・商法雜誌 第40卷 1號, 第40卷 3號, 1959.

林輝榮,『生命保險契約の讓渡』, 法學協會雜誌 第87卷 3號, 1970.

長谷川宅司,『保險金受取人の道徳的危險の排除』, 保險法の現代的課題(三宅一夫先生追悼論文集), 法律文化社, 1993.

町野五彦,『生命保險における質權設定の現況と問題點』, 生命保險經營 第52卷 3號(1984).

洲崎博史, 保險金請求權의 歸屬, 商事法務 NO. 1232(1990).

＿＿＿＿, 保險金受取人の 指定・變更, 國際商事法務 NO.1330(1993).

中村敏夫,『他人のためにする生命保險契約論序説』, 生命保險文化研究所報, 33卷(1975年 12月).

＿＿＿＿, 『第3者のためにする生命保險における保險契約者と保險金受取人との關係』, 保險學雜誌 第403號(1958).

_____, 『保險金受取人の指定變更權の行使』, 保險學雜誌, 第475號, 1976.

_____, 『保險金受取人の指定變更と保險證劵の裏書』, 所報 第33卷, 生命保險文化研究所, 1975. 12.

_____, 『判例に見る遺族保護－保險契約者と保險金受取人との關係』, 文研論集 NO.85, 生命保險文化研究所, 1988.

_____, 『保險金受取人の具體的特定および利益取得の時期』, 文研所報, 第37卷.

_____, 『他人のためにする生命保險契約の法的構成』, 保險法の現代的課題(三宅一夫先生追悼論文集), 法律文化社, 1993.

_____, 『アメリカおける保險受取人の權利』, 所報 NO. 49, 生命保險文化研究所, 1979年 12月.

倉澤康一郎, 保險契約者貸付, ジュリスト766號(1982, 5).

倉澤康一郎, 『保險契約解約返戻金請求權の法的性質とその差押え』, 法學研究(慶應義熟大學) 第66卷 1號(1993).

靑谷和夫, 『生命保險金請求權に對する質權設定』, 生命保險經營 第27卷 2號.

_____, 『保險金受取人を相續人と指定した場合における若干の問題』, 生命保險經營 第50卷 1號.

春田一夫, 『ドイツにおける第3者のためにする死因贈與－特に判例を中心として－』八幡大學論集 第83卷 3・4號.

平井宜雄, 『債權者代位權の理論的位置』, 星野・森島編, 現代社會民事法動向, 有斐閣, 1992.

村上英雄, 『保險金受取人の指定變更權の行使』, 保險學雜誌 第529號, 1990.

河合篤, 『生命保險契約に因りて生じた權利讓渡(1)(2)』, 民・商法雜誌 第4卷 3, 4號, 1936.

II. 西洋文獻

1. Books and Materials

Greider-Beadles, Law and the Life Insurance Contract, 4th ed., IRWIN, Illinois, 1979.

E. W. Patterson, Essencial of Insurance Law, 2d., New York, 1957.

H. Ivamy, Case book on Insurance Law, 3rd ed., Butterworths Co., 1977.

John Birds, Modern Insurance Law, 3rd. ed., Sweet & Maxwell(London), 1993.

Keeton-Widies, Insurance Law, West Publishing, 1988; Insurance Law (Casebook), West Publishing, 1988.

M.L. Crawford, Law and the Life Insurance Contract, 7th. ed., IRWIN, 1994.

M.A. Clarke, The Law of Insurance Contract, LLP(London), 1991.

W.L. Vance, Law of Insurance, 3rd. ed., West Publishing Co.(St. Paul, Minn), 1951.

Argenson-Toujas, Reglement judiciaire, liquidation des biens, faillite, Tome I, 4e ed., Paris, 1973.

Amtliche Begründung, Amtliche Begrundung zur Verordnung zur Vereinheitlichung des Rechts der Vertragsversicherung vom 19.12.1939, Berlin o.J. (zit.: Amtl.Begründung).

Baumbach-Lauterbach, ZivilprozeBordnung, 35. Aufl., München, 1977 (zit.: Baumbach Lauterbach-Bearbeiter).

Begründung, Motive zum Versicherungsvertragsgesetz, Neudruck, Berlin, 1963.

Böhle-Stamschräder-Kilger, Anfechtungsgesetz, 7 Aufl., München-Berlin, 1986.

Brecher, Die Interessenconflicte bezüglich der Lebensversicherungssumme, Wien, 1902.

Bruck, Reichsgesetz uber den Versicherungsvertrag, 7.Aufl., Berlin und Leipzig, 1932.

Bruck-Dörstling, Das Recht des Lebensversicherungsvertrages, 2.Aufl., Mannheim-Berlin-Leipzig, 1933.

Bruck-Möller, Kommentar zum Versicherungsvertragsgesetz und zu den Allgemeinen Versicherungsbedingungen unter Einschluß des Versicherungsvermittlerrechtes, Band I, 8.Aufl., Berlin, 1961.

Bruck-Möller-Winter, Kommentar zum Versicherungsvertragsgesetz und zu den Allgemeinen Versicherungsbedingungen unter Einschluß des Versicherungsmittlerrechts, Bd.5/2, 8 Aufl., Berlin, 1988.

Dupuich, L'Assurance-vie, Paris, 1922.

Escher, Kommentar zum Schweizerischen Zivilgesetzbuch, III.Band: Das Erbrecht, Erste Abteilung: Die Erben(Art. 457-536), 3.Aufl., Zurich 1959, Zweite Abteilung: Der Erbgang(Art. 537-640), 3.Aufl., Zurich, 1960.

Flume, Werner, Allgemeiner Teil des Bürgerlichen Rechts, Band II, Das Rechtsgeschaft, Berlin-Heidelberg-New York, 1965.

Fritzsche, Schuldbetreibung, Konkurs und Sanierung, Band I, Zürich 1954, Band II, Zürich, 1955.

Gaugler, Die paulianische Anfechtung unter besonderer Berücksichtigung der Lebensversicherung, Band I, Basel 1944, Band II, Basel 1945(zit.: Gaugler Bd I, II).

Haegele-Heß, Konkurs, Vergleich, Gläubigeranfechtung, Handbuch für die Praxis, 5 Aufl., 1990.

Heck, Phillip, Grundriß des Schuldrechts, Tübingen, 1929.

Kipp-Coing, Erbrecht, 12. Bearbeitung, Tübingen, 1965.

Koenig, Schweizerisches Privatversicherungsrecht, 2. Aufl. Bern, 1960(zit.: Koenig).

Margat et Favre-Rochex, Précis de la loi sur le contrat d'assurance, 1971.

Motive, Motive zu dem Entwurfe eines Bürgerlichen Gesetzbuches, Band II, Recht der Schuldverhältnisse, Band V, Erbrecht, Berlin-Leipzig, 1888(zit.: Motive-BGB Bd II, V).

Ostertag-Hiestand, Das Bundesgesetz über den Versicherungsvertrag, 2.Aufl., Zürich und Leipzig, 1928.

Palandt, Bürgerliches Gesetzbuch, 36. Aufl, München, 1977.

Picard-Besson, Traité général des assurances terrestres en droit français, Tome I, Paris 1938, Tome IV, Paris 1945(zit.: Picard-Besson I, IV).

Picard-Besson, Les assurances terrestres en droit francais, Tome I : Le contrat d'asssurance, 4e éd., Paris 1975(zit.: Picard-Besson Ass.Terr.).

Prölss-Martin, Versicherungsvertragsgesetz mit Erläuterungen zu den wichtigsten Versicherungsbedinungen, 21 Aufl. München, 1977, 24 Aufl. München, 1988.

Protokolle, Protokolle der Kommission für die zweite Lesung des Entwurfs des Bürgerlichen Gesetzbuchs, Band I, Allgemeiner Teil, Berlin

1897, Band Ⅵ, Anwendung ausländischer Gesetze, Berlin, 1899(zit.: Protokolle-BGB Bd Ⅰ,Ⅵ).

RGRK, Das Bürgerliche Gesetzbuch, Kommentar, herausgegeben von Mitaliedern des Bundesgerichtshofes, Band Ⅴ, 1. Teil(§§ 1922-2146), 12. Aufl., Berlin- New York, 1974(zit.: RGRK- Bearbeiter).

Roelli-Jaeger, Kommentar zum Schweizerischen Bundesgesetze über den Versicherungsvertrag vom 2. April 1908, Band Ⅲ, Bern, 1933.

von Tuhr-Escher, Allgemeiner Teil des Schweizerischen Obliga- tio- nenrechts, Band Ⅱ, 3.Aufl., Zürich, 1974.

Tuor, Kommentar zum Schweizerischen Zivilgesetzbuch, Band Ⅲ, Das Erbrecht, 1. Abteilung, Die Erben(Art. 457-536), 2.Aufl., Bern, 1952.

2. Articles

Asmus, Zessionar, Pfändgläubiger, Pfändungspfändgläubiger, Eintritts- berechtiger, Policeninhaber, ZversWiss. 1970, S. 55 ff.

Arik, Le legs d'assurance-décès d'après le droit suisse, Thèse Fribourg, 1941.

Barrère, Du droit des crèanciers et des hèritiers dans un con-trat d'assurance sur la vie, Thèse Toulouse, 1911.

Bayer, Walter, Die Sicherungszession der Rechte aus einer Leben- sversicherung und ihre Auswirkungen auf die Bezugsberechtigung, VersR 1989(Heft 1) S. 17-20.

Beck, Die Versicherung zu Gunsten Dritter, Dissertation Bern, 1910.

Bizouard, Des droits des crèanciers du contractant d'une assurance sur la vie, Thèse Paris, 1902.

Blomeyer, Wolfgang, Die Inanspruchnahme des Rückkaufswertes eines widerruflichen Direkversicherungs-Bezugsrechts im Unternehmenskonkurs, DB, 1988, S. 962-966.

Blumhardt, Abtretung und Verpfändung in Lebensversicherung, JRPV 1927, S.189f.

Bossard, Die Rechtsnatur der Begunstigungsklausel nach schweizerischem Versicherungsvertragsrecht, Bern, 1940.

Bühler, Martin, Die Familenfürsorge nach dem Bundesgesetz über den Versicherungsvertrag(V.V.G.), Zürich, 1971.

ders., Martin, Die Rechtsprechung des BGHzur Drittbegünstigung im Todesfall, NJW 1976, S. 1727-1728.

Brühlmann, Die Stellung des Begünstigten beim Lebensversicherungsvertrage nach dem neuen schweizerischen Rechte, ZSR Bd. 29(1910), S.35-126.

Coing, Empfiehlt es sich, das gesetzliche Erbrecht und Pflichtteilsrecht neu zu regeln? Verhandlungen des neunundvierzigsten Deutschen Juristentages, Band 1(Gutachten) Teil A, München, 1972(zit.: Coing, Gutachten).

Constam, Herbert, Die rechtliche Stellung der Gläubiger des Versicherten im Lebensversicherungsvertrage zugunsten Dritter, Dissertation Zürich, 1909.

COMMENT, The Assignment of Life Insurance as Collater Security for Bank Loans, 58 Yale L. J., p.744ff.

Decker, Edgar, Der Zwangszugriff der Gläubiger des Versicherungsnehmers auf die Rückkaufsfähige Lebensversicherung im Wege der Einzelvollstreckung, Dissertation Leipzig, 1938.

Dieckmann, Ernst, Der Anspruch auf die Gewinnanteile in der Lebensversicherung, VersR 1963, S. 1005-1007.

Ehrenberg, Victor, Wichtige Probleme des Lebensversicherungsrechts. Insbesondere der Anspruch auf die Lebensversicherungssumme, JhJb Bd 41, S. 341-410.

Ehrenzweig, Alber, Kleine Beiträge zum Deutschen Versicherungsvertragsrecht, VersR 1951, S. 25-26.

Emminghaus, R, Die Ansprüche der Ehefrau an der Leben-sversicherungs-summe des Ehemannes im Todesfalle und im Nachlass-Konkurs. Gibt es ein Eintrittsrecht der Frau im letzteren Falle?, LZ 1907, S. 29-44.

Finger, Peter, Der Vertrag zugunsten Dritter auf den Todesfall, Dissertation Frankfurt, 1968.

ders., Die Formfrage beim Vertrag zugunsten Dritter auf den Todesfall, WM 1970, S. 374-380.

ders., Der Vertrag zugunsten Dritter auf den Todesfall-eine Umfrage bei den deutschen Lebensversicherungsgesellschaft, VersR 1986(Heft 21 A) S. 508-511.

Fromm, Familienfürsorge, Kreditbeschaffung und Gläubigerbefriedigung durch die Lebensversicherung, Dissertation Bonn, 1939.

Fuchs, Arne, Die Gefahrsperson im Versicherungsrecht, Inaugural Dissertation, Berlin, 1973.

Gierke, O.M. v., Der Lebensversicherungsvertrag zugunsten Dritter nach deutschem und ausländischem Recht, Stuttgart, 1936.

Gilbert, Zur Zwangsvollstreckung in den Lebensversicherungsanspruch, DR 1941 A, S. 2356-2369.

Gisun, Harry, Die betreibungsrechtliche Behandlung der Lebensversicherungsansprüche, Dissertation Zürich, 1958.

Gittermann, Horst-Lothar, Der Widerruf einer Bezugsberechtigung im Lebensversicherungsvertrag, ungedruckte Dissertation Götting, 1953.

Glauber, Volker, Widerruf der Bezugsberechtigung und § 130 Abs.2 BGB- ein Scheinproblem, VersR 1993(Heft 22) S. 938-942.

Gottschalk, Zum Wesen des Rechtserwerbs beim Vertrag zugunsten Dritter, VersR 1976, S. 797-802.

Grimm, Der Anspruch auf die Unfallversicherungssumme in konkurs des Versicherungsnehmers, Hanseatische Rechts-und grichtszeitschrift, 1930(Teil A).

Gutdeutsch, Werner, Die Begünstigten einer befreienden Lebensversicherung bei Bezugnahme auf die §§40 bis 44 AVG, VersR 1992(Heft 34) S. 1444-1446.

Habay, De l'assurance sur la vie dans rapports avec la législation de la faillite, thése Paris, 1905.

Hasse, Bodo, Interessenkonflikte bei der Lebensversicherung zugunsten Dritter, Hamburg Reihe A, Karlsruhe(Dissertation Hamburg, 1979), 1981.

Haasen, Uwe, Das Recht auf den Überschuß bei den privaten Versicherungsgesellschaften, Stuttgart, 1955.

Harder, Manfred, Zuwendungen unter Lebenden auf den Todesfall, Berlin, 1968.

ders., Manfred, Das Valutaverhältnis beim Vertrag zugunsten Dritter auf den Todesfall – Eine Kritik der Rechtsprechung des Bundes- gerichtshoes –, FamRZ, 1976, S. 418-428.

Harder-Welter, Drittbegünstigung im Todesfall durch Insichgeschäft?, NJW

1977, S. 1139-1141.

Hedemann, Beleihung von Versicherungen mit Anspruchsberechtigung von Minderjährigen, VersR 1952, S. 189-193.

Hengehold, Die Lebensversicherung zu Gunsten Dritter nach bürgerlichem Recht, Dissertation Leipzig 1903.

Heilmann, Hans, Die Begründstigung in der Kapitalversicherung, VersR 1972, S. 997 ff.

ders., Die Zwangsvollstreckung in den Anspruch auf die Lebensversicherungssumme, NJW 1950, S. 135-136

ders., Zur Rechtslage des schenkungshalber Begünstigten bei dem Vertrage zugunsten Dritter(Begünstigung), insbesondere bei der Kapitallebensversichurung, VersR 1980(Heft 21 A) S. 516-518.

Hoffmann, Karl-H., Der Vertrag(besonders der Lebensversicherungsvertrag) zugunsten Dritter von Todes wegen, eine Erbeinsetzung im Valutaverhältnis, ungedruckte Dissertation Erlang, 1955(zit.: Hoffmann, Diss).

ders., Der Vertrag zugunsten Dritter von Todes wegen, eine Erbeinsetzung im Valutaverhältnis, AcP Bd 158, S. 178-222.

Huber, Begünstigung und Verfügungen von Todes wegen über Versicherungsansprüche, Dissertation Bern, 1963.

John H. Langbein, The Nonprobate Revolution and the Future of the Law of Succession, Harvard Law Review, 1984, p.1108ff.

Joseph, Ulrich, Lebensversicherung und abtretung, Peterlang, Frankfurt, 1990.

Kämper, Der Vertrag zugunsten Dritter auf den Todesfall unter besonderer Berücksichtigung des Valutaverhältnisses, Dissertation Köln, 1964.

Koenig, Hans, Abtretung und Verpfändung von Personen-Versicherungs-ansprüchen nach schweizerischem Recht, Bern, 1924(zit.: Koenig, Abtretung).

Krumbholz, Der Dividendenanspruch des Versicherungsnehmers in der Lebensversicherung, ungedruckte Dissertation Hamburg, 1950.

Kühlmorgen, Kaqrl, Die Lebensversicherungsverträge zugunsten Dritter, Leipzig, 1927.

Kullmann, Die Lebensversicherung im ehelichen Güterrecht, 1919, S. 36-37.

Kümpel, Siegfried, Konto und Depot zugunsten Dritter auf den Todesfall, WM 1977, S. 1186-1196.

Kuhnert, Die Funktion der Abtretungsanzeige in der Lebensversicherung, VersR 1988, S. 1218 ff.

Kupisch, Rerthold, Durchgangserwerb oder Direkterwerb, JZ 1976, S. 417-429.

Küry, Ernst, Lebensversicherung und Vertrag zugungsten Dritter, Basel, 1932.

Langenberg, Die Verbriefung des Versicherungsvertrages im belgischen, deutschen, englischen, französischen, italienischen und nieder-ländischen Recht, Dissertation Hamburg, 1971.

Langbein, The Nonprobate Revolution and the Future of the Law of Succcession, 97 Hav. L. Rev., 1984.

Laun, Kurt v., Das Eintrittsrecht in der Lebensversicherung(§177 VVG n.F.), Hamburg, 1940.

Lücke, Die Berechtigung bei der Lebensversicherung, Dissertation Köln, 1937.

Note, The Effect of Assignment upon the Interest of a Life Insurance,

47 Virgnia L. Rev. p.91ff.

Meyer, Essai sur la nature et les effets de la clause bénéficiaire, Thèse Lausanne 1959.

Miller, Oscar, Lebensversicherung und Gläubiger nach deutschem und schweizerischem Recht, Dissertation Leipzig, 1914.

Möller, Hans, Die Lebensversicherung zu Gunsten eines Dritten im Konkurse des Versicherungsnehmers, Sonderdruck aus den Deutschen Landesreferaten zum Ⅲ. Internationalen Kongreß für Rechtsvergleichung in London 1950, S. 580-587(zit.: Möller, Landesreferat).

ders., Sozialversicherung und Privatversicherung, SGb 1970, S. 81-85.

Müller, R., Das Pfandrecht an den Rechten aus einem Lebensversicherungsvertrag, ZVersWiss, 1911, S. 13 ff.

Müller, Heinrich, Die Begünstigtenbezeichnung bei der Lebensversicherung als Verfügungsgeschäft, Offenbach 1934.

ders., Familienversorgung, Kreditbeschaffung und Zwecksparen durch die Lebensversicherung, Offenbach, 1935.

Nicole, Assurances sur la vie au profit de tiers et créanciers du preneur, Thèse Lausanne, 1921.

Niewiesch, Ernst, Die Zwangsvollstreckung in die Rechte aus einem Lebensversicherungsvertrag, Hamburg, 1939.

ders., Die unwiderrufliche Bezugsberechtigung unter auflösender Bedingung bei der abgekürzten Lebensversicherung, HansRGZ 1938 A, S. 41-50.

Perreau, La reduction, le rapport et la récompense des primes ou du capital dans l'assurance-vie, R.G.A.T. 1931, pp.721-742.

Pouget, Assurance sur la vie au profit d'un tiers-Etude du droit du bénéficiarire, thése Bordeaux, 1906.

Roelli, Kommentar zum Schweizerischen Bundesgesetze über den Versicherungsvertrag(vom 2. April 1908), Band I, Bern, 1914.

Rubli, Der Anspruchsberechtigte im schweizerischen Versicherungsvertragsgesetz, Winterthur, 1959.

Rüegger, Friedrich, Die Lebensversicherung unter besonderer Berücksichtigung ihrer rechtlichen Beziehungen zum Erbrecht nach dem schweizerischen Zivilgesetzbuch und dem Bundesgesetz über den Versicher-ungsvertrag, Dissertation Zürich, 1929.

Schmidt-Hübner, Karl Sieg über Individualversicherungs recht, Karlsruhe: VVW, 1991.

Scherer, Stephan, Die Gläubigeranfechtung der Bezugsberechtigung und der Prämienzahlung beim Lebensversicherungsvertrag zu Rechten Dritter, Dissertation Gutenberg, 1991.

Schulz, Wieweit unterliegen die Rechte des Versicherungs- nehmers dem Lebensversicherungsvertrg bei seiner Lebzeiten dem Zugriff der gläubiger?, Dissertation Leipzig, 1914.

Schulz, Ewald, Der Dividondonanopruch bei Bezugsberechtigung, ZfV 1963, S. 843ff.

Schwarz, Lebensversicherung zugunsten Dritter insbesondere der Interessenkonflikt zwischen dem Begünstigten und den Gläubigern des Versicherungsnehmers, Berlin, 1914.

Schwarzschild, Stuart, Right of Creditors in Life Insurance Policies, 1963.

Sieg, Karl, Soziale Einschläge in der Individualversicherung, BB 1972 Beilage 3 zu Heft 11, S. 3-9.

ders., Die Lebensversicherung als Versorgungsinstrument, Kritische Betrachtung zum juristischen Befund, ZverWiss. 1974, S. 99-100.

ders., Kritische Betrachtungen zum Recht der Zwangs- vollstreckung in Lebensversicherunsforderungen, in: Festschrift für Ernst Klingmüller, Karlsruhe 1974, S. 447-464.

Simonnet, L'Assurance sur la vie au profit de tiers, thése Nancy, Paris o.J. 1932.

Stein-Jonas, Kommentar zur Zivilprozeßordnung, Band Ⅱ(§§704-1048), 19. Aufl., Tübingen, 1975.

Stelkens, Rechtsgrundlagen der Überschußbeteiligung in der privaten Lebensversicherung, Dissertation Köln, 1965.

Stübler, Die Lebensversicherung zugunsten Dritter, Dissertation Tübing, 1906.

Thiele, Heino, Lebensversicherung und Nachlaßgläubiger, Dissertation Hamburg, 1968.

Vischer, Lebensversicherung und Gläubiger nach dem Tode des Versicherungsnehmer, ZSR Bd. 32(1913), S. 50-98.

Wagner, Eberhard, Zur Wirkung der nicht angezeigten Abtretung von Lebensversicherungsforderungen, VersR 1991(Heft 16) S. 622-626.

Walter, Michael, Übertragung des Bankguthabens an einen Dritten auf den Todesfall des Kontinhabers, NJW 1972, S. 1356-1357.

Winter, Gerrit, Die Rechte Dritter gegen den Versicherer(Lebensversicherung), ZversWiss 1970, S. 50 ff.

ders., Interessenkonflikte bei der Lebensversicherung zugunsten Angehöriger, Mannheimer Verträge zur Versicherungswissenschaft, Karlsruhe, 1990.

Walter, Die Bedeutung der Lebensversicherung im Pflichterbteilsrecht des schweizerischen Zivilgesetzbuches, Bern, 1938.

Wieacker, Zur lebzeitigen Zuwendung auf den Todesfall, in: Festschrift für Heinrich Lehmann zum 80. Geburtstag, I. Band, S. 271-284, Berlin-Tübingen-Fankfurt, 1956.

Wussow, H., Schenkungsanfechtung in der Lebensversicherung, NJW 1964, S. 1259-1262.

색 인

(ㄱ)

개별적 양도가능성   160
개입권   192~199, 250, 262, 269, 270
계약내용변경권   63, 260
계약자명의변경   160, 161, 166, 167
고유권성   48
권리취득시기   25, 39, 85, 99, 101, 106, 114
귀속권리의 처분가능성   88, 90, 96, 98, 102, 103, 119
기대권   53, 85, 91, 146

(ㄴ)

납필보험전환권   63, 86, 96, 97, 116, 117, 214

(ㄷ)

담보를 위한 양도   124, 128, 129, 136 139, 142~148, 169 170, 277

(ㅁ)

매수권   184, 185, 200, 236, 249
무상주의   249~251, 253, 255, 256, 263, 264, 266~268, 270, 278, 279

(ㅂ)

변경권   44, 59, 60, 63, 113, 116, 159
보험계약   5, 6, 17, 20, 21, 24, 25, 27~30, 32~35, 40~42, 44, 47~49, 51~54, 59, 61~65, 70, 71, 77~82, 87~90, 92, 94, 108~114, 116, 117, 123~126, 128~137, 139,

302

	140~142, 147, 150, 155, 156, 158~167, 170, 174, 175, 180, 181, 183, 184, 187~189, 192, 194, 195, 197, 198, 200, 205~207, 210~219, 222~224, 226, 227, 236, 237, 240, 242~244, 247~254, 256, 258, 260, 263, 264, 266~273, 275, 276
보험계약상의 권리	5, 6, 18, 20, 21, 23~25, 27, 30, 48, 51, 52, 77, 84, 107, 108, 112, 114, 118~120, 123, 124, 126~131, 135, 139, 141, 143, 146, 147, 153~155, 160~167, 170, 173, 177, 179, 181, 182, 184, 200, 221, 223, 225, 227, 228, 247, 248, 253, 257, 261, 262, 264, 265, 267, 275~277, 279
보험계약상의 권리의 양도	277
보험계약의 양도	24, 25, 125, 131~135, 137, 139~142, 160, 162, 163, 167
보험계약자	5, 6, 17~25, 27~29, 31~35, 38, 40~44, 48, 49, 51~72, 74~79, 82~121, 124~130, 133, 134, 136, 138, 140~147, 149~162, 164~175, 178~181, 183~198, 200, 201, 203~228, 230~232, 234~239, 241~243, 246, 247, 249, 251~255, 257~259, 261, 263, 264, 266, 267, 269, 270, 272, 275~279
보험계약자의 파산	186, 224, 269
보험금청구권	5, 18, 19, 21, 22, 31, 34, 35, 40, 41, 43, 49, 53~55, 58, 64, 69, 70, 73, 76, 77, 85, 86, 88, 90~92, 94~96, 98, 101~103, 106~108, 110, 112, 114~121, 135, 139, 140, 147, 149, 154~158, 161, 164, 165, 168, 169, 171, 173~175, 178~180, 183~186, 190~193, 196, 200, 202~204, 208, 211, 212, 215~218, 223, 227, 229~232, 235, 237, 248, 251, 252, 257~261, 264, 265, 276
보험수익자	6, 18~25, 27~35, 38~43, 45, 47~49, 51~55, 59~61, 64~66, 68~70, 72~74, 76~85, 87~91, 93~116, 118~120, 124~126, 128~133, 135~137, 139~146, 148~150, 152, 154~159, 161~166, 168~174, 178, 180,

	182, 183, 185~190, 192, 195, 199~208, 211~229,
	231~238, 241, 242, 244, 246~248, 250~252, 254, 255,
	257~261, 262, 264~267, 269, 270, 272, 273, 275~279
보험수익자 지정권	178, 182
보험수익자의 개념	22, 25
보험수익자의 지정	18, 34, 42, 51, 65, 69, 70, 83, 89, 97, 100, 104,
	111, 116, 140, 142, 148, 149, 174, 182, 188, 190,
	199, 201, 202, 212, 213, 215, 216, 218~220, 223,
	228~230, 232, 233, 238, 242, 243, 248, 249, 251,
	252, 254, 257, 258, 272, 277, 278
보험유증	42, 229
보험증권교부청구권	53, 58, 59, 109
보험증권대부청구권	53, 55, 56, 95, 97, 116, 118, 129, 157, 158, 169, 179
부인법	189, 218, 220, 246

(ㅅ)

사해행위취소권	237, 246, 252, 258, 261
수익권	18, 40, 42~45, 48, 49, 58, 72, 73, 83, 84, 88, 91~94,
	98~104, 106, 107, 115~117, 119~121, 136, 147, 148,
	150~152, 157, 168, 170~172, 196, 279
수익권의 분할귀속	83, 84
수익권의 정지	145
승계취득설	45, 48, 73
승인배서	166, 167

(ㅇ)

압류명령	176, 179, 180
압류배제	209
양도금지약정	143, 153
양도의 유효요건	124, 137
연장보험전환권	63

원시취득설   44, 46, 73

유상주의   249~251, 253, 255, 256, 262, 266~269, 278

이부명령   179, 180, 184, 190

이익배당청구권   53, 58, 86, 87, 89, 95, 97, 101, 107, 116, 118, 119,
          150~153, 157, 164, 169, 171, 172, 174, 176, 177,
          179, 186, 188~190, 193, 201, 247~249, 259

일신전속권   60, 61, 104, 154, 159, 163, 177, 178, 186, 187, 194,
          211, 213, 248, 251, 259, 263, 264

(ㅈ)

절대적 양도   129~132, 139, 142, 144~147, 169, 170

조건부 권리   49, 53, 97, 98, 115, 120, 140, 156, 169, 174, 261

지정변경권   21, 44, 51, 60, 61, 65, 66, 68, 71, 77, 78, 83, 87,
          107~113, 115, 116, 118, 120, 126, 156, 159, 162,
          168~170, 178, 186, 187, 257, 259, 267, 276, 277

지정변경행위   29, 65, 66, 71, 170

(ㅊ)

채권자대위권   211~214, 216

책임준비금   54, 63, 125, 195

철회가능한 수익자 지정 83, 93, 100, 144, 149, 169

철회권   22, 41, 59, 60, 83, 85, 89, 93, 95, 96, 98, 101,
          104~107, 110, 111, 113, 118, 147, 186, 190, 191,
          213, 214, 223, 230, 259, 260, 268, 275, 277

철회불능의 수익자 지정 77, 83, 85, 86, 91, 92, 95, 99, 104, 108, 112, 118,
          136, 149, 151, 152, 156, 157, 165, 171, 172

취득권리의 범위   25

(ㅌ)

타인을 위한 보험계약 20, 48, 75, 243

(ㅍ)

피보험이익	78~82, 130~132, 137, 139, 167, 168
피보험자의 동의	79, 81, 135, 136, 165, 166, 175, 194, 208, 212

(ㅎ)

해지권	61, 62, 77, 87, 96, 101, 107~109, 116~119, 129, 150, 157~159, 165, 176~179, 181, 182, 185, 186, 188, 197, 207, 208, 210, 211, 248, 251, 258, 262~264, 268, 269
해지환급금청구권	17, 41, 53~55, 61, 62, 77, 86, 92, 94, 95, 97, 99, 101, 107, 117, 119, 120, 125, 155~158, 164, 176~179, 183, 184, 186, 190, 193, 200, 204, 248, 249, 258, 259, 262, 267, 268

· 저자 ·

정진옥　　· 약 력 ·
(鄭鎭玉)　부산대학교 법과대학 법학과 졸업
　　　　　부산대학교 대학원 법학 석사
　　　　　부산대학교 대학원 법학 박사
　　　　　한국상사판례학회 이사, 한국상사법학회, 한국기업법학회,
　　　　　한국보험학회 회원
　　　　　사법시험 위원, 금융감독원 분쟁조정위원회 전문위원
　　　　　동의대학교 법경찰학부장
　　　　　현 동의대학교 법학과 교수

　　　　　· 주요논저 ·
　　　　　「지체보험료를 납입한 보험수익자의 지위, 상사법연구」
　　　　　「라이센스계약 당사자의 권리의무, 상사판례연구」
　　　　　「자유발명으로 의제된 직무발명, 상사판례연구」
　　　　　「해지환급금에 관한 연구, 기업법연구 」
　　　　　「해지환급금청구권의 압류와 해지권의 행사, 상사판례연구」
　　　　　『상법판례백선, 삼영사』(공저)
　　　　　외 다수

제3자를 위한 생명보험계약상의
제3자 보호에 관한 법리

· 초판 인쇄 │ 2006년 2월 20일
· 초판 발행 │ 2006년 2월 20일

· 지 은 이 │ 정진옥
· 펴 낸 이 │ 채종준
· 펴 낸 곳 │ 한국학술정보㈜
　　　　　　경기도 파주시 교하읍 문발리 526-2
　　　　　　파주출판문화정보산업단지
　　　　　　전화　031) 908-3181(대표) · 팩스　031) 908-3189
　　　　　　홈페이지　http://www.kstudy.com
　　　　　　e-mail(e-Book사업부)　ebook@kstudy.com
· 등　　록 │ 제일산-115호(2000. 6. 19)
· 가　　격 │ 19,000원

ISBN　89-534-4488-8 93360 (Paper Book)
　　　　89-534-4489-6 98360 (e-Book)